Esteban Morales Domínguez

EL RETO DE MIRAR HACIA ADENTRO

Editorial Letra Viva
Coral Gables, La Florida

EL RETO DE MIRAR HACIA ADENTRO

Esteban Morales Domínguez

ÍNDICE

ESTEBAN MORALES DOMÍNGUEZ

Cuba: la difícil tarea de mirar hacia adentro

Introducción

Todos los ensayos o artículos que forman parte de este libro, parten de una idea central, que se repite continuamente en el contenido de los mismos. Esa idea está recogida en mi artículo del 2006: "Un Modelo para el Análisis del Conflicto Cuba-Estados Unidos en los Umbrales del Siglo XXI"[1].

Nuestra idea central, es que "la capacidad de cualquier país para enfrentar las relaciones internacionales se mide por su fortaleza interna". Por lo que cualquier intento de modelación que se pretenda hacer de la situación, la llamada por mi "variable interna", constituye el factor determinante.

La política norteamericana, por más de 50 años, es el principal enemigo de la Revolución Cubana. Es en los Estados Unidos donde esa política debe cambiar, pero no es nada despreciable lo que Cuba internamente puede hacer para que esa política cambie.

Razón básica por la cual, todos los trabajos contenidos en este libro, escudriñan en los diferente problemas y desafíos que enfrenta hoy la sociedad cubana, en su afán por lograr un modelo económico propio y sostenible. En medio hoy de una situación internacional que como nunca favorece a Cuba.

Como parte de su contenido, el libro cuenta con artículos breves, periodísticos, dirigidos a enfrentar la impunidad con que a veces ocurren algunos acontecimientos internos; otros artículos, más de fondo, científicos, se dirigen a debatir sobre algunos asuntos importantes de nuestra realidad, pero con un lenguaje, que sin vulgarizar, esté al alcance de un público más amplio.

No ha sido fácil ese camino desde el año 2006, el recorrido estuvo lleno de incomprensiones, y a pesar de la brecha

---

[1] En Revista *Política Internacional* No. 7, enero-julio del 2006, por el Instituto Superior de Relaciones Internacionales *Raul Roa García* del Ministerio de Relaciones Exteriores, La Habana, Cuba.

abierta, a partir de ese mismo año por el Presidente Raúl Castro, dándole amplio espacio a la crítica, tratar el asunto de la corrupción dentro de un artículo, en abril del 2010[2], provoco la molestia de algunos funcionarios de alto nivel del Partido Comunista de Cuba, que reclamaron mi militancia, al considerar que lo que había escrito era incompatible con mi condición de miembro del partido.

Se abrió paso entonces la caduca mentalidad, (también criticada por el Presidente), por medio de valoraciones del tipo siguiente: "los trapos sucios se lavan en casa", "no se le debe dar armas al enemigo", "la crítica debe ser entre nosotros" "se trata de un asunto que el partido quiere manejar con discreción". Sobre esas bases analíticas, fue que el Partido considero a todos los niveles, que lo que yo había escrito merecía retirarme la militancia y sacarme de mis comparecencias televisivas. Nada de ello tenía cabida en el discurso del Raúl Castro; todo era fruto de una burocracia partidaria, en quistada, que aún no había asimilado el nuevo momento que estábamos viviendo y que consideraba esa era la manera de defender al partido y a la Revolución. Supuestamente yo era el que había cometido el error de dar espacio a la crítica en mis artículos. Por supuesto, continué escribiendo y en medio de la coyuntura personal desagradable que estaba viviendo publique el segundo artículo sobre la corrupción, entonces más extenso y fuerte que el primero, titulado, "El Misterio de la Santísima Trinidad: corrupción, burocratismo, contrarrevolución"[3], el cual puse en mi blog, (esta última otra razón para recibir la crítica de la rectoría universitaria, pues según esta no tenía derecho a tener un blog). El artículo de marras, circulo ampliamente y aun ambos son citados en la Web.

Fue algo ciertamente lamentable, que levanto una gran polémica interna y un cuestionamiento sobre tal decisión de privarme de la militancia, a todos los niveles e internacionalmente también, sobre todo entre los muchos amigos que tengo

---

[2] "Corrupción: la verdadera contrarrevolución". Recogido en esta edición, ver Índice. Nota del Editor (N. del E.).

[3] También recogido en esta edición, ver Índice. N. del E.

regados por el mundo y particularmente en los Estados Unidos. Ello afectó seriamente la credibilidad del llamado a la crítica que estaba haciendo el Primer Secretario y Presidente del País. Pues muchos se preguntaban si el llamado a ejercer la crítica era real o no o pura demagogia, y lo más grave, si mientras Raúl Castro llamaba a la crítica, otros, bajo su dirección se estaba tomando la atribución de frenarla. Fue un periodo de gran confusión; la gente me abordaba en la calle de manera sistemática, pues se decía, que no era posible lo que habían hecho conmigo, que yo debía haber hecho otras cosas y caído en otros errores que no se querían divulgar. Nadie podía imaginar que por ese solo y primer artículo, un Miembro del Buró Político haya dado la orden de quitarme la militancia del partido. Sanción que se me ratifico en todos los niveles a que apele la decisión.

Finalmente, decidí elevar mis consideraciones, al Primer Secretario del Partido y entonces todo se solucionó en junio del 2011 y el proceso crítico que se había abierto, continúo profundizándose, hasta hoy, en que escribir críticamente sobre nuestra realidad interna, desde una posición revolucionaria, cuenta con el máximo apoyo.

Sin embargo, aún nuestra prensa, llamémosla oficial, a pesar de todas las críticas que recibe a diario, no refleja esa crítica, que es recogida por la Web y en los correos electrónicos, aunque la inmensa mayoría de nuestra población tiene acceso a un tipo de periodismo informal, mas crítico, atractivo y veraz, al que nuestra prensa nacional se va abriendo paso aunque muy lentamente todavía, siendo la televisión nacional, la que más ha avanzado.

Ha triunfado la idea, impulsada por la máxima dirección política e institucional del País, que considera que la crítica no debe ser frenada, ni obstaculizada, siempre que se haga seriamente, en el momento y lugar oportuno. Existe una intelectualidad revolucionaria, que escribe mucho, poniendo de manifiesto los problemas y exigiendo por las soluciones.

De aquí mi interés de que queden recogidos en un libro, todos esos modestos trabajos, que han desempeñado un papel relevante en el despliegue de una crítica revolucionaria, que nos ayude a avanzar en la solución de los diferente problemas que el país debe enfrentar. Tomando en consideración de que yo soy simplemente uno más de los que han decidido oponerse al dogmatismo, el esquematismo, la actitud burocrática y el ordeno y mando, que tanto daño nos han hecho durante todos estos años. No considero que la batalla este aun ganada, pero sí que hemos avanzado lo suficiente, como para que no haya posibilidad de vuelta atrás, porque el aliado principal de tal proceso, está en la propia política que el país quiere seguir.

CONTRARREVOLUCIÓN Y EMIGRACIÓN

ESTEBAN MORALES DOMÍNGUEZ

UNA MEDIDA EXTEMPORÁNEA
Y DE *OUTSIDERS* EN LA POLÍTICA HACIA CUBA

No hay que dar muchas vueltas para saber dos cosas:

La primera es que la actitud del Banco que suspendió los servicios a la Oficina de Intereses Cubana en Washington, no tiene nada que ver con las restricciones del bloqueo[4]. Porque estas últimas existen hace más de 50 años, pero en 1977 se hicieron todos los arreglos legales, desde el punto de vista financiero, con arreglo a la Convención de Viena y el Acuerdo de Establecimiento de las Oficinas de Intereses en Cuba y Washington, para que estas pudieran operar sin las restricciones que ahora la banca le pone a la Oficina de Cuba en Washington. Vayamos a ver por qué lo hace, porque las medidas del bloqueo no pueden ser esgrimidas como justificación.

La segunda, es que ni Armengol, pero sobre todo Montaner, se comportan a la altura de la situación, cuando hablan de que Cuba lava dinero. Dando a entender que por eso es que ha sido castigada. ¿De dónde extraen ese argumento?

Si la Oficina de Intereses, sabía de la medida desde julio y ahora es que la informa, parece ello más bien resultado de que los funcionarios Cubanos saben que una medida como esa es totalmente ilegal y es de suponer que pensaran que no vale la pena asustar con una situación que no se justifica, es ilegal y que se solucionaría con relativa facilidad, porque si no es un banco puede ser otro cualquiera, dado que siempre se operaría dentro de la legalidad establecida y acordada hace mucho tiempo por ambos gobiernos.

Es tonto además imaginar que Cuba esté presionando, aprovechando la situación. Pues se trata de algo con lo que Cuba no tiene nada que ver, sino de un asunto a solucionar por el

---

[4] El concepto de "bloqueo" presentado por el autor se repite en la terminología política y social cubana con respecto al embargo norteamericano, tal vez dependiendo de la referencia histórica del bloqueo real establecido por los EEUU cuando la Crisis de Octubre −o de los Misiles-ante la posible transportación de armas de destrucción masiva por parte de la marina soviética [N. del E.].

Gobierno de Estados Unidos. Pues sería absurdo pensar que la administración de Obama quiera eliminar la operatividad de la Oficina de Intereses de Cuba en Washington. Mucho menos para obstaculizar las propias medidas de política que en el 2009 instauró la administración actual. Obama echó abajo las medidas adoptadas por Bush hijo contra Cuba y hasta ahora no existe señal alguna de que pueda volverse atrás.

Lo que sí sabemos, desde hace mucho tiempo, es que dentro de algunos sectores políticos Cubanoamericanos, particularmente en Miami, siempre ha habido personajes, con influencia y poder, dispuestos a frenar, obstaculizar e incluso impedir, que las pocas relaciones que existen entre Cuba y Estados Unidos fluyan sin dificultades, a pesar de tratarse de una medida totalmente impopular para la inmensa mayoría de la comunidad Cubana pues sabemos que a esa gente poco le importa si perjudican a los Cubanos de allá con tal de que se mantenga a política que históricamente ha llenado sus bolsillos.

Ha sido una constante, dentro de la Confrontación entre Cuba y Estados Unidos que, siempre que esos sectores mencionados, han observado que avanza algún proceso de acercamiento entre ambos países, ellos mueven sus influencias, para obstaculizar el potencial curso positivo de los acontecimientos. Tampoco es desconocido el interés de estos sectores de que las oficinas de intereses no existan. Mucho menos que ello pueda servir para que las relaciones entre Cuba y Estados Unidos mejoren.

Es cierto que la agresividad de la política norteamericana sobrevive, pero hoy "el garrote y la zanahoria "son manejados con la inteligencia de nunca antes. Obama sabe lo que quiere en la política hacia Cuba y no va a aceptar obstáculos que otros traten de imponerle. Mucho menos grupos que han sido tan poco eficientes en el manejo de la política hacia Cuba. Obama sabe que esos grupos y la llamada disidencia interna en Cuba, no tienen nada nuevo que decir en la política hacia la Isla.

No creo que la medida adoptada por el Banco mencionado, haya sido inducida por la administración norteamericana. Pues sería absurdo imaginar que Obama vaya a adoptar ahora medidas que contradicen las adoptadas desde el 2009; y más que ello, que vaya a permitir que se adopten otras que contradicen totalmente su actual política hacia Cuba. Política que es la del acercamiento de *doble carril*, donde uno de ellos sigue presionando al gobierno de Cuba con el bloqueo, pero el otro busca el acercamiento entre los Cubanos de ambos lados del Estrecho de La Florida.

Es cierto que la política norteamericana no ha eliminado el bloqueo, pero no adoptando medidas financieras del tipo de las que ahora perjudican directamente la operatividad de la Oficina de Intereses de Cuba en Washington.

Pues ello anularía la intención de Obama de acercar a la sociedad civil Cubana, a los Cubanos de Miami y crear en Cuba las condiciones para un cambio pacífico interno que beneficie a la política norteamericana. Para lo cual, medidas que afecten el contacto creciente entre los Cubanos de Cuba y los de Estados Unidos, creo no tendrían hoy espacio en la política norteamericana.

Si resultase lo contrario, preparémonos para un retorno a la agresividad de los años sesenta. Lo cual no creo pueda ocurrir. Las relaciones entre ambos países, mas bien, va entrando lentamente a un carril de cambios, que no tiene vuelta atrás, al menos por el tiempo que le queda a Obama en la presidencia.

Tengo la impresión, de que la medida adoptada por este Banco contra la Oficina de Intereses de Cuba, responde a la constante ya mencionada. Existe un evidente proceso de acercamiento entre ambos países y siempre que ello ocurre, los sectores partidarios de la ya vieja política Cubana de Estados Unidos, lo quieren frenar.

Es más, las recientes declaraciones de Obama en Miami, muestran más su intención de profundizar en la política que viene siguiendo, que la de obstaculizar el acercamiento que viene buscando. Obama ha dicho que la política hacia Cuba es vieja, obsoleta y que debe ser actualizada. Específicamente que ha querido decir con ello, no lo sabemos, pero resulta de todos modos esperanzador escuchar algo como eso.

Por tales razones estoy convencido que el problema creado se va a solucionar y no sería extraño que el propio Departamento de Estado este tratando también de viabilizar una posible solución.

Por lo pronto, al suspender sus actividades consulares, la Oficina de Cuba en Washington no hace otra cosa que cuidarse de un problema que en realidad no es suyo, ni tiene en sus manos la solución. Como decimos en el baseball, la pelota está del otro lado.

Si el asunto no se solucionara, Cuba podría adoptar otras medidas, pero no creo que ninguna de las posibles tendría que ver con someter a la Oficina de Intereses de Washington en La Habana a una situación similar. Pues sería como decir, recojamos ambas Oficinas y todo se acabó .Lo cual sería un absurdo político.

29 noviembre, 2013

El tema racial y la subversión anti-Cubana: una actualización.

El conflicto entre Cuba y Estados Unidos se nos presenta con diferentes facetas. Sobre todo si tomamos en consideración el interés de la política norteamericana por subvertir a la sociedad revolucionaria Cubana. Tratándose de un fenómeno que va desde las intenciones de liderar los procesos sociales en Cuba, pasando por arrebatar de manos de su dirección política el liderazgo de los cambios internos, hasta llegar a producir la subversión del régimen socialista. Una parte importante dentro de este último asunto, la tiene la utilización del tema racial como cobertura para desestabilizar internamente al país.

Los llamados "documentos de la transición", del 2004 y el 2006, se han propuesto una crítica sin límites de todos los procesos que tienen lugar en la Isla, con el objetivo de ofrecer la peor imagen de Cuba en todos los aspectos de la vida nacional. Según esos documentos mencionados, en Cuba nada funciona y todo debe ser cambiado o subvertido.

No es de extrañar entonces, que en ciertos retos que el país debe enfrentar, se trate de inducir a formas internas de comportamiento que perjudiquen la marcha del proceso revolucionario Cubano. Uno de esos temas es la cuestión racial, tratada en los referidos documentos. Para ello, la política norteamericana, toma como instrumento a ciertos grupos, supuestamente académicos, pero en realidad, bajo el papel de subalternos, que siguen a la administración norteamericana en la actual política contra Cuba.

Una primera variante que nos encontramos es que algunos negros del otro lado de Estrecho de La Florida, porque no son todos, tratan de situar a los negros y mestizos de Cuba como víctimas en su propia tierra. Por supuesto, víctimas de quién, sino del Estado Cubano, el Gobierno y el Partido Comunista de Cuba. Pues existe la marcada tendencia a considerar a los que permanecen de este lado del espectro político, poco menos que como ovejas o personas estúpidas, carentes de todo pro-yecto propio.

En esta tarea de manipular el tema racial en Cuba como ob-jeto de subversión política, están vinculados individuos como Enrique Patterson, quien desde allá, relaciona el tema con los asuntos de la gobernabilidad o del potencial político contesta-tario, que según este individuo está presente en la población no blanca en Cuba. En Cuba, principalmente, Jorge Madrazo, Lázaro Calvo y Manuel Cuesta Morúa, despliegan la misma línea de trabajo, con no poco éxito hasta ahora.

Enrique Patterson fue profesor de Filosofía en el Departa-mento de Marxismo Leninismo de la Universidad de La Ha-bana. Abandonó el país en 1990 y reapareció poco después en el Congreso de LASA[5] en Washington, haciéndose acompañar de dos funcionarios, del Departamento. de Estado. No resul-tando difícil inferir quien pagaba sus gastos y con qué propósi-tos, lo habían llevado al Congreso. Ahora vive en Miami y se dedica a escribir sobre la problemática racial en Cuba, con una línea de pensamiento que lo vincula directamente a los propó-sitos del Gobierno Norteamericano. Lamentablemente para él, las personas, sobre todo académicos que tratan el tema con se-riedad no lo toman nunca como referencia válida, no así los medios de la derecha que reproducen sus criterios hasta el can-sancio.

En similar tarea manipuladora se halla Ramón Colás, que li-dera en Mississippi un Proyecto de Relaciones Raciales. O la Revista *Islas*, que hasta hace poco buscaba conexiones para lo-grar producciones sobre el tema racial desde dentro de la Isla. Desconocemos si mantienen su interés, aunque no sería ex-traño que en cualquier momento lo retomen.

El *Miami Herald*, por su parte, aparece continuamente como reservorio de todos los artículos que sobre el tema racial en Cuba, son publicados en los Estados Unidos. E incluso, comen-tando algunos de los que se publican en Cuba.

Es cierto que en Cuba hay que trabajar mucho aun para que

---

[5] Latin American Studies Association (Asociación de Estudios Latinoamerica-nos) [N. del E.].

las diferencias e inequidades sociales terminen por desaparecer. Problema que afecta tanto a negros como a blancos, aunque dentro de ellos, más a los negros, quienes aparecen con las mayores desventajas. Resultado ello, principalmente, de los desiguales puntos de partida históricos, con que arribaron a 1959, los negros y mestizos que hoy integran la sociedad Cubana.

Sería tonto y poco menos que anticientífico pensar, que 400 años de colonialismo y casi 60 de explotación neocolonial, puedan ser borrados en poco más de 50 años de Revolución, por muy radical que ésta haya podido ser.

La política social desplegada por la revolución, reconoció a todos los derechos a la educación, la salud, la seguridad social y el acceso al empleo, lo cual benefició por igual a todos los ciudadanos pobres y a los negros y mestizos como gran mayoría dentro de ellos. Sin embargo, esa política social sumamente humanitaria, centro su interés en la pobreza y no considero la variable del Color de la Piel, la cual lleva implícito una fuerte componente de diferenciación social.

No se trata de conformidad, porque, al mismo tiempo debemos reconocer que el tema, después de ser fuertemente abordado por el máximo líder de la Revolución en marzo de 1959, no fue consecuentemente seguido después y pernoctó desde entonces en el silencio, debido a que se creyó que al crear una política social que igualaba en todos los sentidos a los negros y mestizos con los blancos desde el punto de vista clasista y una política nacional de principios que parecía garantizar la plena igualdad en la sociedad Cubana, se solucionarían estos problemas, olvidando las terribles secuelas que se arrastraban tanto en el orden material como en el subjetivo, desde el periodo de la esclavitud. De modo que en 1962, el tema racial se dio voluntaristamente como resuelto.

Debemos tener en cuenta que a principios de los años sesenta, el gobierno de los Estados Unidos comenzó una verdadera guerra de agresión contra la Revolución Cubana y el tema racial pasó entonces a ser considerado como algo que podía dividir a las fuerzas revolucionarias ante las difíciles batallas que debían ser enfrentadas.

Sin embargo, sin ser partidario de la llamada "teoría del tuerto", quien es rey en el país de los ciegos; no veo ningún país en este hemisferio, incluido Estados Unidos, donde se haya hecho, tanto como en Cuba, por la justicia, la igualdad y la equidad racial.

Del mismo modo, no conozco desde antes de 1959, de ningún gobierno aliado de los negros y mestizos; ni tampoco de un estado o gobierno del cual estos hayan podido esperar más que demagógicos discursos y sí casi ninguna acción concreta, para sacarlos de sus barrios marginales, darles salud y educación gratuita, esperanzas reales de una vivienda decente, perspectivas de un buen empleo y dignidad personal. Mucho menos, que cuando enfrentaran a la justicia, fuesen tratados en igualdad de condiciones. Realidad que aún sufre la inmensa mayoría de los negros en Estados Unidos.

Los negros de Cuba, luchan todos los días en los espacios abiertos, que aún son muchos, aunque sin dejarse engañar por aquellos, que lo primero que tendrían que hacer sería superar la *republiqueta* racista, modelada a imagen y semejanza de los años cincuenta en Cuba, que le han construido a los negros Cubanos de Miami, la extrema derecha Cubano-americana. Dejando prácticamente a la inmensa mayoría de los negros que allá viven, en el mismo lugar que ocuparon en la Cuba neo republicana, solo que casi 50 años después. Y ni siquiera hablar de que puedan los negros prosperar en cuanto al acceso al poder. El poder allá, es sólo para los blancos ricos, como lo fue en Cuba antes del triunfo de la revolución. Aunque también otras formas de discriminación penden sobre los blancos Cubanos, que aunque fueran ricos, cuando emigraron a estados Unidos, dejaron de ser "blancos" para devenir en "hispanos".

Por lo cual, como Carlos Moore, no pocos reconocen el racismo y la discriminación existente dentro de la población Cubana que vive en los Estados Unidos.

Del lado de Cuba, la mayoría de los negros y mestizos trabajan desde el lado del poder; porque tienen conciencia de ello. Por lo que, con todo desenfado, se podría decir, que en Cuba van siendo cada día más los negros en el poder y muchos menos los blancos que no están dispuestos a compartirlo. Pues para eso también se hizo la Revolución Cubana. Siendo esa la

plataforma verdadera para la igualdad, pues lo demás se soluciona con el tiempo, la dinámica política existente y la voluntad de los negros y también de la inmensa mayoría de los
blancos de la Isla, para crear condiciones que propicien la
desaparición de la discriminación racial y el racismo.

Tampoco se hacen ilusiones, los negros en Cuba, ni de que
nada les vaya a caer como regalo del cielo. Pues del cielo, lo
único que cae es agua y nieve, todo lo demás, hay que batallar
mucho para conseguirlo en Cuba hay que luchar mucho aun
para que el poder quede distribuido proporcionalmente entre
la población blanca y negra.

Entonces, la principal batalla de los negros y mestizos en
Cuba, es continuar construyendo esa sociedad que les ha dado
las oportunidades ya mencionadas; y por qué no, también la
posibilidad de batallar por compartir el poder con los blancos
en igualdad de condiciones, en medio de realidades y oportunidades tanto únicas como sui generis. Todo lo cual, es sin dudas,
incomparablemente más posible en la Cuba de hoy, que en
ningún otro país al menos de este hemisferio. Repito, incluido
Estados Unidos, donde a pesar de la lucha por los Derechos
Civiles y de tratarse de la nación más rica del planeta, todavía
un 90% de los afros norteamericanos continúan viviendo bajo
la línea de pobreza.

¿Qué tratan de hacer los que desde Estados Unidos y en particular desde Miami, les ofertan a los Cubanos de la Isla el
discurso de la víctima? Simplemente trasladarles formas de
lucha que a ellos nunca les han dado resultado. Crear en Cuba
organizaciones, grupúsculos, sectas y descontentos, tratando
a la vez de endulzarlos con el dinero de la AID[6], para al final,
ponerlos a trabajar en beneficio de los racistas de Washington
y Miami; triste misión que ya algunos negros Cubanos, en los
Estados Unidos, están cumpliendo.

No creo que estos negros desconozcan que así traicionan a sus
congéneres. Pero llenar sus bolsillos es más importante. Por lo
que quiéranlo o no, son anexos de una misma sub-alternidad,
aquella que desde Miami, lo único que le interesa es recuperar
sus propiedades y privilegios en la Isla. Paradójicamente:

---

[6] Se refiere a la USAID (Agencia Internacional de Desarrollo de los Estados
Unidos) [N. del E.].

parte de esos privilegios, era también discriminar a los negros en Cuba.

Realmente, en el trasfondo de su discurso, el de la "víctima", subyace la intención de que los negros y mestizos en Cuba trabajen para la subversión contrarrevolucionaria, o sea, para desbaratar precisamente el proceso político, social y económico que en Cuba ha permitido, aun en medio de las muchas imperfecciones que subsisten, que el negro y el mestizo hayan llegado en la Isla a un status social al que muchísimos de ellos no podrían llegar, ni siquiera en sueños.

Entonces, no sirve para nada a los negros y mestizos en Cuba el "discurso de la víctima". No lo necesitan. Por lo que sería mejor que ese tiempo y esfuerzo, los de allá, lo dedicaran a construir un discurso propio, que les permita a sí mismos sobrevivir en medio del racismo que caracteriza a la sociedad norteamericana y en particular a la miamense.

En Cuba hay claridad de quienes son nuestros aliados y quienes nuestro enemigos.

Sin embargo, no podríamos decir que la lucha a librar concluye en tales términos. Porque de este lado del estrecho de La Florida, ha tomado cuerpo también, "una derecha racial", que despliega una estrategia del tipo siguiente:

1- En medio de la ejecución de la estrategia política subversiva de Estados Unidos contra Cuba, el tema racial 'ha devenido internamente en una plataforma de lucha por parte de cierto grupo, de negros principalmente, que supuestamente son luchadores contra la discriminación racial y el racismo en Cuba. Esa cobertura tratan de preservarla muy bien e incluso tienen gran claridad en que no deben apartarse del resto de los negros.

Por eso tienen una actitud de contemporizar, fraternizar y cuidar su lenguaje, para que no se evidencie, que en el fondo, su proyecto es racista, porque defiende al capitalismo que debiera volver a Cuba.

2- Estos últimos pretenden, basado en que son negros, confraternizar dentro de todos los negros Cubanos, para tratar de hacerlos participe de una estrategia que los negros en Cuba nunca podrían aceptar, pues esa supuesta lucha contra el racismo y la discriminación que pretenden esgrimir, no tiene en realidad nada que ver con la verdadera lucha anti racial en el contexto de la nación Cubana actual. Sino con una subversión del régimen político que más ha hecho avanzar a los negros en Cuba.

3- Tales negros que he mencionado, constituyen un grupo, apoyado y financiado con el dinero norteamericano, proveniente de la AID, a través de la Oficina de Intereses[7] de Washington, tal y como tiene lugar con los demás grupos disidentes, que bajo la plataforma de la lucha por los derechos humanos, la democracia y las elecciones libres en Cuba, también trabajan en Cuba, financiados por Estados Unidos, para subvertir el régimen político del País. Es decir, trabajan por el "Cambio de Régimen" político en Cuba, que no es más que la estrategia en que Estados Unidos, asienta su actual   política contra Cuba.

4- Estos negros tienen contacto directo con la Oficina de Intereses de Estados Unidos en Cuba, reciben dinero de la AID por trasmano de organizaciones similares en los estados Unidos, tienen una página WEB financiada y reciben todas las facilidades materiales y monetarias para desplegar sus actividades.

5- Recientemente estuvieron en LASA, (Conferencia

---

[7] Se refiere a la USINT (Oficina de Intereses de los EEUU) en La Habana, una oficina con carácter diplomático, bajo acuerdo con el Gobierno suizo. Existe una contrapartida cubana en Washington DC, la SICUW, Sección de Intereses de Washington DC [N. del E.].

del Latín American Studies Association), en Washington, estancia durante la cual visitaron TV Martí, Radio Martí, la Universidad de Pittsburgh, Howard y se reunieron con varios representantes de su línea de derecha en los Estados Unidos. No las reuniones en las universidades que son centros académicos, pero se observa su interés por tener contacto con esas dos instituciones de la media norteamericana representantes de la contrarrevolución hacia Cuba como lo son Radio y TV Martí.

6- Con este grupo personalmente tengo coincidencias en cuanto a las críticas que hacen sobre el racismo y la discriminación racial existente en Cuba. Sin embargo, no coincido en lo que estiman ellos es la solución del problema. Cuando expresan que la solución es un cambio del régimen político en Cuba.

No obstante, pienso además, que el hecho de que ese grupo con una posición política contra el racismo y la discriminación, sea francamente contrarrevolucionario, al coincidir con el "cambio de régimen" promovido por la política norteamericana y que recientemente hayan desplegado, desde sus perspectivas, una actividad exitosa en Washington, es culpa de los que desde la parte Cubana, no han prestado al tema la atención que este merece hace mucho tiempo ya.

Este grupo mencionado, actúa con toda la inteligencia para aprovechar muy bien las deficiencias, la incapacidad y el atraso que de nuestra parte ha existido para trabajar y sobre todo liderar el tema. De modo que sus éxitos, no responden a que posean una plataforma solida ni políticamente aceptable, incluso plataforma que tienen que esconder, pues no goza de popularidad, sino a la incapacidad de parte de la Dirección Política del País, para trabajar a fondo el tema racial, con dedicación, políticas definidas y una estrategia coherente.

Sería tonto de parte de estos grupos, que no aprovecharan

nuestra incapacidad manifiesta en el tema, para hacerlo avanzar desde sus perspectivas. Perspectiva con la cual no podemos estar de acuerdo, porque, en el fondo, forma parte de la estrategia política norteamericana. Sin embargo, no se siquiera, si esto último que he dicho, se comprende por parte de los que desde sus posiciones políticas debieran dar atención al tema, haciéndolo avanzar, desde una posición revolucionaria, para que no deviniese, como hasta ahora ha ocurrido, en un instrumento de la disidencia contrarrevolucionaria. Con una cobertura, que más confusión no puede introducir, pues se trata de negros luchando contra la discriminación racial y el racismo. Mientras que los que reclamamos el tema, por considerarnos realmente revolucionarios, apenas hemos avanzado, siquiera ni en el camino de convencer a la Dirección de la Revolución, de que estamos ante un tema, que o le "entramos con la manga al codo" o vamos a perder la batalla con el enemigo de la Revolución.

Julio 19 del 2013.

Las revoluciones engendran sus propios enemigos

En Cuba no existió una burguesía nacional como tal. Tampoco la contrarrevolución ha sido Cubana .Estos lo hemos referido más extenso en dos artículos recientemente publicados.

La supuesta contrarrevolución Cubana no ha sido legítima, entre otras cosas, porque no tiene su sustento dentro de un proceso histórico interno, propio, que haya verdaderamente enfrentado a una clase desplazada, tratando de retornar el poder, de manera organizada, con programa propio, discurso político y seguidores organizados de manera coherente. Frente a los que le arrebataron el poder a esa supuesta burguesía nacional, que su último acto político dentro de la nación Cubana fue suicidarse como grupo aliado indesligable de una dictadura sangrienta, momento histórico en que perdió la última oportunidad de ser una verdadera clase burguesa nacional.

El enfrentamiento político en Cuba entonces ha sido entre un pueblo liderado por una revolución legitima, salida de las propias entrañas históricas de la nación Cubana y una contrarrevolución, que incapaz de ser ella misma, termino en el único lugar que la historia ya le había reservado, como un simple mercenario aliado de quien siempre detento el verdadero poder en Cuba: Estados Unidos

Pero las verdaderas revoluciones no pueden quedarse en la fase de la toma el poder político, como tampoco en la de su consolidación. Tienen que seguir adelante si desean sobrevivir Y para sobrevivir, de todos modos, sea legítima o no la contrarrevolución que la combate, tiene que necesariamente enfrentar una dialéctica muy compleja: revolución-contrarrevolución. Que proviene del devenir histórico del país que engendro la revolución y su desarrollo, todo ello, en medio de un cumulo de contradicciones, avances y retrocesos que no puede eludir, sino quiere morir de inactividad o enfrentar la realidad del suicidio. Pues una revolución también puede suicidarse. Recordemos la experiencia de Granada y el movimiento revolucionario liderado por Maurice Bishop[8].

Cuba en particular, ha llevado adelante una Revolución, rodeada de dificultades, enfrentando al enemigo imperialista más poderoso, atravesando múltiples encrucijadas; entre ellas, la de haber repetido en tres ocasiones la restructuraciones de su economía, ahora tratando de lograr un modelo propio de desarrollo económico.

La sistemática agresividad contrarrevolucionaria armada, una invasión, y el bordeo de verse envuelta dentro de un potencial conflicto nuclear.

Cuba, ante sus aspiraciones de independencia y soberanía enfrento al enemigo externo e interno, sobrepaso exitosamente la frontera de la llamada Guerra Fría, y avanzo mucho en el orden social y político; pero ahora se encuentra ante una nueva encrucijada, la de lograr consolidar un modelo económico propio nuevo que la ayude a sobrevivir y continuar desarrollándose, dentro de un mundo sumamente complejo y plagado de retos. Pero los desafíos de esta etapa por la que Cuba atraviesa ahora son diferentes.

A cincuenta cuatro años de haber triunfado, la revolución, Cuba enfrenta nuevos retos. Algunos provenientes de su propio desarrollo, otros de los errores que todo proceso revolucionario es capaz de acumular[9].

- El lastre de fracasos que han dejado sus marcas en la población.

- La situación de un modelo económico propio aún no consolidado.

- Una visión más heterogénea de cómo el país debe salir de la situación en que se encuentra. Lo que genera un debate interno que debe ser bien canalizado.

---

[8] Ver pie de página 9 [N. del E.]
[9] No tomamos en consideración, un conjunto de aspectos teóricos, que harían muy largo este ensayo [Nota del Autor].

- Un cierto nivel de desacuerdo con las políticas gubernamentales, que no deben ser linealmente interpretadas como actitudes anti gobierno. Sino como el simple derecho de cada ciudadano a pensar que es lo mejor para sí y su familia.

- Ciertos niveles de discrepancia política que no debe ser interpretados como contrarrevolución. Porque generaría un contexto negativo para los cambios. Hay que abrir espacio a la discrepancia y al disenso, porque es de ahí, que en días como estos, la verdadera contrarrevolución puede nutrirse[10].

Dentro de una situación como la que ahora vive el país, se necesita más que nunca de todas las fuerzas políticas que puedan acompañar los cambios. Sin discrepancias no puede haber democracia. A lo mas que se puede llegar es a un régimen de ordeno y mando, donde todo viene de arriba, donde cualquier discrepancia es interpretada como contrarrevolución. Situación en la que el ciudadano se siente desprotegido, excluido: Siendo esa precisamente la situación, que genera el contexto político, en que la gente toma el camino que puede parecerle más beneficioso, pero que no es necesariamente el más adecuado para sí mismo y para el país.

La contrarrevolución sabe que los métodos violentos están excluidos, que el uso de la violencia le puede resultar fuertemente contrarrestado por la propia población y ahora más que nunca apela al soborno, el enamoramiento, al subterfugio discursivo. Al aprovechamiento de las lógicas discrepancias de un proceso tan complejo, para convertirlas en actitudes contrarrevolucionarias.

Julio 28, 2012

---

[10] Estados Unidos está más atento que nunca a este asunto. En su intención permanente de apoyar un cambio de régimen en Cuba [Nota del Autor].

¿Es la contrarrevolución siempre la misma?

La contrarrevolución, que de Cubana no tiene un pelo, no siempre es la misma.

Cambia continuamente de pelambre para adaptarse a las nuevas condiciones de su existencia y de las tareas que debe cumplir. Reciente mente nuestro Presidente la equiparo a la corrupción.

Por lo tanto, hay muchas formas de hacer contrarrevolución, incluso de manera inconsciente. Inconsciencia de la cual siempre otros se aprovechan.

En medio de las condiciones que hoy enfrenta nuestro país, son muchas las tareas que debemos cumplir. Tareas muy complejas, delicadas por su impacto político y social, no pocas veces perseguidas por las incomprensiones de sus propios beneficiarios, así como tergiversadas por aquellos que quieren complicarnos el camino a la solución de nuestros problemas. Luego, el trabajo político a realizar es doble, por una parte, nuestros cuadros deben ser capaces de orientar eficientemente, como estar preparados para evitar las obstrucciones y tergiversaciones burocráticas.

Una forma nada sutil de hacer contrarrevolución hoy, la tenemos en el comportamiento de aquellos, que a pesar de todo lo que el Compañero Raúl ha dicho sobre la necesidad de ejercitar la crítica a discreción o públicamente, ponen obstáculos al ejercicio de la crítica o toman las declaraciones de Raúl, tratando de limarles el filo del sentido realmente critico que sus discursos tienen. Tratándose este de un asunto muy peligroso, porque ante situaciones de este tipo, no hay más que dos alternativas, o se quiere hacer quedar a Raúl como un demagogo, o se pretende dar la idea de que son otros los que están liderando el país. Lo cual nos puede llevar al crecimiento de la desconfianza de las masas en el máximo liderazgo.

Como interpretar cuando el Presidente dice que no podemos continuar "rodeando el precipicio" o cuando expresa que se trata de un asunto de "última oportunidad". Eso no es más que la continuidad del dramatismo con que Fidel planteó las cosas, cuando en noviembre 17 del 2005 dijo en la Universidad de La Habana que la Revolución era reversible y que "...nosotros mismos podíamos destruir a la Revolución"[11]. Se trata de palabras muy serias, dichas por quien nos conoce más que nosotros mismos. Nunca Fidel habían hecho planteamientos de tal dramatismo, luego tomarlos bien en serio en lo menos que se puede hacer.

El presidente Raúl Castro, al hacerse cargo del país, no ha hecho más que continuar la línea autocrítica desplegada por Fidel ese día. Pero sería puro idealismo imaginar que todos estamos dispuestos a seguirlo, aunque quienes lo sigamos tenemos que hacerlo sin concesiones de ningún tipo.

Existen entre nosotros, quienes no comparten la línea a seguir. Sabemos que no están solo abajo, sino en ciertos niveles de la estructura estatal y política. De lo contrario, no fueran tantos los que ha habido que privarlos de sus cargos y sancionarlos. Ministros, viceministros, altos dirigentes del partido y de la administración estatal. Y el proceso continúa, pues hay que terminar de limpiar la estructura de dirección del país, de corruptos, simuladores, en fin, de contrarrevolucionarios. Que es lo que son. Quien hoy roba y se corrompe, juega con los recursos del país y se enriquece a costa de ellos, es un contrarrevolucionario.

Sin dudas, hoy la contrarrevolución trata de apoyarse en las dificultades que el país atraviesa, las que más allá de su sobredimensión por parte del enemigo, son reales. Nuestra economía sufre los embates de un proceso de restructuración hacia la búsqueda del nuevo modelo económico que sistematice y estabilice su crecimiento económico, de solidez a la política social y definitiva coherencia a nuestras relaciones económicas externas. Haciendo que nuestro país consolide el lugar que le corresponde en la economía mundial.

Mientras ello no ocurra, siempre estaremos acechados por los

---

[11] Castro-Ruz, Fidel A. (2005, Nov. 17). Discurso en el Acto por el aniversario 60 de su ingreso a la Universidad, Aula Magna de la Universidad de La Habana. Disponible en http://www.cuba.cu/gobierno/discursos/2005/esp/f171105e.html [N. del E.]

peligros de una situación de crisis económica mundial, que las potencias imperialistas, con Estados Unidos al frente, tratan de convertir en una remodelación del viejo neocolonialismo, aunque para lograrlo, nos tengan que hacer hervir en las cazuelas del infierno de la guerra nuclear.

Estamos entonces ante una nueva contrarrevolución interna y externa. Liderada por el enemigo de siempre, Estados Unidos.

Junio 9 del 2012.

¿Hubo una burguesía nacional Cubana?

Hacia la segunda mitad del siglo XIX, lo que llamaríamos la clase de los hacendados criollos, ya estaba dividida en dos grupos muy bien diferenciados. Un grupo de ricos hacendados azucareros, tabacaleros y cafetaleros de Occidente y otro, de hacendados, principalmente azucareros, de la parte oriental de la Isla.

Los hacendados criollos también participaban con su capital en otros sectores, como por ejemplo el comercial, pero totalmente bajo el control de España, la que siempre aplico un control monopólico a ultranza, tanto del comercio como de los puertos españoles con que este se hacía. La Real Compañía de Agricultura y Comercio, la Rebelión de los Vegueros, el llamado Estanco del Tabaco y el Puerto de Cádiz, fueron ejemplos evidentes de lo que aquí decimos.

Finalmente, hacia mediados del siglo XIX, ya Estados Unidos ostentaba la supremacía del comercio con Cuba y la presencia de su capital dominaba en los sectores fundamentales de la economía Cubana. Por lo cual, muchos historiadores consideran que Cuba ya había pasado a ser una neo colonia de Estados Unidos, sin dejar de ser colonia de España.

Entonces, la llamada burguesía Cubana, contaba con los hacendados occidentales, dueños de grande ingenios azucareros y de grandes dotaciones de esclavos; mientras, los hacendados orientales, eran dueños de pequeños ingenios y de también pequeñas dotaciones de esclavos.

Los de occidente, herederos directos del proyecto de Francisco de Arango y Parreño, buscando desesperadamente siempre una mejor posición en las Cortes Españolas; poseedores de una rica vida cultural, más cercanos a la modernidad, mas relacionados con los Estados Unidos, más dependientes también de los designios del norte, casi nada apegados a la idea del cambio radical y muy identificados con los criterios reformistas.

Los hacendados orientales, dotados de mucho menos riquezas, con una vida cultural menos amplia, mucho menor desarrollo productivo, menos dependientes del trabajo esclavo, menos conectados al capital norteamericano, más necesitados de lograr una independencia que los sacara de abajo de la bota española.

Pero, antes de que cuajaran las condiciones de un movimiento de independencia, ya ambos grupos, se encontraban en situación precaria, frente al *monopolismo* de España y al control que Estados Unidos ejercía sobre el comercio de la Isla.

Con la Guerra Civil en Estados Unidos (1861-1865), se cerró para esa burguesía occidental la esperanza de la anexión para mantener la esclavitud. Dado de que al triunfar el norte en la contienda civil, el mantener la esclavitud en los Estados Unidos quedaba en una situación muy precaria. El Sur había sido derrotado, haciendo rodar por tierra las aspiraciones de la burguesía criolla de quedar anexada a esta parte del país.

Cuando hacia la segunda mitad de los años sesenta del siglo XIX, fracasó la llamada Junta de Información, los que más obligados estaban a seleccionar una alternativa política de comportamiento, que complementara sus intereses de relativa independencia de España, eran los occidentales; pues los orientales ya conspiraban con aspiraciones independentistas. Por eso los primeros fueron los que tuvieron que dar el salto más largo desde el reformismo hasta el independentismo, mientras que los orientales se encontraban a corta distancia de una posición más radical. Sin dudas la mentalidad reformista y anexionista también, encontraba espacio dentro de todo el *mambizado*[12], pero mucho más representada entre los occidentales.

La que más se parecía a una burguesía nacional eran los grupos de hacendados orientales, que fueron los que desataron la Guerra del 68 y los que se opusieron al Pacto del Zanjón, con Antonio Maceo[13] al frente. Para entonces ya los occidentales habían claudicado, por ellos comenzó la tregua. Entre los primeros estaban los que pensaron la independencia, los que

---

[12] Se refiere a los mambises, criollos cubanos independentistas [N. del E.].

[13] Antonio de la Caridad Maceo y Grajales (1845-1896) segundo Jefe Militar del Ejército Libertador de Cuba. *El Titán de Bronce*, fue uno de los líderes independentistas más importantes de la segunda mitad del siglo XIX en América Latina [N. del E.]

prepararon la guerra y prácticamente solos la llevaron adelante, negándose a claudicar ante la tregua que España les propuso con la llamada Paz del Zanjón. Entre ellos era que se encontraban los que hubieran sido nuestra burguesía nacional. Pero, eran más progresistas políticamente, pero también más débiles económica y culturalmente.

La segunda y gran oportunidad de existencia de una burguesía nacional, tuvo lugar en medio de la organización y realización de la Guerra de Independencia entre 1895-1898.Dado que esa guerra tuvo lugar después de abolida la esclavitud; si llego a occidente, si dispuso de instrumentos como el Partido Revolucionario Cubano fundado por José Martí, contó con un Ejército Libertador más fuerte, una Asamblea, una participación masiva y más popular de las masas Cubanas; fuerte representación en el exterior, coherente liderazgo político y organización. José Martí había construido todo un andamiaje político-militar, con sólida base ideológica, para librar una guerra relámpago, pues Estados Unidos vigilaba ansioso. Esa estructura construida para lograr la independencia, fue la que en parte, finalmente salvo al país de la anexión a Estados Unidos.

Entonces, entre 1895 y 1896, sí la guerra llegó a occidente, con la invasión, estando muy cerca de la capital del país, combatiendo contra una España ya agotada a pesar de haber perdido sus dos líderes principales. No obstante la guerra continuó y solo la intervención norteamericana a partir de 1898, frustró la independencia. Situación en la que no poca influencia tuvo la debilidad de la conducción independentista, la ausencia del intransigente discurso que había caracterizado a los dos líderes que ya no estaban: José Martí y Antonio Maceo y la traición, principalmente de Tomás Estrada Palma[14].

En medio de esa situación, la burguesía criolla occidental comenzó a introducir a sus representantes dentro del proceso. Comenzaron a llegar jóvenes bien alimentados e impecablemente uniformados, con alto nivel cultural, los que apenas

---

[14] En realidad Tomás Estrada Palma no traiciono nada ni a nadie. Sus ideas filo anexionistas habían guiado siempre todas sus acciones No es casual que haya cobrado el favor, llegando a presidente de la república, siendo ciudadano norteamericano [Nota del Autor].

aparecían adquirían grados militares, sin haber participado en un combate. Se había impuesto entonces el nivel cultural sobre el mérito militar. El segundo permitió a muchos hombres aguerridos y firmes políticamente (aunque de bajo nivel cultural) ocupar posiciones importantes dentro del *mambizado*; sin embargo, el primero los desplazó, permitiendo que hombres no pocas veces sin ideología y con muchas ambiciones, accedieran a las posiciones de poder dentro del ejército libertador y la estructura política de la república en armas

Al no poder cuestionarse la guerra ni frenarla como en el 68, la burguesía criolla occidental, se introducía en la contienda para no quedar al margen de lo que ocurría. Pues todo indicaba que la guerra llegaba a su fin y no querían quedarse al margen de la distribución del poder.

En medio de tal situación, Estados Unidos preparaba, con la llamada Resolución Conjunta, el paso final de la contrarrevolución que organizaba para sacar provecho a la Guerra Cubano-Española, haciendo válido el teorema de la fruta madura, que desde principios del siglo XIX, había emergido como diseño de política contra Cuba. Estados Unidos aguardaba pacientemente que llegara el momento y este llegó hacia los últimos años del siglo XIX.

La intervención norteamericana contribuyó mucho al despliegue de esa tendencia que lideraban los sectores reformistas de la burguesía criolla. Los interventores del ejército norteamericano se aliaron con los españoles, hombres de negocios que permanecerían en Cuba, con el conjunto de generales blancos reformistas y con los autonomistas.

No fueron verdaderos patriotas los que se aprovecharon de la intervención y del final de la guerra, sino aquellos sectores de la burguesía criolla, que habiendo permanecido prácticamente al margen de la contienda, aparecieron después como doctores y sobre todo, generales de última hora. Por lo que dentro de tal proceso, los que de verdad habían llevado el peso de la guerra, especialmente los generales negros, no recibieron nada en el proceso de distribución del poder[15].

---

[15] Esta distribución del poder organizada por Estados Unidos y apoyada por el generalato blanco del Ejército libertador, fue lo que generó que los negros reclamaran fundando el Partido Independiente de Color en 1908. Ver del Autor:

Después de 1902 todo continuó en idéntica forma. Hasta Gerardo Machado, último general que ocupó la presidencia hasta 1933, ningún general de la independencia, realmente conocido, tuvo ninguna participación en la distribución del poder dentro de la república.

El periodo de las guerras de independencia, por lo tanto, no hizo aparecer una burguesía nacional y durante la república tampoco surgió. La Constitución de 1901, la Enmienda Platt, los tratados de reciprocidad y la penetración del capital norteamericano en la economía Cubana, impidieron que una clase burguesa nacional emergiera. La inmensa mayoría de los que habían quedado en una posición económica privilegiada después de la guerra, se aliaron con Estados Unidos. Estos últimos en verdad no traicionaron nada ni a nadie, simplemente respondieron a sus intereses de clase. Así emergió lo que a veces se ha denominado burguesía nacional. Que de clase nunca tuvo estructura sólida y de nacional, mucho menos.

Finalmente, esos grupos que componían la supuesta y realmente inexistente burguesía nacional, se aliaron a la dictadura de Fulgencio Batista, de un modo tal, que terminaron finalmente despersonalizados. Desde el punto de vista social, se ligaban al Dictador porque sus negocios les obligaban, pero en realidad no compartían la vida social con Batista, no lo dejaban entrar a sus clubes aristocráticos por ser negro, pero se trataba del presidente apuntalado por los gringos. El hombre fuerte que la política norteamericana había identificado en Cuba con posterioridad al descalabro de Gerardo Machado, por lo que oponerse a Batista era oponerse a Estados Unidos y ello resultaba del todo imposible.

Esto después, en el exilio, se manifestaba en el desprecio que inspiraban los bastitanos. Los que constituían un grupo despreciable dentro de la masa contrarrevolucionaria.

Es decir, que la última oportunidad de esa supuesta burguesía nacional, fue terminar ligada a una sangrienta dictadura, que termino por hundirla, quitándole toda legitimidad a que

---

"El Partido Independiente de Color: en la trampa de la fraternidad racial" [Nota del Autor].

aspiraban como clase .Por eso, todos, al triunfo de la Revolución de 1959, abandonaron la plaza que supuestamente debieron defender como clase. Unos, los más ligados a Batista, se fueron con el Dictador; los otros, se fueron largando poco a poco, con la idea de regresar pronto; pues, el Ejército norteamericano se encargaría de reponerlos el poder.

Entonces, si no hubo una burguesía nacional, no hubo tal desplazamiento de una clase del poder[16]. Es que además, esa supuesta clase, ni el propio Batista, eran los que de verdad ostentaba el poder dentro de la república, sino la Embajada Norteamericana.

Entonces, el triunfo de la revolución en 1959, no desplazó del poder a ninguna clase en Cuba, simplemente acabó con las bases políticas y económicas de la existencia de grupos privilegiados, de ladrones y asesinos, que apoyados por Estados Unidos, bajo la sombrilla de la dictadura batistiana, administraban el país a su antojo, en medio de la más rampante y desmedida corrupción, del robo del tesoro público y del asesinato político.

Por esa razón, la contrarrevolución en Cuba, no podía ser estructurada sobre la base de la lucha por un proceso de restauración de clase en el poder, con todos los atributos que ello implicaba: programa político, liderazgo y discurso ideológico. Sino sobre la base de la organización de una contrarrevolución, que con intenciones norteamericanas de convertirla en una guerra civil que la legitimara, no resultaban más que bandas criminales, de mercenarios al servicio de una potencia extranjera, que siempre habían sido apoyadas por las administraciones norteamericanas. Y que a la menor oportunidad se largaban a

---

[16] Algunas posiciones académicas entre los cubanos en los Estados Unidos, viven y recrean lo que pudiéramos llamar la nostalgia de haber tenido una clase burguesa .Pero no hay más que observar la realidad de estos desplazados dentro de la comunidad cubana y también en Cuba, al triunfo de la revolución, para darnos cuenta de que nunca ha existido tal burguesía nacional. Por eso a pesar de contar con un pesado y sistemático apoyo del país más poderoso del mundo, nunca han podido recuperar el poder en Cuba. Es ciencia constituida la incapacidad de estos grupos para unirse bajo un proyecto contra Cuba y si matarse unos a otros con extraordinaria facilidad. En Cuba, la tendencia ha sido a atomizarse en pequeños grupos disidentes, que no pocas veces son familiares y a pelearse como perros por el dinero que le envían de Estados Unidos [Nota del Autor].

los Estados Unidos, a vivir del cuento de lo que habían hecho en Cuba.

Igualmente, los partidos políticos de principios del siglo XX,, tanto el Liberal, como el Conservador, también no eran más que estructuras políticas corruptas, de grupos organizados para defender sus intereses específicos dentro de la rebatiña generalizada por el disfrute del tesoro público.

Estados Unidos fue el que desde el principio, lideró, apoyó y financió a esa contrarrevolución, con el propósito de restaurar en el país el control de la Isla, que poseía desde finales del siglo XIX. Razón por la cual, la mal llamada contrarrevolución Cubana, no ha sido más que la acción de grupos, realmente desclasados, que convertidos en mercenarios, luchaban y luchan aún por recuperar los privilegios que perdieron en Cuba.

La no existencia de una contrarrevolución Cubana, en estos años, entonces, no es más que el correlato, de que lo que hemos llamado contrarrevolución Cubana, no ha tenido nunca una clase que salvar o restaurar en el poder.

Mayo 18 del 2012.

La Contrarrevolución Cubana nunca ha existido

En realidad creemos, que lo que hoy llamamos contrarrevolución Cubana, murió al nacer. Estados Unidos, como siempre ha hecho, frustro también toda posibilidad de que la contrarrevolución, que a partir de 1959 se organizaba, pudiese lograr ningún grado de legitimidad.

La contrarrevolución también puede ser legítima, en la medida en que se proyecta y sea teorizada sobre el fundamento real de la existencia de una lucha de las clases desplazadas del poder, por reinstalarse nuevamente en este.

Es que los procesos revolucionarios, también legítimos, mucho más porque se sustentan en el avance, pueden retroceder, ser derrotados, revertidos y hasta suicidarse -como lamentablemente ocurrió con la Revolución Granadina[17]. La revolución puede ser reversible, indicando así que no existían en realidad condiciones para su triunfo definitivo.

Pero la llamada contrarrevolución Cubana actual, no es legítima, ni lo será nunca. Primero, porque los que trataron de organizarla, no tenían razones históricas, sino solo intereses personales. Y por razones meramente personales se puede asesinar, armar revueltas, corromper procesos, pero nunca crear verdaderas organizaciones, plataformas de lucha, ni articular movimientos políticos contestatarios del poder de la revolución, articular un discurso coherente, a menos de que la propia revolución se deslegitime.

Pero los problemas de la ilegitimidad de la llamada contrarrevolución Cubana actual comenzaron antes. Veamos lo que pretendemos decir.

La Revolución Cubana derrotó en 1959 una dictadura san-

---

[17] El Gobierno Popular Revolucionario (GPR) de Granada se proclamó el 13 de marzo de 1979 después de que el *Movimiento New Jewel*, bajo el liderazgo de Maurice Bishop (1944-1983) tomase el poder en la isla caribeña, implantando un estado socialista, depuesto el 25 de octubre de 1983, tras la Operación *Furia Urgente* de fuerzas invasoras norteamericanas. N. del E.

grienta, la de Fulgencio Batista, que representó el último eslabón del poder de una contrarrevolución, que había triunfado entre 1898 y 1902, liderada por Estados Unidos y secundada por las fuerzas anexionistas y *plattistas* [18]que habían formado parte, incluso, algunas de ellas, del propio movimiento independentista contra España.

La revolución para entonces, era la Martiana, la cual fue momentáneamente derrotada. Por una clase que comenzó paulatinamente a penetrar los poderes civil y militar de la lucha independentista, envió sus representantes a luchar contra España, para no quedar al margen, y finalmente se alió con Estados Unidos para sacar adelante su proyecto de república, que no era la martiana, sino la aliada de Estados Unidos, la del protectorado primero y la neo-colonia después.

No quiere decir, que algunos miembros de esta misma burguesía no estuviesen en desacuerdo con lo que ocurría en la república surgida a partir de 1902, pero no fueron capaces de evitarlo, ni tampoco hicieron gran oposición. Solo las masas populares organizadas y líderes esclarecidos, mantuvieron vivas las llamas de la lucha por la verdadera independencia.

Existían sin lugar a dudas dos proyectos en pugna; el martiano, que combatía por la independencia contra España, pero observaba con preocupación las apetencias de Estados Unidos sobre la Isla, por lo que pretendía cumplir con el doble propósito de una Cuba libre de España, pero al mismo tiempo independiente de Estados Unidos.

El otro proyecto, era el de aquellos que hasta luchaban contra España por lograr la independencia de esta, pero no confiaban en que Cuba pudiese darse a sí misma una república independiente, sin la tutela de Estados Unidos. En parte también, porque muchos de ellos, le temían al peso que las masas populares y desposeídas tenían dentro de las fuerzas que combatían contra España, en la etapa final de la contienda independentista del periodo 1895-1898.

---

[18] La llamada *cultura plattista* aparece en la primera mitad del siglo XX cubano y justifica el orden neocolonial de dominación. Las costumbres norteamericanas se extrapolan al trópico cubano arrastrados por el afán de poder del sector conservador de la burguesía cubana atraída por todo lo norteamericano. [N. del E].

La parte más poderosa de la burguesía Cubana, como clase, en realidad, nunca fue independentista y mucho menos revolucionaria, era demasiado dependiente de España o de Estados Unido en último caso. Por lo cual este último volvió a tomar el mando de la acción contrarrevolucionaria, a partir del triunfo revolucionario de 1959, para ayudar a los desplazados por la revolución a reinstalarse en el poder.

Tratando por todos los medios de hacer aparecer la actividad contrarrevolucionaria interna como una contienda civil. Cuestión esta que coincidía con los intentos de Estados Unidos de recuperar a Cuba y con los intereses de la burguesía desplazada, la cual siempre se había conformado con hacerle la segunda al poder norteamericano en la Isla[19].

Por eso, los que ahora denominamos "contrarrevolucionarios Cubanos", no son ni siquiera eso. Sino simples mercenarios al servicio de una potencia extranjera; armados, entrenados, educados y financiados por Estados Unidos, para tratar de derrocar al poder revolucionario en Cuba, y recuperar sus bienes y privilegios, que es lo único que les interesa. Por lo que el patriotismo de estos últimos, cabe en el bolsillo más pequeño de cualquier prenda de vestir.

Por eso no tienen plataforma política propia, ni discurso que convenza a nadie, ni moral, prestigio, ni verdaderos líderes. Son solo un grupo de corsarios al servicio de Estados Unidos, que lo mismo van por dinero a Centroamérica, que al África, o contratan mercenarios desempleados para que vengan a poner bombas en los hoteles turísticos de Cuba. Fuera de la plataforma que les ofrece la política norteamericana contra Cuba, pero sobre todo, del dinero que reciben, no son nadie, no existen más allá de su nostalgia por volver a la Cuba de los años cincuenta.

En resumen, estos que ahora llamamos contrarrevolucionarios, son herederos de la contrarrevolución que triunfo en Cuba a partir de 1898, liderada por Estados Unidos y secundada por los sectores anexionistas de la burguesía criolla, los reformistas, aliada de la burguesía imperialista norteamericana y de

---

[19] Para ampliar ver: Esteban Morales. Cuba- Estados Unidos: las esencias de una confrontación histórica. Revista Universidad de La Habana, No. 260. La Habana, Cuba, pp.150-167.

los sectores políticos que, en los Estados Unidos, deseaban para Cuba un protectorado, una neo colonia y no una república independiente.

Sin embargo, aunque el proyecto martiano no triunfo entonces, el mismo hizo contribuciones, que fueron determinantes para la continuidad de la lucha por la verdadera independencia. Por cuanto José Martí[20] lidero una tercera guerra, organizada y liderada, y acogida masivamente, de tal modo que fue fundacional para la identidad nacional Cubana; para sembrar las semillas del antiimperialismo y evitar la anexión de la Isla a Estados Unidos[21].

Por ello, la dialéctica revolución-contrarrevolución no es nada nuevo en la historia de Cuba. La contrarrevolución ya triunfo en Cuba por varios años; y siempre bajo el mismo liderazgo (Estados Unidos) secundada por las mismas fuerzas políticas: los *plattistas*, reformistas y anexionistas de siempre.

Los Cubanos de la Isla no necesitan entonces saber que ocurriría en Cuba si triunfara una contrarrevolución, lo saben. Pues lo vivieron.

Por lo cual, toda la reacción del pueblo Cubano ante los intentos de Estados Unidos ahora por retomar el control de la Isla, se despliega sobre un solo telón de fondo, el de todos los Cubanos de la Isla conocer como Estados Unidos administraría una contrarrevolución triunfante en Cuba.

De esta historia sintéticamente contada, provienen las razones de la condescendencia del Ejecutivo norteamericano con la mafia criminal, que ha liderado la contrarrevolución contra Cuba.

---

[20] José Julián Martí Pérez (1853-1895). Escritor, periodista, intelectual, poeta y revolucionario cubano, creador del Partido Revolucionario Cubano, organizó la Guerra del 95 o Guerra Necesaria por la independencia de Cuba del colonialismo español. Perteneció al movimiento literario del modernismo [N. del E.].

[21] Creo importante esclarecer, que la anexión, tal y como era vista en esa época, no tiene ya vigencia. Se trataba entonces de que Cuba llegara a ser una estrella más en la constelación de estrellas de la bandera norteamericana. Pero, ¿ podríamos imaginar hoy, que la extrema derecha que lidera la política hacia Cuba nos concedería el" honor" y el "privilegio" de ser un estado mas de la Federación con todos sus derechos y deberes? Tal vez, un distrito del Estado de La Florida, sí .Luego la anexión de que se habla, no iría más allá de devolver a Cuba bajo el área de influencia de Estados Unidos nuevamente. Nota del Autor.

No estaba el gobierno negociando con un enemigo, el caso de Elián González[22], sino con su histórico aliado estratégico, que se les había ido de las manos.

Es que resulta necesario conocer bien que, la mafia anti-Cubana de Miami, no es una simple pieza táctico-funcional de la política norteamericana hacia Cuba. Es mucho más que eso. Es parte de una estrategia integral de política contra Cuba a bien largo plazo.

Aun y cuando esta mafia, tuviese que ver limitado su perfil de participación en una primera etapa por reconquistar a Cuba, porque de todos modos no podría prescindirse de ella en la siguiente etapa.

Los Cubanos-americanos, constituyen para la política norteamericana algo así como la "Cuba Alternativa"[23], al decir de Luís Ortega, "La Patria Portátil", que no tiene sino como objetivo, después de derrocar el poder revolucionario en Cuba, asegurarse de que esta no se les vuelva a escapar de las garras.

De lo contrario, como imaginar que diez administraciones norteamericanas, por más de 50 años, hayan invertido tanto dinero y recursos para tratar de "clonar" una Cuba del otro lado del Estrecho de La Florida.

Esa ha sido una estrategia de tan largo plazo, como la de la *Fruta Madura*[24] de J. Quincy Adams[25]. Se trata de la variante por medio de la cual Cuba seria finalmente norteamericana.

Aunque es nuestra opinión, que el verdadero papel que la política norteamericana le tiene asignado a los Cubano-americanos en su estrategia anti-Cubana, es el de segundones; que no se hagan ilusiones. Lo demás son simples circunstancias coyunturales .Por eso no quieren ni pueden prescindir de ellos.

---

[22] El caso del niño cubano Elián González -nacido en 1993-, protagonizó un incidente de significativa relevancia en el2000, a raíz de su llegada ilegal a los EEUU y posterior devolución a la custodia de su padre en Cuba [N. del E.].

[23] Ver: Luís Ortega, "Cubanos en Miami ", Editorial Ciencias Sociales, La Habana, Cuba, 1988.

[24] La política de la *Fruta Madura* fue formulada en abril de 1823 por el presidente John Quincy Adams, en su línea de política exterior referente a Cuba, históricamente una demostración de las aspiraciones expansionistas de los Estados Unidos [N. del E.].

[25] John Quincy Adams (1767-1848). Hijo del segundo presidente de EEUU, John Adams. Diplomático y Secretario de Estado, participó en la creación de la *Doctrina Monroe* [N. del E.].

De aquí, en su momento, el interés desmedido de la administración Clinton[26] por convencer a los secuestradores de Elián González, de que entregasen al niño, sin tener que verse obligados a utilizar la fuerza. Se trataba de hacer todo lo posible por darles a entender que, con su tozudez, estaban afectando algo más estratégico en las relaciones entre la mafia y la administración.

Por eso no existió ninguna voluntad por parte de la administración de solucionar el problema del niño afectando a su aliado. Dándole un golpe que lo anulase como posible pieza de su política hacia Cuba.

La administración ejecutó finalmente la decisión sobre el niño, por lo que ello representaba ya, en medio de una opinión pública interna casi totalmente adversa a continuar esperando y de una opinión internacional crítica. También, porque la decisión preliminar del Tribunal de Atlanta[27], con el niño en manos de la mafia miamense, auguraba dificultades y complicaciones mayores hacia el futuro inmediato.

Pero la dilatación del proceso, tanto por parte de la administración como de la mafia, llevaba implícito la esperanza de que Juan Miguel González[28] cediese ante la realidad, de que si se quedaba en los Estados Unidos podría tener al niño y mucho más. Pensamos que todos eran partidarios de ese tipo de solución, que solo la firmeza revolucionaria del padre de Elián pudo conjurar.

Lo cual no fue más que un ejemplo de que las administraciones estadounidenses han utilizado a la mafia contra Cuba y continuaran utilizándola. El grado en que lo continúen haciendo puede que llegue a ser algo no solo producto de la voluntad política, sino también de cómo se desarrolle hacia el futuro el debate de la política hacia Cuba.

Mayo 14, 2012

---

[26] William Jefferson Clinton, nacido en 1946 en Hope, Arkansas), más conocido como "Bill" Clinton, fue el 42º presidente de los Estados Unidos (1993-1997 y 1997-2001), el tercero más joven de la nación [N. del E.].

[27] El 19 de abril de 2000, el Tribunal de Apelaciones de Atlanta dictamina que el niño Elián González debe quedarse en EEUU hasta que exista una sentencia firme sobre su caso, negándose a pronunciarse sobre su custodia [N. del E.].

[28] Padre del niño Elián González [N. del E.].

¿El suicidio de la emigración?

Durante más de cincuenta años la cuestión migratoria ha sido un instrumento político de las administraciones norteamericanas para desestabilizar a la revolución Cubana. Y pienso que puede seguirlo siendo. Pues no se ha observado en estos años, otra actitud de las administraciones norteamericanas, que no haya sido utilizar el asunto migratorio, como un instrumento de su política agresiva contra Cuba[29].

La primera canallada cometida por la primera administración que enfrentó la revolución, la de Eisenhower[30], fue recibir en los Estados Unidos, prácticamente sin trámites legales, a todos los esbirros, asesinos y ladrones, que se fueron de Cuba huyéndole a la justicia revolucionaria.

Posteriormente, hasta hoy, continúan recibiendo a casi todos los que salen de Cuba, incluso de manera ilegal, y que van buscando los beneficios de la aplicación de la Ley de Ajuste Cubano de 1966. Una ley, que al estimular la emigración ilegal, ha acumulado en su haber una extraordinaria cantidad de muertes, especialmente, en el Estrecho de La Florida.

A pesar de los acuerdos firmados por ambos países en 1985, para tratar de normalizar las relaciones migratorias, después del éxodo de los años noventa, ahora tienen suspendidas las conversaciones respecto al tema[31].

Pero en cincuenta años todo cambia. Cuba ha cambiado mucho, sobre todo en los últimos treinta años y la emigración también. Hasta el enclave más importante de la emigración

---

[29] La historia ha ido larga. Podría consultarse del Autor, "El Impacto del Caso Elián en la Política Hacia Cuba". Único caso, en el que una administración norteamericana, la de William Clinton, se vio obligada a facilitar que Cuba ganara la batalla [Nota del Autor].

[30] Dwight David "Ike" Eisenhower (1890-1969), militar y político estadounidense, trigésimo cuarto presidente del país [N. del E.].

[31] Para ampliar sobre esta historia, ver: "A 30 años de la Crisis Migratoria de Mariel". de Elier Ramírez. Donde el autor da una versión muy interesante y actualizada de este importante acontecimiento [Nota del Autor].

Cubana en el mundo, el estado de La Florida, también ha cambiado. Presentando matices de comportamiento, en los cuales habría sido imposible pensar solo veinte años atrás. Miami, la principal ciudad que ha recibido a los Cubanos emigrados, ya no es el enclave homogéneamente contrarrevolucionario, dominado por la extrema derecha Cubanoamericana, como lo fue en los años sesenta hasta los ochenta. Hoy se ponen de manifiesto los intereses de una comunidad tocada por diferentes fenómenos, entre ellos, los problemas generacionales dentro de la propia emigración, que han comenzado a tomar sus expresiones políticas.

1- Un tipo inicial de emigrado, que habiendo tomado el camino de la emigración con la idea de regresar pronto, ya lleva más de cincuenta años esperando[32].

2- Un proceso revolucionario en Cuba que ha sobrevivido y de tal manera, obligado a entenderse con la Isla[33].

3- Un proceso generacional que ha producido un tipo de emigrado, que no lo hizo por decisión propia, sino de sus padres y cuya actitud ya guarda poca relación con sus antepasados que emigraron. No pocos viajan a Cuba, buscando sus raíces[34].

4- Un grupo numeroso de políticos pragmáticos, que considera que la política norteamericana hacia Cuba no ha logrado los propósitos para los cuales fue diseñada, por lo que la ha acuñado como una

---

[32] Dice Luis Ortega, respecto a estos, que el principal aliado de Cuba frente a ellos, es la "Funeraria Rivero", pues todos van desapareciendo de manera natural [Nota del Autor].

[33] Se trata de un factor nada despreciable. Ha sido la supervivencia de la Revolución Cubana, la que en última instancia, va obligando a tener que entenderse con la Cuba revolucionaria [Nota del Autor].

[34] Se trata de un fenómeno muy interesante, que va generando un nuevo tipo de relación con la emigración [Nota del Autor].

política fracasada, que debe ser cambiada por otra más eficiente, que permita acercarse a Cuba con otros métodos, aunque para muchos de ellos, con las mismas intenciones y objetivos: retomar el poder en la Isla[35].

5- Un sector de izquierda que crece y que siempre ha deseado un cambio de política que permita entenderse con una Cuba libre, soberana y socialista. Junto a un creciente proceso de solidaridad con Cuba que se abre paso dentro de la sociedad norteamericana[36].

6- Un grupo de hombres de negocios, que consideran están perdiendo las oportunidades económicas derivadas de una mejor relación con Cuba[37].

7- Una heterogénea masa de emigrados, de diferentes posiciones políticas, pero a los que los vincula el interés común de relacionarse con su país de origen para ayudar a sus familiares en Cuba. No constituyen un grupo político homogéneo, sino una corriente dentro de la comunidad Cubana en el exterior .Este tipo de actitud solidaria respecto a Cuba, es observable a nivel mundial.

8- Una minoría de extrema derecha, recalcitrante, que a pesar de haber perdido las esperanzas de regresar a Cuba como conquistadores, sin embargo, continúan viviendo del negocio de la contrarrevolución.

9- Un numeroso sector académico, que se opone al

---

[35] Estos señores creen que con Cuba ahora, podría ocurrir lo que nunca ha tenido lugar, tomar ellos el poder en Cuba. Cuando históricamente no han sido más que segundones de la política norteamericana en Cuba [Nota del Autor].
[36] El Movimiento Pastores por la Paz", bajo la dirección del insigne pastor Lucio Walker, desato un trabajo de solidaridad hacia Cuba, dentro de los Estados Unidos, que aún continúa creciendo y rindiendo sus frutos [Nota del Autor].
[37] Este grupo también va creciendo [Nota del Autor].

bloqueo de las relaciones con Cuba y que defiende fuertes intereses de establecer vínculos intelectuales, culturales y científicos con Cuba. Lo cual tipifica la actitud de la inmensa mayoría de la comunidad intelectual y académica en los Estados Unidos.

10- Un amplio sector religioso que mantiene relaciones con Cuba, incluso de fuerte solidaridad con las iglesias Cubanas.

Aún hay personas que emigran de Cuba por razones políticas, pero se trata ya de cantidades despreciables y de personas irrecuperables, porque le declararon la guerra a la revolución hace mucho tiempo, hicieron contrarrevolución en Cuba, e insisten en su interés de hacerle daño y al no conseguirlo, ven la emigración como última solución. Abandonando el país a la menor oportunidad que se le presenta. Como también existen personas que hoy han variado su pensamiento respecto a la forma de relacionarse con Cuba. Entre ellos se encuentran incluso, miembros de la más rancia burguesía, que hasta hace poco, se proponían obstaculizar todo tipo de relación con Cuba.

Sin embargo, después de los años ochenta, la inmensa mayoría de las personas que emigran de Cuba, lo hacen en busca de mejores oportunidades para sus vidas. A los cuales, en medio de la situación que vive Cuba hoy, no le faltan justificaciones. Permanecen en Cuba, aquellos, por suerte mayoría, que no han perdido las esperanzas de que la situación económica y social mejore y otros que por razones más bien políticas, han decidido permanecerles fieles al proceso que han luchado por construir. Dentro de esa gran masa, no obstante, existen también potenciales emigrantes, que en caso de obtener ciertas flexibilidades, emigrarían, aunque tal vez no para vivir fuera de Cuba de manera permanente[38].

Durante muchos años, emigrar fue considerado como una traición al proceso revolucionario. Realmente lo fue, pues en

---

[38] La idiosincrasia del cubano, no se corresponde, en general, con la actitud de abandonar su país de origen, para más nunca regresar [Nota del Autor].

medio de las batallas que librábamos por defender a la revolución, en los años más difíciles, muchos abandonaban Cuba y en su mayoría lo hacían hacia el país que había decidido destruir a la revolución. Se trataba de la aguda lucha de clases, el enfrentamiento político-ideológico, que signó al proceso revolucionario en sus primeros más de treinta años, podríamos decir.

Pero, ¿podemos continuar mirando la emigración de ese modo? ¿No debiéramos asumir una dosis de realismo y hasta de cierto pragmatismo, ante un fenómeno, que nos hace tanto daño y que no podemos controlar?

La emigración cualesquiera que sean sus causas y direcciones, es un fenómeno inevitable, sobre todo para un país subdesarrollado como Cuba, que no podría nunca competir en igualdad de condiciones con ningún país desarrollado, ni ofrecerle a la fuerza calificada que se nos va, las condiciones que esta encontraría si emigrara, en cuanto a condiciones de vida y de ejercicio profesional. Esto sería así, aun si nos recuperáramos con relativa rapidez de la situación económica tan difícil que ahora enfrentamos.

Estados Unidos, siempre tendrá las ventajas de los mecanismos para presionarnos, siendo esta última, como decimos los Cubanos "una pelea de león a mono y con el mono amarrado".

¿De qué modo contrarrestar esa realidad aplastante? Sería un verdadero suicidio tratar de enfrentarla sin una política más inteligente, más pragmática, que se enfocara más hacia los beneficios que podríamos obtener de la emigración y no se mantuviera con un status de quietud y parálisis, que solo serviría para incrementar cada día los daños que nos hace el éxodo de Cubanos de la Isla.

De Cuba se han marchado artistas, músicos, deportistas de alto rendimiento, médicos, ingenieros, especialistas de todo tipo, que el país ha hecho un esfuerzo sobrehumano y extraordinariamente inteligente para prepararlos. Son decenas de miles los que emigran cada años, jóvenes sobre todo y calificados, proceso que nos cuesta miles de millones de dólares, sin que podamos nunca resarcirnos de tales perdidas. ¿Vamos a permitir que el país continúe vaciándose de esas personas, sin asumir una actitud más realista que nos pudiera permitir recuperar, o al menos compartir los conocimientos o habilidades de esas personas calificadas que se nos escapan?

Esta cuenta no está sacada aún, pero si contabilizáramos hasta hoy, las pérdidas por ese concepto, ellas no estaría muy lejos de las cifras que nos ha costado el criminal bloqueo de Estados Unidos. Hemos luchado contra el bloqueo, a veces con no poco éxito, ¿Por qué no hacerlo contra los lastres negativos que nos deja el proceso migratorio?

Hay que tomar medidas activas, pragmáticas, inteligentes, que nos permitan aliviar la situación tan desventajosa que nos está creando la emigración, sin dejarnos atenazar por criterios obsoletos, viejos ya, que no se corresponden con los tiempos tan difíciles que vivimos.

En mi opinión, tal vez, habría que analizar medidas del tipo siguiente:

1- Analizar seriamente si vamos a mantener la prohibición de la doble nacionalidad.

2- Romper las barreras burocráticas que impiden el flujo y reflujo migratorio. Ejemplo de ello, el que un Cubano, nacionalizado en el exterior, tenga que viajar a Cuba con pasaporte Cubano. O que un Cubano de la Isla no pueda viajar cuando quiera a donde desee.

3- Facilitar que todo ciudadano que lo desee viaje a donde quiera y no tenga límites para regresar cuando quiera hacerlo[39].

4- Liberar los viajes de turismo para todo ciudadano Cubanos que tenga condiciones de hacerlo.

---

[39] Ello implica, que al ser gratuita la educación en Cuba. Cada graduado que se marcha, sin haber realizado el servicio social, deberá garantizar pagar el costo de la carrera, lo cual podría hacer, dejando un fiador oficial o pagarla personalmente, antes de marcharse. Siendo este un requisito para poder complementar sus trámites de viaje. Así el Estado, al menos recobraría el costo de la formación profesional [Nota del Autor].

5- Crear condiciones para que cualquiera que emigre pueda compartir su tiempo de trabajo en el país con el del exterior. Trabajar en Cuba o en el exterior cuando lo desee.

6- Permitir que todo hijo de Cubano en el exterior pueda obtener la nacionalidad Cubana si así lo desea.

7- Respetar los bienes que poseen en Cuba, aquellos que permanecen por un tiempo determinado en el exterior o fijan su residencia en el exterior, pero que puedan retornar a Cuba cuando así lo deseen.

8- Crear las condiciones para una relación más orgánica entre los Cubanos que viven en el exterior y que desean tener una mayor relación con su país de origen, que puedan votar en Cuba.

9- Facilitar a todo el que llegue a la edad de la jubilación y quiera retirarse y vivir en Cuba, lo pueda hacer.

10- Facilitar a todo Cubano que vive en el exterior, que sus hijos estudien y vivan en Cuba si lo desean.

11- Permitir que todo Cubano que tenga capital y quiera invertirlo en Cuba pueda hacerlo, en bien propio y de la nación[40].

Podrían estudiarse muchas otras medidas, pero lo cierto es que ya variaron las razones y pasó el tiempo en que Cuba puede dejar vagar a sus emigrantes por el mundo sin ningún vínculo orgánico con su país de origen. El Cubano, debe poder

---

[40] Solo serían inaplicables tales medidas en aquellos casos en que representasen un peligro para nuestra seguridad interna como país. Antiguos criminales de guerra, gente ligada a las organizaciones contrarrevolucionarias etc. O casos tipo Alan Gross [Nota del Autor].

ser Cubano siempre, donde quiera que haya decidido fijar su residencia, siempre que esté en pleno goce de sus facultades civiles y políticas.

La población Cubana decrece y envejece, debiéndose tratar por todos los medios, que nos nazcan ciudadanos también fuera de Cuba, que puedan venir a ella cuando quieran, pasar una parte de su vida o sus últimos años de vida con nosotros. De lo contario, estamos regalándole al mundo, una riqueza que nos pertenece como nación y que no debiéramos perder ni poner en peligro. Es necesario hacer lo posible para impedir que los que se marchen del país no quieran ni puedan regresar más nunca y que el emigrante se desvincule definitivamente de su país de origen.

Debemos invertir los términos de una ecuación, que siempre se soluciona en contra nuestra y que hasta ahora, solo lo que ha hecho es perjudicar al país, cuando también encierra poténciales capacidades de beneficiarnos. Hasta un cierto periodo de tiempo, estábamos obligados a pagar el precio por razones de seguridad interna; hoy las cosas han cambiado bastante.

La realidad que hoy vive el país, los retos que debe enfrentar y los problemas que deberán ser resueltos, exigen una buena dosis de pragmatismo, que sin sacrificar nuestros objetivos, ni nuestra seguridad nacional, nos permita avanzar lo más rápido posible por la senda de las soluciones.

Todo este complejo entramado, según creo, forma parte también del "cambio de mentalidad" a que el Compañero Raúl Castro nos ha llamado.

Habana, Mayo 12 del 2012.

UNA ESTRATEGIA INTELIGENTE:
LA NUEVA POLÍTICA MIGRATORIA CUBANA

Por fin han hecho su aparición las nuevas regulaciones migratorias Cubanas.

Conscientes de que se trata de un tema de la más alta sensibilidad política, el gobierno Cubano, ha promulgado el Decreto. Ley No. 302, Modificativo de la Ley 1312 "Ley de Migración" del 20 de Septiembre de 1976 y otras regulaciones relacionadas con ese tema, publicadas en la Gaceta Oficial del martes 16 de octubre del presente año 2012.

Emerge una nueva estrategia migratoria

Se puede decir, sin temor a equivocaciones, que el nuevo decreto Ley No. 302, y sus implicaciones, representa no solo una modificación sustancial de las regulaciones hasta ahora vigentes, sino un verdadero cambio histórico de los métodos e instrumentos, con que la migración ha sido manejada por Cuba. Sin embargo, la Comisión de Derechos Humanos dice que se trata de un cambio cosmético con efecto mediático, con lo que incrementa su desprestigio ante la población Cubana, que ha reconocido de manera general el cambio migratorio como sustancial.

Las medidas migratorias representan primero que todo, un desafío inteligente y sustancial al carácter agresivo con que Estados Unidos ha manejado la política migratoria hacia Cuba en los últimos más de cincuenta años. Es posible afirmar, por lo tanto, que se ha entrado en un nuevo periodo histórico de las relaciones migratorias, desde la perspectiva Cubana.

Las regulaciones migratorias que ahora toman cuerpo en el Decreto –ley No. 302, asumen consideraciones políticas, arrebatan la iniciativa a la administración estadounidense y desbordan el contexto de la política migratoria norteamericana, situando a ese gobierno en la obligación de reanalizar las condiciones en que se ha tratado a Cuba hasta ahora, debido a las razones fundamentales siguientes:

- El problema migratorio es enfrentado por Cuba, no es para responder a la agresividad de la política norteamericana como cuestión reactiva, a la Ley de Ajuste Cubano, ni a la política de"/pies secos y pies mojados". No tiene tampoco un alcance limitado, sino que traza una política propia, con la independencia de quien sitúa en primer plano las necesidades del país y no las de la confrontación ya histórica, que no ha tenido solución alguna. Cuba ha virado el tablero. Veamos ahora qué hace Estados Unidos, que por lo pronto, parece que se quedará en el mismo lugar, aunque no parece que les resulte posible.

- Se parte de que la dinámica migratoria entre Cuba y Estados Unidos, ha pasado a una nueva etapa, en la cual, Cuba no está sujeta a la simple resistencia de la política norteamericana, como un asunto que afecta su seguridad nacional, sino que puede adoptar sus propias iniciativas políticas, con independencia de las actitudes que Estados Unidos pueda o no asumir como respuesta.

- El país asume con determinación e inteligencia, las contradicciones que aún pueden producirse entre flexibilidades y derechos, al verse obligada a defender su capital humano del "robo "de que ha sido objeto durante todos estos años. Pero lo cierto es que era Cuba, con su carta de invitación y el permiso de salida, la que aparecía como el obstáculo a vencer. Será Estados Unidos ahora, si no otorga las visas, quien quede como el "malo de la película" .Tampoco es posible hacerse ilusiones, pensando que todo está resuelto, pues si no hay visado no hay viaje, aunque no haga falta carta de invitación, ni el permiso de salida.

- El país asume de una manera abierta la atención, tratamiento y defensa de sus emigrados, considerándolos paulatina y definitivamente parte de la nación y proponiéndose regularizar, sistematizar y defender la emigración, asumiendo las ventajas y desventajas internas y externas que ello representa, pero con la conciencia plena de que sus emigrados deben ser objeto de un tratamiento político justo y pleno en derechos.

- El país comienza a tratar con amplitud, el derecho de todos sus ciudadanos a viajar por el mundo, e instalarse donde deseen, aunque para ello, aun tenga que asumir regulaciones proteccionistas, muy realistas por cierto, que todavía limitan el derecho de algunos ciudadanos a emigrar libremente en el momento en que lo deseen.

- Con las regulaciones que ahora se asumen, aunque arrastrando todavía ciertas limitaciones de temporalidad, el país contribuye sobremanera a situar a sus ciudadanos paulatinamente fuera de la condición que han debido sufrir, de ser considerados siempre como potenciales emigrados. Situación que de todos modos, se mantendrá sobre los viajeros Cubanos, para la obtención de los visados, pero que irá desapareciendo, en la misma medida en que el proceso migratorio o el simple viaje al exterior, se vaya convirtiendo en un fenómeno normal para cualquier ciudadano Cubano.

- El Cubano que desee viajar por cualquier motivo ya podrá experimentar el beneficio de la disminución del costo de los tramites de viaje. Aunque el pasaporte costará un poco más.

- El aspecto financiero beneficia a una parte mayoritaria de la ciudadanía y a ciertos sectores de la población, por su todavía limitada presencia entre los emigrados (población negra y mestiza), receptora de menos remesas y de menos familiares en el exterior de los cuales recibir apoyo.

-   La extensión a 24 meses del plazo de estancia en el exterior, prorrogables a 24 más, permite al ciudadano, considerar la posibilidad de estar un tiempo en el exterior sin romper el vínculo con el país. e incluso obtener el permiso de residencia en el exterior. Tal medida representa un salto sin precedentes frente a la "partida sin retorno", antes vigente.

Tales consideraciones antes apuntadas, se apoyan en los beneficios que para los Cubanos residentes en el país tienen las nuevas regulaciones. Entre ellas, las más importantes:

-   Se elimina el permiso de salida, por lo que consecuentemente no es necesario pagar los $150 CUC que costaba, lo cual a su vez, simplifica los trámites de viaje

-   Se elimina el requisito de tener carta de invitación de un ciudadano o institución del país a que se pretende viajar. Lo cual elimina también, para el trámite personal, el pago de dicho documento que fluctuaba entre $200 y $400 dólares o su equivalente en la moneda del país que invitaba.

-   Se autoriza la salida de los menores de edad, según se desprende del texto de algunos artículos.

-   Es posible permanecer en el exterior por un plazo de 24 meses, prorrogables a 24 mas, con la obligación de pagar solo la prórroga que exceda los primeros 24 meses. Es solo a partir de los 25 meses que una persona será considerada emigrada, aunque por razones justificadas se podrá extender la estancia.

-   Se puede solicitar la residencia en el exterior por

tiempo indefinido, por mantener una unión matrimonial, formalizada o no, con ciudadanos extranjeros, o por otras situaciones familiares y humanitarias excepcionales. Ese status también puede ser otorgado a los padres, e hijos menores de edad que lo deseen.

- Se deroga la nacionalización a favor el estado Cubano de los bienes, derechos y acciones de los que se ausentaran con carácter definitivo del país. Lo cual tiene un alto significado económico, tanto para el que decide emigrar como para su familia. Respecto a esto parece estar rodando la errónea interpretación de que los que se han marchado definitivamente del país pueden reclamar sus propiedades. El Decreto- Ley No.32 se está refiriendo a los que emigren definitivamente a partir del 14 de enero del 2013, no a los que ya han emigrado antes.

- Los graduados de cursos diurnos de la educación superior puede ser autorizados a viajar por asuntos personales, lo que antes no era permitido, hasta que no cumplieran el servicio social.

Con posterioridad al lanzamiento del Decreto-Ley No. 302, se anunciaron algunas medidas adicionales. Estas son las siguientes:

- Se normaliza la entrada temporal al país de quienes emigraron ilegalmente después de los Acuerdos Migratorios de 1994[41], si han transcurrido más de 8 años de su salida.

- Se normaliza la entrada temporal al país de los profesionales de la salud deportistas de alto rendimiento

---

[41] Se celebraron conversaciones en Nueva York entre los dos países luego de la llamada "crisis de los balseros", cuando se permitió emigrar libremente por mar y más de 30,000 personas lo hicieron, creando los EEUU los campos de concentración en la Base Naval de Guantánamo para "procesarlos". Por primera vez cambia la política norteamericana de favorecer la emigración desde Cuba [N. del E.].

que abandonaron el país luego de 1990, si han pasado
8 años de ese hecho. Exceptuándose, por razones de
defensa y seguridad, quienes salieron por la Base Naval de Guantánamo.

- Se amplían las causas de repatriación, para los que
  salieron del país con menos de 16 años y también por
  razones humanitarias.

- Se regularizan las visitas de los emigrados ilegales
  con menos de 16 años, en cuyo caso no tienen que esperar los ocho años.

Estos anuncios a posteriori, son una clara señal de que se
continuaran emitiendo nuevas regulaciones según esta vayan
siendo concretadas. Por lo que es posible esperar hacia el futuro que lo que regula el Decreto-Ley 32 se continuará ampliando.

La nueva dinámica que se abre

Las nuevas regulaciones migratorias, comparadas con las
existentes hasta ahora, potencialmente, benefician considerablemente a los Cubanos residentes en Cuba. Sería absurdo decir que se trata de simples cambios cosméticos de intención
mediática. Son cambios, que aunque no totales, son sustanciales, contentivos de oportunidades para continuar avanzando en la normalización del proceso migratorio desde la
perspectiva de la política del país.
Es cierto que aún quedan no pocos pasos para mejorar las
relaciones entre el país y su emigración, pero este proceso también avanza, en la misma medida en que los Cubanos de la
Isla reciben facilidades para su traslado al exterior.
Quedan pendientes algunas cuestiones, sobre los Cubanos
residentes en el exterior, que tienen que ver más con asuntos
de los derechos que el país podría otorgar a esos Cubanos, que
con cuestiones migratorias propiamente dichas. Considero
que tales asuntos se refieren a:

- Regulaciones sobre costos de trámites y pasaporte.

- Otras regulaciones que faciliten viajar y permanecer en Cuba.

- Derechos de representatividad en el país.

- Derechos de ciudadanía a los hijos de Cubanos nacidos en el exterior.

- Derecho a votar en las elecciones nacionales.

- Derecho a la repatriación y a la reunificación en Cuba.

- Derecho a jubilarse en Cuba.

Hay que continuar avanzando por normalizar lo más posible las relaciones de Cuba con su emigración. Ahora ayudados por un conjunto de regulaciones que contribuirán a dinamizar el proceso. Generando respuestas por medio de los consulados sobre los problemas concretos de los Cubanos donde quiera que estos se encuentren.

Si nos proponemos que las relaciones entre el país y su emigración avancen, tenemos también que orientar nuestros pasos en las direcciones siguientes:

- Se deben adoptar medidas que faciliten los trámites migratorios, tanto en su costo como en la agilidad de los mismos.

- Hay que acelerar todo lo posible el proceso de repatriación de los que desean volver al país.

- No es posible menospreciar los pequeños capitales que puedan contribuir a levantar la empresa familiar ya existente. Incluso dando facilidades aduaneras. Pues las medidas que la aduana Cubana adopta ahora parecen leoninas e irreales.

- Hay que acoger a los hijos de emigrados en las escue-
  las Cubanas.

- Hay que facilitar los estudios universitarios a los hijos de emigrados en Cuba.

- Hay que facilitar servicios médicos compitiendo con
  los altos costos de Estados Unidos.

- Hay que tratar de generar alguna forma de turismo
  Cubano-americano.

- Se deben generar estudios de postgrado, maestrías,
  doctorados, con estudiantes Cubano-americanos.

- Cuba debe avanzar hacia la búsqueda de la "emigración circular", es decir, hacia la alternativa de vivir
  dentro y fuera del país al mismo tiempo.

- Las conferencias entre el gobierno Cubano y la emigración deben regularizarse sobre la base de agendas
  concretas y chequeos de su avance.

La nueva política migratoria, auspiciada por el Decreto-Ley
No. 32, genera un tipo de emigrante más acorde con las necesidades políticas y económicas del país, pero si no la atende-
mos como es debido en el exterior podrían producirse retrocesos. Pues no se trata de una emigración apolítica y simplemente obediente como algunos piensan. Sino un tipo de emigración que hacia el futuro dispondrá de mecanismos e instrumentos para ser más exigente con su país de origen.

Sin dudas las medidas ahora adoptadas por Cuba, contribu-
yen a estabilizar y ampliar las relaciones entre Cuba y su emigración. Por cuanto, las nuevas regulaciones, hacen que desde
Cuba emigren ahora ciudadanos cuyo status se diferencia sustancialmente de las situaciones en que salieron de Cuba las

primeras oleadas migratorias.

En la misma medida en que las actuales regulaciones, que serán puestas en práctica a partir de enero del 2013, varían sustancialmente la forma también en que pueden relacionarse con el país, los Cubanos que a partir de ahora emigraran de Cuba. Lo cual tendrá un impacto muy importante en los anteriores emigrados, dado que comenzaran a llegar otros, cuyas relaciones con su país de origen ya quedaran preestablecidas antes de la partida. Lo cual hacia el futuro servirá para acelerar el cambio que respecto a Cuba ya se venía produciendo en la emigración actual. Por lo que es posible preguntarse ¿Cómo será la emigración Cubana, particularmente, hacia los Estados Unidos en los próximos 30 a 40 años? Sin dudas será muy diferente de la actual. Dejando de ser ya paulatinamente un problema para Cuba, lo será crecientemente para Estados Unidos. ¿Retornaremos a la época en que La Florida era parte de Cuba?

La Habana, 30 de Octubre de 2012

Los Cubanos en Estados Unidos[42]

En el 2006 se decía que en los Estados Unidos había aproximadamente 1,5 millones de Cubanos. Lo que representa un poco más del 4% de la población hispana del país. Población hispana que en el 2004 se estimaba en unos 40.5 millones de personas.

"Mas de dos tercios de los Cubanos (68%) viven en La Florida, hogar de unos 990,000 Cubanos .Los estados donde existe mas alta concentración de Cubanos son New Jersey (81,000) , le siguen New York (78,000) ,California (74,000) y Texas (34,000)"[43].

"Los Cubanos, en comparación dentro de los hispanos, se identifican mas así mismos como blancos, para un 86%. En comparación con el 60% de los mexicanos, el 53% de los centro y sur americanos y un 50% de los puertorriqueños. Aproximadamente, solo el 8% de los Cubanos, se identifican como de otra raza"[44].

Es cierto que la salida de Cubanos privilegio a la población blanca, los negros solo emigraron de manera significativa con el éxodo del Mariel. Pero estos últimos no son mas que entre un 15 o un 16% de la población emigrada hacia los Estados Unidos. Emigraron tarde, sin recursos, cuando ya no iban al país de las grandes oportunidades, sin apoyo, bajo el estigma de Mariel. Por lo cual, muchos permanecieron en las cárceles, no tienen buenos empleos y sufren la discriminación racial.

Resultado: son los que menos remesas pueden enviar a sus

---

[42] Fecha de publicación 15/09/2010 [Nota del Autor].
[43] Pew Research Center, Nov. 13 del 2007, Washington DC. [Nota del Autor].
[44] The State Black of America, Urban League, Washington DC. [Nota del Autor].

familias.

Mas de la mitad de los Cubanos, un 52%, se consideran como nacionales de Estados Unidos, en comparación con los mexicanos, un 36%, un 35% de los centro y suramericanos y un 35% de los puertorriqueños.

Económicamente, la media del ingreso familiar de los Cubanos es de 38,000 dólares anuales, en comparación con el resto de los hispanos que es de 36,000.En términos de la pobreza, los Cubanos aventajan al resto de los hispanos, con solo un 13% viviendo por debajo de la línea de la pobreza, en comparación con el resto de los hispanos para los cuales es del 27%.

Aproximadamente un 68% de los Cubanos son propietarios de sus casas, comparados con el resto de los hispanos propietarios que son solo un 47%.

Los Cubanos son un poco más del 6% del electorado latino .En el 2006, el *National Survey of Latinos*[45], registró que un 28% de los Cubanos se consideraban asimismo republicanos, mientras que los mexicanos declaraban serlo un 15%, los centro y suramericanos un 7% y los puertorriqueños un 11%. Alrededor de un 20% de los Cubanos se consideraban demócratas, mientras los puertorriqueños lo hacían en un 50%, los mexicanos, centro y suramericanos un 29%.

En términos de sus actitudes políticas, no solo ante el voto, los Cubanos se diferencian bastante del resto de los hispanos. No haciendo coalición con estos últimos.

En primer lugar, no se consideran asimismo hispanos. Mientras los Cubanos en un 45% consideran la discriminación como el mayor problema que los afecta, los centro y suramericanos lo consideran un 65%, los puertorriqueños un 59% y los mexicanos un 58%.Es decir, los Cubanos perciben la discriminación como un problema, en términos muy por debajo del resto de la minoría hispana. Lo cual es lógico resultado de su posición económica relativamente privilegiada dentro de los hispanos.

Los Cubanos, incluso, presentan la marcada tendencia a tener un punto de vista más positivo respecto al gobierno federal y son más inclinados a identificarse con Estados Unidos como su país. Presentaban tales opiniones positivas señaladas, en

---

[45] Encuesta Nacional de Latinos del Pew Research Center, Washington DC [N. del E.]

un 64%, mientras que los puertorriqueños y los mexicanos lo hacían solo en un 38 y un 43 % respectivamente.

Esas cifras son creíbles. Hay que darse cuenta, que la comunidad Cubana ha sido, dentro de los hispanos y respecto de cualquier otra minoría, la mas privilegiada dentro de los Estados Unidos Ninguna otra lo ha sido tanto. La Ley de Ajuste Cubano de 1966 es un ejemplo de eso. Ninguna otra nación disfruta de los privilegios migratorios de los Cubanos. Ninguna otra minoría, salvo algunos judíos, ha tenido tantos privilegios económicos y educacionales.

Es evidente que, dentro del proceso de asimilación a la sociedad norteamericana, la procedencia geográfica es importante. No es lo mismo el proceso de asimilarse para un sueco o un alemán que para un colombiano o un mexicano. Proceder de un país capitalista desarrollado concede ciertos privilegios al inmigrante, que tiene que ver con la importancia que el país en cuestión, de procedencia del inmigrante, tiene dentro de la política exterior norteamericana. Un inmigrante chino ahora en los estados Unidos, es más importante que 30 a 40 años atrás.

Entonces ¿Dónde radica la importancia del inmigrante Cubano, procediendo este de un país pobre y subdesarrollado?

Los Cubanos en Estados Unidos son los más fieles seguidores, los que se sienten más norteamericanos. Esa actitud, tiene fuertes raíces históricas en el anexionismo del siglo XIX. Ninguna otra comunidad cuenta con una ideología tan sólida ni con un proyecto de construir una nación alternativa, otra Cuba, en Estados Unidos .Correspondiéndose con ese proyecto de las elites de poder norteamericanas, el trato privilegiado con que han recibido a los Cubanos.

Para las administraciones norteamericanas, en los últimos 50 años, los Cubanos no han sido un grupo más de inmigrantes. Han resultado ser las personas procedentes del país que se atrevió a desafiar el control de Estados Unidos en el hemisferio, rompiendo así el modelo neocolonial construido. Ningún otro inmigrante latinoamericano en los Estados Unidos tiene el significado que tiene un Cubano para los grupos de poder norteamericanos. Se trata de Cuba, la nación que hay que cas-

tigar y hacer "retornar a casa". La importancia de Cuba entonces es política. Viene del enfrentamiento de Estados Unidos a
la Revolución Cubana.

Ni los vietnamitas que colaboraron con el ejército norteamericano durante la guerra, ni los centroamericanos que colaboraron con las dictaduras, son más necesarios e importantes que
los llamados Cubanoamericanos. Estos últimos representan la
vía de reconstrucción de la nación que conquistaron hacia finales del siglo XIX, ayudaron a reconstruirla a su imagen y semejanza cuando se la arrebataron a España, y no están en disposición de perderla .Pues su significado, tanto económico
como político e ideológico para el imperio, es demasiado grande
para el orgullo de la nación. Cuba es un desafiante e inaceptable símbolo para las elites de poder en estados Unidos.

Hay datos estadísticos que muestran claramente como votan
los Cubanos, su comportamiento político, su confianza en la
nación y su apego al modo de vida americano y a las leyes. Ante
todo, su interés de ser norteamericanos.

Tanto económica como educacionalmente son los más avanzados dentro de la minoría hispana y de las minorías en general .Además tienen un enclave geográfico que los ubica, Miami,
(el gueto) organizado a su antojo y que les ha permitido chan-
tajear a las administraciones. Por eso se consideran patriotas,
dueños de una ideología que se formó hace más de un siglo.

Son esa parte de la nación Cubana que quieren ser nación
pero bajo la sombrilla de Estados Unidos .Su posición privilegiada les viene de ser una pieza funcional del proceso de "rea-
nexión" de Cuba a los Estados Unidos Están como una reserva
para poblar la Isla cuando la revolución se caiga. Serian ellos
los nuevos administradores de Cuba. Para eso los gobiernos
norteamericanos los han preparado durante todos estos años.

Por eso tratan de formar una cultura Cubana allá, municipios
en el exilio, mantener la *Cubanía*, formar base económica en
Cuba, por medio de la ayuda a los familiares, grupos paramili-
tares contrarrevolucionarios, etc. Lo que pasa que al mismo
tiempo han sido rehenes de las malas relaciones entre Cuba y
estados Unidos, desde la perspectiva de su contacto familiar
con la Isla. Pero los privilegios no los han perdido; estos van y
vienen, siguiendo los vaivenes de la política norteamericana.

Ahora Obama retoma el proyecto con fuerza, tratando de fortalecer el puente entre los Cubanos de ambos lados del Estrecho de la Florida.

Por supuesto, no todos los Cubanos que viven en los Estados Unidos comparten la ideología y el proyecto imperial - anexionista, algunos, diríamos, no pocos, lo deploran y desde las entrañas del imperio apoyan el proyecto Cubano de nación fundado por la revolución. Pero a todos los que se oponen a los designios de esa política, les resulta muy difícil, prácticamente imposible cambiar la situación. Las ideas de estos grupos, progresistas, de izquierda, no son alternativa de política, si Estados Unidos decidiera cambiarla. Porque la única política que ha parecido viable, por más de 50 años, ha sido aquella que cambiando los métodos, persiga los mismos objetivos.

En realidad, los cambios que se han producido respecto a Cuba, dentro de esa comunidad, obedecen más al interés, de una gran parte de ella, por normalizar las relaciones con sus familiares en Cuba, que a un interés de cambios reales respecto a la política existente con Cuba. Incluso, el número de Cubanos que han declarado su intención de retornar a Cuba, si hubiera en la Isla un gobierno democrático ha decrecido de un 41% en el año 2,000 a un 32% en el 2004. Lo cual es indicativo de que la mayoría de los Cubanos que allá viven, se asimilan cada vez más a la sociedad norteamericana y van perdiendo interés en el retorno, sentimiento tan fuertemente presente en las primeras generaciones, bajo la condición señalada. [3] Lo cual representa un cambio significativo del estado del problema comparado con los primeros años posteriores al triunfo de la revolución.

Razones por las cuales, cuando Cuba enfrenta a la política norteamericana, además de tener que vérselas con un proyecto político agresivo, se debe enfrentar también con un proyecto cultural, por medio del cual las elites de poder norteamericanas quisieran traer nuevamente a Cuba a su área de influencia. Aunque ese proyecto cultural también debe enfrentarse a los que quisieran para Cuba una política más agresiva.

Septiembre 14 del 2010.

Precisamente Ahora
La Insistente Campaña Contra Cuba ¿Por Qué?

Siempre que nos hemos encontrado ante un intento desesperado de desacreditar y subvertir a Cuba, la explicación fundamental de esas acciones no ha estado afuera, sino dentro de Cuba. Ningún proceso revolucionario verdadero puede ser liquidado desde afuera, hay que metérsele a fondo para lograrlo. Las fuerzas llamadas a consumar esa tarea deben brotar desde adentro.

Al estudiar el conflicto ya histórico entre Cuba y los Estados Unidos, nuestro principal enemigo, podemos encontrarnos, que un buen camino para las explicaciones lo aporta, que nuestros enemigos consideren, en un contexto dado, si Cuba está o no ofreciendo oportunidades para desestabilizarla internamente. Es que nuestros enemigos más inteligentes, y ahora lo son, no operan con simples mentiras, ni tampoco con tontas sobredimensiones de nuestra realidades negativas, sino con nuestras dificultades internas reales y los espacios que a veces dejamos en blanco.

Cuba tiene hoy incomparablemente muchos mas amigos a nivel internacional, que hace 20 años atrás. Además, cuenta ahora con una situación en su entorno político, económico e ideológico inmediato, como no la ha tenido en los últimos 50 años. Pero, precisamente ahora también, la dinámica interna del país, especialmente económica, no nos acompaña, la que debiera, para potenciar esa situación favorable que se nos presenta en el orden externo, y terminar de dar el salto hacia la sostenibilidad.

Como sabemos, las fuerzas de cualquier país para enfrentar los retos de las relaciones internacionales, no se construyen a partir de tener muchos defensores en el exterior, sino a partir de la fortaleza interna. Y en tales últimos términos, nuestra situación no parece ser nada cómoda. El entorno internacional puede contribuir mucho a potenciar las capacidades de un país, pero, en última instancia, aun esas mismas capacidades, vistas de conjunto, dependen de la situación interna.

La economía de Cubana, no podría estar peor. Pero lo más grave no es la situación económica como tal, la que podría ser revertida, sino la lentitud que aún padecemos para acabar de echar a andar las medidas y mecanismos, sobre todo económicos, que yo pienso permitirían comenzar a superar nuestra situación.

Pienso que todo marcha con demasiada lentitud, para lo que exige un momento político, en que la desesperación y el desasosiego, ya se manifiestan con claridad, pudiéramos decir, en casi todos los sectores de nuestra sociedad. Sobre todo, en aquellos más golpeados por la crisis económica de finales de los ochenta y principios de los noventa. Tampoco debiéramos olvidar, que esa crisis aún no ha sido superada.

No son pocas ya las ocasiones en que nuestros líderes han llamado la atención acerca del peligro que encierra el apresuramiento; afirmación que compartimos, pero toda gente con la que se habla, siente que estamos en una lucha contra el tiempo. Tiempo que es esencialmente político, porque en él se entrecruzan biunívocamente dos variables básicas; el tiempo que la dirección del país está demorando en tomar las medidas, ya múltiple y masivamente discutidas, y el tiempo en que los problemas continúan agravándose. Produciendo una cierta situación de incertidumbre y malestar, que afecta a todos. Particularmente la intelectualidad revolucionaria esta sumamente preocupada, y dentro de ella, comienzan ya a presentarse síntomas de desesperanza. Por su parte, en el entorno universitario en que nos desenvolvemos, el estudiantado reclama insistentemente más información, debate de los problemas internos y participación su solución.

Por las vías electrónicas nacionales, circulan una importante cantidad de opiniones bajo la forma de artículos y comentarios, que son clara expresión de las preocupaciones comunes que comparte mucha gente. Preocupaciones que se refieren todas al estado de deterioro de la economía, la falta de información, el papel limitado de la prensa, la lentitud en salirle al paso a los problemas, la corrupción creciente, la ausencia de respuestas a los debates realizados, el silencio alrededor del Congreso y la anunciada asamblea nacional del partido, entre otros. Observándose también, tanto la esperanza de algunos, como la actitud de otros, que ya no creen en posibles soluciones y otros que van más lejos y abiertamente niegan la posibilidad de que bajo el régimen político actual y el liderazgo vigente se puedan solucionar los problemas. Lo que sin duda apunta hacia una actitud francamente contrarrevolucionaria. Produciendo una imagen de deterioro, debilitamiento moral, político e ideológico, como nunca se había apreciado dentro de nuestro proceso revolucionario.

Sería ingenuo siquiera imaginar que esa realidad la observamos solo nosotros, no, nuestros enemigos también. Por eso están tan apresurados por aprovechar la coyuntura; de ahí que muevan con tanta rapidez sus mecanismos de subversión, modernicen instrumentos y movilicen, tanto internamente, como externamente, a todas las fuerzas desestabilizadoras de que disponen. Tal y como ya hicieron durante el periodo 1989-1994, solo que ahora, de manera más inteligente, con elementos de modernización y gran sentido de urgencia oportunista.

Claro, que Cuba ha mostrado, más de una vez, su capacidad para elevarse sobre cualquier situación y para desacreditar cualquier campaña que se haga contra ella. Pero la razón no basta, tampoco lo que se hace ni la buena voluntad, hay que hacerse acompañar de la fuerza y esa fuerza solo está en que el pueblo sienta, como sólida realidad, que mientras combate contra la ideología enemiga y nuestras propias insuficiencias, los problemas que le aquejan en su vida cotidiana, también se van resolviendo.

De lo contario, un pueblo con necesidades económicas apremiantes y dificultades materiales crecientes, que devienen, a fin de cuentas, en dificultades políticas, en medio del ambiente que hemos descrito, no está en las mejores condiciones para enfrentar a sus enemigos, ni para enfrentar tampoco sus propias deficiencias. Sobre todo, si tomamos en consideración, que se trata no de una fuerza compacta y homogénea, sino mas bien de una coalición de fuerzas, que opera desde distintos ángulos de la sociedad civil y con diferentes niveles de conciencia política; lo que se expresa, sobre todo, en disímiles grados de consolidación de la relación entre conciencia social y conciencia individual, entre lo colectivo y lo personal.

Ello está muy bien expresado en la perspectiva, que el propio compañero Raúl Castro esgrimiría en una ocasión, en que alguien en desacuerdo y muy preocupado ideológicamente, porque se abriría el Mercado Libre Campesino (se acuerdan, los llamados entonces bandidos de Río Frío) el Compañero Raúl le dijo, "... que tú quieres entonces, que yo saque los tanques a la calle". A lo que agregaría poco después, cuando dijo: "... los frijoles son mas importante que los cañones..."[46]. Situación, en la que sino estamos ya, nos encontramos bastante cerca.

Hace falta ya que el Gobierno acabe de "sacar del horno" las medidas que se están, hace tanto rato cocinando, y que la gente comience a sentir que la quietud, que ha caracterizado nuestra situación en los últimos 3 a 4 años, va dando paso al movimiento. Que comenzamos a salir de la inercia, que en definitiva, es más dañina políticamente que la premura. Porque la gente nuestra ha admitido siempre más rectificar los errores (cosa que hemos hecho ya tantas veces) que no hacer nada importante para cambiar una situación. Diría seguro un fanático de la pelota, que será siempre mejor, salir ponchado, que perder por no presentación.

Hemos escuchado que se están haciendo cosas. Hay noticias de lo que se ha hecho con las Barberías y que se hará con el pequeño comercio (en el que lo de estatal es un autoengaño) de lo que se programa con la Industria Azucarera para convertirla en una corporación, de lo que se hará con la fuerza de trabajo calificada que nos sobra, en la actividad agropecuaria y otras medidas que se comentan. Pero es indispensable que esas informaciones lleguen a la gente, de manera ordenada y coherente, para que todo el pueblo sepa que se están haciendo cosas, de lo contrario, se pierde el impacto, que sobre el ánimo de la gente, pueden tener esos esfuerzos que ya se realizan.

---

[46] "Más vale frijoles que cañones", El Sol de México, entrevista con Raúl Castro, 21 de abril de 1993.Reafirmado en: Discurso pronunciado por Raúl Castro Ruz, en las conclusiones de la primera sesión ordinaria de la VII Legislatura de la Asamblea Nacional del Poder Popular. Palacio de las Convenciones, La Habana, 11 de julio de 2008. Tomado de http://www.cuba.cu/gobierno/rauldiscursos/2008/esp/r110708e.html [N. del E.]

Toda esa compleja situación interna, yo diría de" encrucijada", se da la mano, con una tesis esgrimida por mí desde principios del año 2009, respecto a la política de Estados Unidos hacia Cuba. Y que es la siguiente.

Obama ha partido el bloqueo en dos. La parte amarga, tiene que cargar con ella el gobierno Cubano; pues las medidas del bloqueo se recrudecen: continúan las presiones sobre las empresas que comercian con Cuba, las multas a los bancos, la persecución a los que viajan sin licencias a Cuba, las compras cash y sin créditos posibles, no se levanta la restricción de viaje a los ciudadanos norteamericanos, mas otras que harían excesivo este listado. Mientras, a "Liborio", Obama le levanta las restricciones a las remesas y los viajes, aumenta los vuelos, que además ahora son comerciales, incrementa el contenido y el valor de los paquetes, rompe con la restricción familiar, aumenta el gasto autorizado a los Cubano americanos que viajan a Cuba, promete solucionar Internet y telefonía celular pagada por los familiares en Estados Unidos, etc.

Esas diferencias entre el trato dispensado al ciudadano común y el trato al gobierno, no busca sino enfrentarlos a ambos. Aunque tampoco es tan simple, porque Obama utiliza ambas manos (garrote y zanahoria) de manera inteligente, como nadie lo ha hecho hasta ahora. Obama también mantiene las conversaciones en la Base Naval de Guantánamo, negocia con Cuba la posible colaboración médica en Haití, y se hace el "loco", dejando sobre la mesa otros posibles temas de conversación. Por lo que como dijo en la campaña, está conversando con Cuba, aunque, hasta ahora, solo se trate de asuntos puntuales, mientras continúa manteniendo el bloqueo. Es decir, trata de llevar adelante la combinación de instrumentos de que hablo en Miami.

Todo lo anterior, ha traído como resultado que el escenario en que Cuba debe enfrentar ahora la política norteamericana está cambiando.

Obama nos acerca a Miami, permite las remesas y defiende los viajes, beneficia al ciudadano Cubano común, de ambos lados del estrecho de La Florida(es decir nuclea a toda la familia Cubana alrededor de una sensible área de interés) cambia el carácter de la agresividad del discurso, elimina el letrero ofensivo de la Oficina de Intereses en La Habana, mientras no pierde la oportunidad de hacerse mucha propaganda con todo eso. Para decir, cínicamente, además, que es el gobierno Cubano el que no busca el acercamiento con estados Unidos.

La Secretaria de Estado Hilary Clinton, por su parte, ha llegado a decir, recientemente, que los "Hermanos Castro" no quieren que Estados Unidos levante el bloqueo, porque pierden plataforma política. Asunto ya respondido por mí en otro artículo.

Es decir, la forma bajo la cual el ciudadano de a pie se siente el bloqueo, Obama la flexibiliza; mientras que la forma en que se lo siente indirectamente la agudiza. Aquí Obama está jugando con la realidad de que la conciencia revolucionaria, o simplemente patriótico-ciudadana, no es la misma para todos los Cubanos. Unos saben, los mas conscientes, que el bloqueo va en contra de nuestra soberanía, de nuestra dignidad, identidad e independencia; pero también existen a los que eso no les importa mucho, y por tanto, la flexibilización que Obama práctica, no debemos descalificarla en cuanto a la posibilidad de que esta tiene un potencial impacto moral negativo en parte de nuestra población. Por lo cual, medidas de flexibilización como las que Obama está aplicando, cuentan con adeptos dentro de Cuba, que no hacen la menor valoración política de lo que esas medidas significan para el país. Siendo ese el fermento subversivo con que Obama cuenta dentro del país.

Entonces, ¿Por qué precisamente ahora la insistente campaña contra Cuba? Sencillamente, porque nuestros enemigos consideran estar en posesión de todos los ingredientes necesarios para hacer efectiva esa campaña. Una muy crítica situación económica de Cuba, que aún espera por las correspondientes medidas de solución; una administración que juega de manera inteligente a la subversión de la Isla y una necesidad urgente de eliminar de la coalición revolucionaria en América latina, al miembro más experimentado en la lucha contra Estados Unidos.

Pero no debemos, por ello, ponernos paranoico, ni obrar con timidez. Porque el saldo, hasta ahora, es realmente positivo. ¿O es que deseamos la otra política, la de Bush? Claro que no, sería un absurdo. La política que sigue ahora Obama con Cuba, es la menos inconveniente. Aunque es tan bien la política que nos está indicando, lo larga y compleja que será la confrontación con Estados Unidos. Por lo que para una política como esa, debemos estar preparados. Sobre todo, solucionando las muchas presiones internas que ahora tenemos.

Entonces, hay que acabar de enrumbar el camino de los cambios necesarios; terminar de quitarnos de encima los lastres burocráticos y los esquematismos que nos frenan, darle la guerra a la corrupción, poner a la economía en el carril del crecimiento y veremos entonces, que ni dos Obama, al mismo tiempo, van a poder con Cuba.

Abril 15 del 2010.

UNA HIPÓTESIS
SOBRE LA ESTRATEGIA DE OBAMA HACIA CUBA

Tal podría parecer que solo estamos recordando acontecimientos que tuvieron lugar hace 30 años o más, pero la historia es fundamental para comprender el presente y proyectarnos en el futuro, aunque también para comprender el propio pasado, que siempre será visto desde el presente y ello puede hacerlo cambiar ante nuestros ojos. Esa relación indisoluble entre pasado, presente y futuro, es una relación dialéctica sin la cual es imposible tener una comprensión a fondo de los acontecimientos sociales en general.

Estudiar el período *distensivo* desde Gerald Ford a James Carter, resulta particularmente importante y prometedor. Sin embargo, fue J.F Kennedy, un presidente demócrata (1961-1963), quien después de haber vivido sucesos realmente trascendentales de la política de Estados Unidos hacia Cuba, ejemplos: "la invasión de Girón", Mangosta[47] y la "crisis de octubre", poco antes de ser asesinado en noviembre de 1963, al parecer estaba en el camino de tratar de diseñar un nuevo "modus vivendi" con Cuba. Fue la Crisis de Octubre, el acontecimiento más trascendental de esos años, tanto por su impacto en la política mundial como por el nivel de peligrosidad alcanzado en las relaciones internacionales de esos años, hemisféricas y globales.

Sin dudas, creemos que Kennedy extrajo de ese acontecimiento una conclusión básica: en realidad, Estados Unidos no había ganado la crisis de Octubre, sino que la URSS la había

---

[47] El reclutamiento y entrenamiento en operaciones encubiertas de terrorismo anticubano fue dirigido por un secreto grupo especial, establecido en noviembre de 1961 bajo el nombre de código "Mangosta" (Mongoose), el cual implicó a 400 estadounidenses, 2000 cubanos, una marina privada de lanchas rápidas y un presupuesto anual de $50M de dólares, dirigido en parte por una estación de la CIA ubicada en Miami [N. del E.].

perdido. Para entonces, la situación entre Cuba y Estados Unidos no había mejorado nada; ni este último había logrado hacer funcionar lo política diseñada desde Eisenhower. Toda la agresividad desplegada por las administraciones norteamericanas, desde el año 1959, no habían logrado sus propósitos, Cuba seguía adelante y como conclusión, el mundo había estado al borde de una tercera guerra mundial. ¿Qué más se podía esperar de las tensas relaciones entre Cuba y Estados Unidos?

Como resultado de todo ello, las gestiones de Kennedy por buscar un modo de entenderse con Cuba, emergían como el primer intento, como el antecedente histórico de la búsqueda de una nueva relación con Cuba.

No podemos hacernos ilusiones sobre lo que habría hecho Kennedy. No es extraño imaginar que se hubiera tratado de un cambio de métodos para lograr los mismos objetivos. Pero lo cierto es que, ya solo esto último, podía representar un cambio sustancial respecto a la política anterior. El 22 de noviembre de 1963, el mismo día que asesinaron a Kennedy, el periodista Jean Daniel, bajo el encargo personal de Kennedy, conversaba con Fidel Castro, sobre la posibilidad de un acomodo de las relaciones entre ambos países. Si bien es cierto, que Kennedy no soslayó la posibilidad de explorar un arreglo con Cuba, siempre y cuando este pudiera significar la satisfacción de los intereses fundamentales de Estados Unidos, tampoco renunció en ningún instante a la política agresiva contra Cuba; aunque sabía que la invasión militar directa con tropas estadounidenses era poco recomendable en esos momentos, dado el compromiso con la URSS de no invadir la Isla y el costo que ello podía tener para estados Unidos. En realidad, más por esto último, que por lo primero.

Durante el período 1974-1976, en el contexto de la iniciativa Kissinger[48], comenzó a moverse, como nunca antes se había logrado, la idea de una posible búsqueda de normalización en las relaciones Cuba-Estados Unidos. Tal situación emergió durante la administración Nixon (1969-1974), cuando surgieron

---

[48] Henry Alfred Kissinger, nacido Heinz Alfred Kissinger, es un político germano-estadounidense de origen judío, de gran influencia sobre la política internacional. Fue secretario de Estado durante los mandatos presidenciales de Richard Nixon y Gerald Ford, dictando la política exterior de EEUU entre 1969 y 1977 y fue consejero de Seguridad Nacional de Nixon [N. del E.]

numerosas iniciativas en el Congreso estadounidense proponiendo cambios en la política hacia Cuba. La pregunta que se hacían congresistas demócratas y republicanos era, si Nixon había comenzado una política de acercamiento con China, y un proceso de distensión con la URSS, ¿por qué entonces mantener una rígida política con Cuba? Esa pregunta ha continuado repitiéndose a lo largo de los años, agregándose en los últimos la actitud de Estados Unidos hacia Vietnam.

En los meses de marzo y abril de 1973 el Subcomité de Asuntos del Hemisferio Occidental del Comité de Relaciones Exteriores del Senado, celebró audiencias sobre la política de Estados Unidos hacia Cuba.

Particularmente importante resultó que el 18 de abril de 1974, el Departamento de Estado anunció que se otorgarían licencias de exportación, permitiendo a las subsidiarias argentinas de la *Ford, Chrysler* y *General Motors* vender a Cuba.

Sin embargo, la principal y más seria iniciativa en función de una normalización de las relaciones con Cuba, vino entonces de Henry Kissinger, cuando siendo aún Secretario de Estado de Richard Nixon y al parecer de manera inconsulta, había iniciado movimientos discretos de acercamiento a Cuba. Desde entonces se celebrarían conversaciones entre ambos países, hasta diciembre de 1975, en que se detienen abruptamente como resultado del envío de fuerzas Cubanas de combate hacia Angola. De tal manera el 7 de febrero de 1976, se produjo la última conversación entre representantes de Cuba y estados Unidos.

El propio Kissinger, que había sido el padre de la iniciativa de las conversaciones con Cuba, las elimina, como resultado de la presencia de tropas Cubanas en Angola.

Aparece así entonces un fenómeno que caracterizará a la confrontación Cuba-Estados Unidos hasta ahora. El interés de estados Unidos de condicionar el mejoramiento de las relaciones bilaterales, a partir de que Cuba haga concesiones en su activismo internacional. Estados Unidos fue el responsable de introducir este elemento perturbador en las ya conflictivas relaciones entre ambos países: condicionar las aproximaciones bilaterales a temas y políticas multilaterales. Aunque todo parece indicar, que fueron más bien las elecciones de 1976, que las tropas Cubanas en Angola, lo que determinó el cese de las conversaciones en este periodo.

Pese a todo lo ocurrido durante la administración Ford, es necesario reconocer que fue la primera vez, desde el triunfo de la Revolución, que una administración estadounidense se propuso iniciar conversaciones secretas en función de preparar el terreno para normalizar las relaciones.

Durante la presidencia de James Carter estuvimos por tercera ocasión frente a un presidente que deseaba variar y tal vez normalizar las relaciones con Cuba. Todo comenzó en 1977, cuando James Carter accedió a la presidencia de Estados Unidos, coincidiendo un presidente y un Secretario de Estado (C. Vance) a los que al principio, en 1977, les unía el interés por normalizar las relaciones con Cuba.

Dos años, 1977 y 1978 fueron de importantes avances. En tal dirección, se iniciaron conversaciones y se adoptaron importantes acuerdos en el plano bilateral. Prácticamente se estuvo bastante tiempo, negociando en casi todos los rubros más importantes de las relaciones bilaterales: migración, pesca y límites marítimos, sobrevuelos, viajes, intercambios científicos y culturales, etc. Un acuerdo muy importante sobresalió de todos los demás, el del establecimiento de las oficinas de Intereses de Estados Unidos en La Habana y de Cuba en Washington, en 1977, las que aún sobreviven, a pesar de las intenciones de algunos políticos estadounidenses por eliminarlas[49].

Nunca hasta hoy, como entonces, se había logrado avanzar tanto en un proceso de normalización de las relaciones entre ambos países.

Es decir, el período *distensivo* entre Cuba y Estados Unidos asumió su comienzo desde la administración Nixon, tomó cierta fuerza en el período de Gerald Ford, aunque exhibió su mayor madurez durante los años 1977-1978, en la administración de James Carter. Hasta que los cambios en el congreso de 1978, comenzaron a estancarlas. Por lo que resultó ser este

---

[49] Siempre que las relaciones entre ambos países se ponen muy tensas, siempre el reclamo de eliminar estas oficinas. Pero la sensatez, respecto a su importancia siempre termina por dominar [Nota del Autor].

último el período de mayor acercamiento entre ambos países.

La importancia de este período más arriba mencionado consiste entonces, que al ser dentro del que más se avanzó, el modo en que se dio ese avance y cuáles fueron los obstáculos que terminaron con las negociaciones, son de obligada consideración como experiencias que han marcado el futuro de las relaciones entre ambos países.

No es posible valorar potenciales avances, retrocesos y experiencia de las relaciones entre Cuba y Estados Unidos, sino tomamos en consideración el lapso histórico antes mencionado.

En noviembre del 2008 Barack Obama (Demócrata) accede a la presidencia de Estados Unidos, con la propuesta de conversar con la dirección política Cubana. Tal posición, comenzó siendo inédita para los últimos 30 años, en que ningún presidente norteamericano había planteado tal intención. Finalmente esa actitud ha vuelto a quedar condicionada, como siempre lo fue, pero realmente así comenzó.

Su campaña presidencial, en relación con el tema Cubano se realizó sobre la base de eliminar las restricciones que George Bush había dispuesto sobre las remesas y los viajes a Cuba, expresando, al mismo tiempo, que estaría dispuesto a dialogar con la dirección Cubana, satisfaciendo los intereses de la mayoría de la llamada comunidad Cubana-americana. Sin embargo, también expresó que mantendría el "embargo", respaldando de ese modo los intereses de los sectores más reaccionarios dentro de esa comunidad.

Así, en su discurso de campaña en Miami, Obama daba a cada sector de la comunidad, lo que cada uno esperaba, estrategia que le resulto muy provechosa, permitiéndole ganar el estado de La Florida. Sin embargo, desde el propio discurso mencionado, se observaba claramente un comportamiento del entonces aspirante a la presidencia, como si Obama hubiese tenido los hilos, para con Cuba, hacer las cosas como quería. Tal parecía que Obama pondría la agenda, invitaría a quien el quisiera a las conversaciones y en general, llevaría a Cuba a la mesa de negociaciones que el preparase.

Pero lo que más absurdo nos parecía y nos llamaba la atención, era que un individuo como Obama, considerado como un tipo inteligente, renovador y con cierto espíritu negociador, decidiese mantener el bloqueo contra Cuba. Sobre todo, con lo desprestigiado que ha resultado ser este instrumento, cuestionada su eficiencia, criticado, tanto interna como externamente, a nivel hemisférico e internacional y tan sometido por Cuba a un tratamiento que le ha impedido cumplir sus propósitos.

No obstante, si tomamos en cuenta las actitudes y medidas adoptadas por Obama con Cuba, en sus primeros cien días, podremos percatarnos de lo siguiente:

1- Obama había declarado que quitaría la prisión de la Base de Guantánamo, aunque ahora restaura los tribunales para juzgar a los presos y el congreso le infiere una derrota importante en sus intenciones.

2- Ha cumplido su promesa de levantar las restricciones a las remesas. Aunque ha solicitado al gobierno Cubano rebajar la tasa de descuento al dinero remesado hacia Cuba desde Estados Unidos.

3- Ha levantado las restricciones a los viajes de los Cubanoamericanos a Cuba.

4- Complementa tales medidas con la extensión del concepto de familia, es decir amplía las personas que pueden recibir remesas.

5- No plantea límites a las remesas ni a los viajes, ampliando la cantidad de dinero que los Cubanoamericanos pueden gastar en Cuba.

6- Permite una negociación entre las empresas de telecomunicaciones norteamericanas y ETECSA en Cuba, que facilitaría que los familiares residentes en Estados Unidos paguen Internet y teléfono celular desde Estados Unidos, a sus familiares en Cuba.

7- Amplía la lista de productos que pueden contener los paquetes que se envían a Cuba.

Pero, después de levantar las restricciones mencionadas, vuelve sobre sus pasos con más de lo mismo en los últimos cuarenta años.

1) Se plantea mantener el bloqueo.

2) Condiciona el diálogo con Cuba, a que esta cumpla los principios de derechos humanos, libertades civiles y democracia que siempre se le han tratado de imponer a la Isla.

2) En el plano externo vuelve sobre las viejas exigencias, acusando a Cuba de país terrorista y exigiendo que debe cumplir los requisitos de la llamada Carta Democrática de la OEA[50].

Es decir, Obama vuelve sobre los mismos principios para condicionar los cambios de la política hacia Cuba, a que esta última haga concesiones en aspectos que afectan su soberanía tanto interna como internacional.

Obama, debe saber, que 30 años atrás Cuba no aceptó tales condicionamientos, mucho menos estaría ahora dispuesta a aceptarlos. ¿Sobre qué base Obama piensa que Cuba pudiera aceptar ahora las condicionantes que nunca ha aceptado?

Recordemos como tuvieron lugar las cosas durante la administración de James Carter, último período en que ambos países negociaron sus diferencias, como parte de un dialogo dirigido a mejorar las relaciones.

1- James Carter llegó a la presidencia con intenciones honestas de cambiar la política hacia Cuba y

---

[50] Algunos analistas consideran que lo referente a la lista de países terroristas se trata de algo que se le escapó a Hilary Clinton, pero lo cierto es que Obama lo dejo correr [Nota del Autor].

normalizar las relaciones. Tales intenciones aún no se observan en Obama.

2- En la época de Carter ambos gobiernos negociaron y llegaron a varios acuerdos importantes sin condicionamiento de ningún tipo: al principio, ni Cuba antepuso el levantamiento del bloqueo como una condición para negociar, ni Carter condicionó, al principio, las negociaciones a que Cuba hiciese ningún gesto.
Por su parte Obama, si condiciona ahora los pasos con Cuba, a que esta última de "señales" que satisfagan los intereses de Estados Unidos.

3- No se observan en Obama intenciones claras de conversar con Cuba, a pesar de que las presiones que tiene sobre sí, sobre todo hemisféricas aunque también globales, le obligarían a seguir una actitud más negociadora con la Isla.

4- Obama, casi 50 años después, confía en el bloqueo como un instrumento de presión contra Cuba. Pero el bloqueo no solo ha mostrado su inefectividad, sino que además es una política fracasada que prácticamente no tiene adeptos en ninguna parte, fuera del mismo círculo de la extrema derecha que apoyó a G. Bush. Entonces nos preguntamos, salvo en llevar las cosas a como estaban antes, eliminando las restricciones a los viajes y a las remesas, ¿en qué realmente se diferencia la política de Obama hacia Cuba de la de Bush?[51]

El condicionar aspectos bilaterales de las relaciones entre

---

[51] ¿Tiene Obama ya una politica hacia Cuba? Algunos analistas se inclinan a pensar que Obama no ha concluido la revisión de la politica hacia Cuba aun y que no tiene todavía una politica hacia Cuba; yo creo que definitiva no, pues Obama, no tiene tiempo para dedicarle a Cuba, esta sigue sin ser una prioridad, pero la Isla fue objeto de una campaña que le permitió ganar el estado de La Florida y pienso que alguna atención tiene que darle. Tal atención, no puede sino ser sobre la base de lo que definió para Cuba desde la campaña: levantar las restricciones ya mencionadas y mantener el bloqueo [Nota del Autor].

ambos países a los aspectos multilaterales o internacionales, nunca dio resultado. Ahora mucho menos cuando Cuba tiene un nivel de prestigio y aceptación hemisférica e internacional como no tuvo nunca antes. Resultando que con esta política, es Estados Unidos hace mucho tiempo ya quien está resultando aislado y no Cuba.

Obama muestra la misma tozudez imperial que Bush y al parecer nada de inteligencia, cuando no utiliza la capacidad política que le daría en el hemisferio tratar de negociar sus diferencias con Cuba, lo cual le han pedido casi todos los mandatarios de la región.

Al parecer alguna "cabeza caliente" y mal intencionada le ha dicho a Obama que aún el bloqueo podría ser efectivo, ¿o solo se trata de que el presidente no está en disposición de echarse encima los enemigos que no aprobarían levantarlo?, que no son pocos aún.

Por lo que pienso, que tiene que haber una estrategia detrás de las acciones y el discurso de Obama para con Cuba actualmente.

En tal sentido y a nivel de hipótesis consideramos lo siguiente:

Por el modo en que el presidente Obama ha manejado los asuntos de Cuba en sus primeros meses de gobierno, todo parece indicar que:

1- Obama quiere seguir utilizando el bloqueo como una palanca de presión contra Cuba, pero dentro de ese contexto, rediseñar la utilización de sus instrumentos y combinarlo con un discurso diferente. Es decir, parece ser que para Obama, el bloqueo no ha sido ineficiente en sí mismo, sino por haberse utilizado de manera no adecuada sus instrumentos y además, haber combinado el uso de esos instrumentos con un discurso demasiado duro. Recordemos, que la preocupación fundamental con Bush, de los ideólogos que ahora acompañan a Obama, fue que a Bush se le fue la mano dura.

2- Se observa claramente una estrategia que lo diferencia de la seguida por Bush. Mientras este último alejaba a Cuba de los Cubanos residentes en los Estados Unidos. Obama quiere acercarlos.

- Obama divide el bloqueo en dos: como este afecta al ciudadano común y como al gobierno.

- levanta las restricciones a las remesas y los viajes y amplía el marco en que estas relaciones se darían: los Cubanos pueden enviar cualquier cantidad de dinero a todos los familiares que deseen, pueden gastar más en Cuba y como si fuera poco los familiares de Estados Unidos podrían costearle Internet y teléfonos celulares.

- Obama amplia la lista de los productos que pueden venir en los paquetes que se envían hacia Cuba.

- Mientras, Obama ha exigido al gobierno Cubano que baje la tasa de descuento a las remesas.

- Finalmente se valora introducir los vuelos comerciales.

Todos los anteriores son asuntos que tocan de lleno al ciudadano común. Siendo esta la forma, por lo general, bastante directa, en que todos los Cubanos de la Isla, con familiares en Estados Unidos, sienten el bloqueo y la agresividad de la política norteamericana.

Para ellos Obama tiene un conjunto de medidas que los beneficia y un discurso que trata de aislarlos de los efectos del bloqueo, al mismo tiempo que los acerca a sus familiares en Estados Unidos. Haciendo algo que ha sido un reclamo de muchos y una intención incluso de la derecha norteamericana que aún apoya el bloqueo: no afectar al ciudadano común sino al gobierno.

- La otra parte del bloqueo, la que toca de lleno a las

relaciones económicas del país, esa parte circunstan-
cialmente más alejada del ciudadano común, pero que
la dirigencia política sufre directamente en su proceso
de conducir a la nación, en esa parte se agudizan las
presiones. Por supuesto, esta parte también afecta al
ciudadano común, pero lo hace de manera menos directa, en una magnitud más repartida, y a través de
múltiples mediaciones.

La estrategia parece estar clara. En todo lo que de manera
directa el bloqueo afecte al ciudadano común, Obama afloja y
presenta una cara benefactora; en la otra parte del bloqueo, le
da oportunidad a la dirigencia política del país que haga el papel de malos. Contexto dentro del cual, si la situación no es
mejor para el ciudadano común, ello se debe a las inflexibilida-
des de la Administracion Cubana, que no está dispuesta a
aceptar las condiciones que Estados Unidos plantea para normalizar las relaciones: cuestiones por demás, al parecer inofen-
sivas: democracia, derechos humanos, libertades civiles y elecciones libres.

Se trata de que Obama quiere cambiar los marcos de la institucionalidad en que el ciudadano común y el gobierno Cubano
se deben mover. Como ya ha dicho en varias ocasiones "hacer
que el ciudadano común dependa menos del gobierno" y que si
el gobierno es un freno a esas aspiraciones, sean los propios
ciudadanos los que pidan a gritos y en manifestaciones, aceptar las "flexibilidades" que el gobierno estadounidense está exigiendo a Cuba. Esa es la intención, subvertir al Pais, supuestamente de manera pacífica.

Es decir, Obama, partidario del llamado "poder blando", continúa utilizando el bloqueo, pero solo en la dirección que beneficiaría de manera más directa sus intereses de subversión interna: desprestigiar al gobierno Cubano, hacer aparecer a los
Estados Unidos como benefactor y ganarse la simpatía interna
de los Cubanos comunes, hasta lograr que estos se manifiesten
en la direccion de los intereses de Estados Unidos.

¿Tiene Obama una politica hacia Cuba? Si la tiene, de compás de espera, provisional, de corto plazo, pero la tiene ¿Es entonces esa política de Obama igual a la de Bush? Creo que no. ¿Es esa política de Obama más de lo mismo? Tampoco. ¿Es esa política de Obama más inteligente que la de Bush? Si lo es, porque es más difícil de contrarrestar.

La gran debilidad de la política de Obama, es que trata de llevarla adelante en un contexto dentro del cual se presentan las mejores condiciones internacionales para Cuba. Pero no deja de ser un reto que la Isla debe enfrentar utilizando todas sus capacidades internas y externas.

Por tanto en el contexto actual que se le presenta a la administración de Obama y tomando en consideración que este aún no está en condiciones de levantar el bloqueo, el presidente ha seleccionado la única variable posible, aunque ya clásica de la política americana: "garrote y zanahoria". Solo que ahora bajo el liderazgo de un presidente que es capaz de utilizar de manera más inteligente, tanto la zanahoria como el garrote. Entonces, valorar a fondo las experiencias, es de vital importancia para proyectarnos en el comportamiento futuro de las relaciones entre Cuba y Estados Unidos.

Mayo 20 del 2009.

PRENSA

ESTEBAN MORALES DOMÍNGUEZ

NUESTRA PRENSA FRENTE A LA GUERRA CULTURAL

Se está acabando el año 2013. Hace mucho tiempo ya que se celebró el Congreso de la UPEC. Pero aún no se observa una dinámica que nos diga que la situación está cambiando.

A juzgar por los debates, de los que leímos todo lo publicado, parecía que de manera casi inmediata se podrían notar los cambios tan reclamados. Realmente el análisis crítico hecho por el Congreso, el entusiasmo y seriedad que parecían primar, en los debates, dejaban un ambiente de esperanza, de que todo comenzaría a cambiar para mejor. El discurso del Vicepresidente Diaz Canel clausuro brillantemente la jornada y a partir de entonces comenzamos a esperar llenos de entusiasmo.

Sin embargo, lamentablemente, desde entonces, las opiniones recogidas entre muchos preocupados y la mía propia, me hacen pensar, que no hemos avanzado mucho. Me parece que nuestra prensa aún no justifica los esfuerzos que se hicieron durante el Congreso.

Para comenzar por el medio más apreciado por nuestra ciudadanía, la televisión. Esta continúa con la baja calidad de su programación y de nuestros noticieros. Ningún cambio, poco menos modernidad, pues todo se reduce a dos periodistas, que leen incansablemente un guion previamente preparado, sin iniciativas de ningún tipo, sin comentarios de las noticias, con fallas continuas en el apoyo fílmico, y que apenas satisfacen el interés informativo.

El noticiero de la noche a las 8:00 pm, apenas consume a veces los 30 minutos que tiene planificado, y el del cierre es un comprimido que repite dos o tres de las noticias que se consideran más importantes, sin agregar nada nuevo. Solo el noticiero del mediodía, da una versión noticiosa más amplia. Si ven este último, les sugiero, no pierdan su tiempo viendo los otros dos. No aportan nada nuevo. Si no fuera por las emisiones noticiosas de *Telesur*, nuestras posibilidades informativas nacionales serian poco menos que pobres.

Yo he visto mucha televisión en el exterior, a veces, es mucho más mala que la nuestra, pero no somos partidarios de la "teoría del tuerto". Nuestra televisión tiene que ser mejor, porque lo necesitamos.

Telesur continua sin reflejar nada sobre Cuba. Solo la *Mesa Redonda*, ha mejorado algo, al tratar algunos temas nacionales. Que era una de las críticas principales que se les hacía. En algunas pocas ocasiones, un reportero desde el exterior, reporta alguna noticia de la visita de algún dirigente nuestro.

Le sugerimos también que de vez en cuando sintonicen *Radio Reloj*, por si aparece alguna urgencia, por la que habría que esperar hasta el noticiero del otro día. Emisora esta última, que habiéndose caracterizado siempre por la inmediatez, a veces da la impresión de que la ha perdido. Padeciendo el mismo mal, de tener que esperar por la "aprobación de arriba", aunque estén lloviendo raíles de punta. Como tuvo lugar con el apagón eléctrico de hace algunos meses.

El periodismo, de cualquier medio, está obligado a combinar inmediatez con iniciativa, calidad informativa y velocidad. No le queda más remedio y tiene que siempre encontrar los medios para lograrlo. Un buen editor, es el que no tiene que esperar por nadie. Pues nunca debemos permitir que nuestro pueblo llegue a la noticia por otros medios o especule sobre lo ocurrido, sin que se le ofrezca la versión propia nacional a la que tiene derecho.

Sin dudas, esta situación pudiera mejorar, pero no hacemos uso de las potencialidades que tenemos; aprovechando mejor las múltiples noticias de internet; con lo que se puede ver por la intranet; haciendo uso de *Telesur,* situando a Cuba en la cadena; haciendo uso de los múltiples artículos que circulan por el correo electrónico, los blog, las Web.

Claro, para aprovechar estas potencialidades, nuestra prensa tendría que estar dispuesta a informar más y con un sentido crítico; algo que prácticamente está ausente. Existen decenas de intelectuales revolucionarios, preparados, que escriben y lo hacen bien, pero tenemos que estar dispuestos a asumir la visión crítica de la que aún carecemos. Por esa visión errónea, que se ha adueñado de nosotros, de que criticar es simplemente hablar mal sobre algo. Hacerle el juego al enemigo. Cuando en realidad, es el enemigo el que se aprovecha de nuestro silencio.

Estoy convencido, de que no asumir un espíritu crítico en nuestra prensa, que incremente continuamente su prestigio, la confianza y el sentido orientador que debe tener, nos lleva al abismo de un pueblo mal informado, por tanto victima fácil de cualquier campaña de desinformación y no preparado para defender sus propios intereses nacionales.

Por lo que nuestras verdades, positivas o negativas, debieran ser asumidas por nosotros mismos, antes de que estas, tergiversadas o sobredimensionadas, devengan en instrumento de una diplomacia subversiva. La verdad siempre será revolucionaria y quien no la asuma con valentía, será solo un "sietemesinos. Con perdón de los que nacen a los siete meses.

Existe un asunto, que tiene muy confundido a nuestro pueblo. Siendo múltiples os comentarios al respecto.

¿Cuál es el problema con *Telesur*? ¿Cuándo se dará información a la población de porque Cuba no aparece en *Telesur*? Ni siquiera en el Noticiero *Dossier,* aparecen noticias sobre Cuba, ni Cuba como tal; salvo extraordinarias excepciones, sale algo en los comentarios de Walter Martinez. Tenemos un Representante en *Telesur,* periodistas Cubanos y a veces alguna que otra entrevista desde Cuba, pero más nada.

Todo transcurre dentro de un verdadero misterio. Si queremos un ejemplo típico de "secretismo", lo podemos ver en la relación entre *Telesur* y Cuba. Estoy convencido que la culpa es enteramente nuestra.

Algo similar tiene lugar con Internet. En lo que podemos decir "llueve sobre mojado".

Ya se han presentado en la *Mesa Redonda* tres programas sobre el tránsito a la televisión digital, lo que según se ha dicho no tendrá lugar hasta aproximadamente dentro de 5 años, para completar todo el País. Pero sobre internet, que ya la tenemos encima, no se dice nada.

Salvo los programas que se hicieron "demonizándola", no se explica que es lo que ha ocurrido con el cable, ni en qué momento nos encontramos en Cuba respecto a internet. Sabemos que ya está bajo alquiler en los hoteles y que algunos organismos disfrutan de ella, pero la población continua esperando, si algún día va a poder hacer uso de este extraordinario adelanto tecnológico, al cual el mundo entero ya tiene acceso. Pronto nos percataremos del atraso tecnológico-cultura en que estamos cayendo.

La prensa continua haciendo silencio sobre asuntos que nos afectan a todos, como ha sido lo del "incidente del Barco Coreano". O cómo van los procesos anticorrupción; los Artista que se marcharon y que ahora vuelven y actúan en Cuba; el accidente del ómnibus en el que hubo más de 20 heridos, que no se sabe de dónde venía ni hacia donde iba, ni donde fue el accidente; el accidente donde perdieron la vida un general, su esposa y la suegra, que toca la casualidad, que era el mismo general implicado en lo del barco coreano.

Sobre lo cual, apenas se dio la noticia. El bailarín asesinado en la zona oriental, de lo cual no se dio explicación alguna. Que a juzgar por los honores que se les rindieron, se trataba de una persona muy reconocida. No se trata de retornar a la llamada "crónica roja", pero tampoco es sano que la población especule y más que ello, desconfíe de si nuestra prensa es capaz de informar sobre acontecimientos que les afectan y despiertan su interés.

Y así sucesivamente, tienen lugar acontecimientos sobre los cuales nuestra prensa no da explicación alguna. De los acontecimientos internacionales: no sabemos realmente que está ocurriendo en Siria; no sabemos porque los Iraníes estaban refinando uranio al 20% si es bastante menos lo que se necesita para su uso pacífico.

¿Por qué abuchearon y silbaron a Jacob Sumo, Presidente de Sudáfrica, en los funerales de Mandela[52]? ¿Sabemos en realidad que está ocurriendo en Sudáfrica, después de la muerte de Mandela? Otros procesos internacionales, apenas se tocan y otros se repiten machaconamente, sin que sepamos porque. Con una clara tendencia a no informar de las cosas negativas que le ocurren a los amigos y machacar hasta el cansancio sobre lo que le ocurre a los enemigos.

---

[52] Nelson Mandela (1918-2013) [N. del E.].

Yo me pregunto si podemos librar las batallas que tenemos por delante, con una prensa que no informa como debe a nuestra población. Que dice verdades a medias, que silencia la noticia, que permite que la información llegue por canales colaterales.

Recuerdo que algunas veces escuche la opinión, de que nuestro pueblo no está preparado para escuchar ciertas noticias o tener acceso a determinadas verdades. Existen entre nosotros quienes sostienen esta opinión, pero lo más grave, es que no pocas veces ocupan posiciones que le permiten realizarla.

Por otro lado, nos inundan los CD, los DVD, la música extranjera de baja factura, las películas en las que ya resulta imposible saber quién gano la guerra de Vietnam. La propia televisión nacional nos atiborra de programas norteamericanos, de películas de violencia, llenas de héroes y heroínas falsos, de modelos de comportamiento y valores que no tienen nada que ver con la realidad que deseamos alcanzar.

Ni con la formación que queremos lograr en nuestra juventud. Nada de lo cual es contrarrestado por nuestros programas de historia. Estamos siendo penetrados por la seudo-cultura, por la historia contada a imagen y semejanza de la *colonialidad*. Y hacemos aún muy poco por contrarrestar esa realidad.

Todas las críticas realizadas recientemente por el Compañero Raúl Castro, no hacen más que expresar que una parte nada despreciable de nuestra sociedad absorbe lentamente esa masa pútrida de dislocación cultural y la va convirtiendo en valores y formas de comportamiento social. Lo cual nos permite afirmar que para una parte de nuestra población, los años vividos hacia finales de los noventa y principios de los 2000, han resultado ser años de retroceso, en el plano moral, ético y cultural.

Los acontecimientos de corrupción que han tenido lugar en el Supermercado de Carlos Tercero y Servicios Comunales de la Habana Vieja, son como para alertar a la población, de lo que está ocurriendo en centros importantes. ¿Cuál es la razón de que los videos no sean exhibidos en la *Mesa Redonda*? Se trataría de algo muy educativo para la población.

Como un ejemplo muy reciente, el periódico Granma, dedica un pequeño espacio en su página 2, del martes 17 de diciembre, a lo ocurrido en dos UBPC de Ciego de Ávila; que más ineficiencia y descontrol de sus recursos no podían tener. ¿Pero quiénes son los responsables, qué medidas se han tomado con los culpables? ¿Qué interés puede haber en ocultar el rostro de los responsables de actos ilegales y de corrupción?

Pienso que hasta que la estructura heredada, más bien copiada, de los esquemas informativos de los países socialistas, que ya se derrumbaron, no sea cambiada y los que han hecho de la prensa   lo que es hasta hoy, no sean sustituidos, la situación no mejorara. Creo que los mismos responsables de las deficiencias, que por casi más 30 años han afectado a nuestra prensa, no harán nada por cambiarla. No por mala voluntad, sino por incapacidad, por hábitos negativos heredados, por conceptos obsoletos, que ya no se corresponden con los que nuestra sociedad necesita.

Nuestra prensa está exigiendo un cambio de estructura, pero también un cambio de personas. A todos los niveles del aparato político administrativo que la ha dirigido hasta hoy.

El trabajo ideológico y cultural que se requiere realizar hoy, necesita de gente bien preparada, con iniciativa de "cambiar todo lo que deba ser cambiado", sin esquematismos, con la valentía de afrontar   con inteligencia, los riesgos que sean necesarios.

Cuba nunca podrá equilibrar la fuerza técnica de los que nos hacen la guerra cultural, por lo que esa guerra solo podremos ganarla a pensamiento e inteligencia. Esas son nuestras casi únicas y principales armas y debemos utilizarlas muy bien. La tecnología nunca podrá superar al talento y la inteligencia. En todo caso, solo podrá ser su complemento.

Pero para que ello ocurra, el talento y la inteligencia tienen que ser dominantes en nuestros medios. Cuidándonos mucho de ciertas tendencias anti-intelectuales que frecuentemente aparecen entre nosotros.

Para avanzar debemos liquidar esa tendencia que nos ha acosado en ciertos momentos, aunque siempre sale perdiendo la batalla, porque contamos con una intelectualidad fuerte, que es productiva y sabe defenderse con inteligencia y talento, cuando en los últimos años ciertos elementos agazapados, ha querido acorralarla y limitarle sus espacios.

En Cuba hoy, lo más fuerte, coherente, organizado, sistemático, productivo y de avanzada, es la cultura. Por lo que quien pretenda frenarla se estrellara contra un muro, indestructible y capaz de responder a cualquier eventualidad que se le presente a la nación. Por eso siempre se dice que "la cultura es espada y escudo de la nación". Siendo esta última la única que puede empuñarla en su defensa.

Diciembre 21 del 2013.

CAMBIAR DEBE SER MENOS COSTOSO
QUE AFERRARSE AL PASADO
Entrevista de Jorge Dimitri[53]

*Esteban Morales es uno de los más notables académicos Cu-
banos. Economista y especialista en política hemisférica, hombre negro, canoso, alto y barbado, con aires de taita o patriarca
africano, Esteban no tiene en el trato nada de prepotencia: es
jovial y abierto en la conversación. Lector incansable de obras
científicas de todas las tendencias, se ha proyectado contra
dogmatismos y censuras. Se le ha visto tanto en la oficialista
Mesa Redonda[54] de la TV Cubana, como en espacios auto-orga-
nizados de debates alternativos. Morales mantiene un blog
[link] propio, y muchos de sus escritos son reproducidos y co-
mentados en otros medios digitales, incluido HT. Padre de una
familia afrodescendiente dedicada al activismo antirracista,
recientemente publicó dos libros sobre la problemática de "las
razas" en Cuba. Participa en el Segmento Cubano de la Articulación Regional de Afrodescendientes[55], nuevo vehículo de la
sociedad civil en la pelea por la equidad etno-racial.*

*Esteban, tu generación fue la que entró a la vida adulta junto
con el triunfo insurreccional de 1959. ¿Cuáles fueron los sucesos más relevantes de tu vida?*

Nací en Cárdenas (provincia de Matanzas), el 26 de agosto de

---

[53] Del Centro de Investigación sobre la Cultura Cubana *Juan Marinello*, La Habana, Cuba.

[54] Mesa Redonda es un programa de la Televisión Cubana. Se transmite de
lunes a viernes a partir de las 7:00 pm. Su director general es Randy Alonso
Falcón y la coordinadora general es Arleen Rodríguez Derivet, quienes también
se alternan en la función de moderadores de la mesa [N. del E.].

[55] Dentro de las actividades por Decenio Afrodescendiente, proclamado por Naciones Unidas y que comenzará en enero de 2015, se realizan las de la Articulación Regional Afrodescendiente (ARA) en América Latina y El Caribe, que
lucha por la transformación social, igualdad y no discriminación [N. del E.].

1942.Entre 1959 y 1962 tuvieron lugar los acontecimientos más relevantes que encaminaron mi vida.

Mucho antes de 1959, cuando tenía unos 11 años, me gané el Primer Premio en un concurso de composición sobre José Martí, convocado por los *Caballeros Católicos*[56] en mi pueblo. Al llegar a recoger el premio, sentí un murmullo en el tribunal. Me imaginé lo que había ocurrido: la planilla que llené no tenía foto, y no era imaginable para todos aquellos blancos de clase media, que un negrito pobre como yo, hubiera ganado aquel concurso. Me mandaron a salir. Para mi suerte, en el tribunal estaba un bancario. Tan blanco y de clase media como todos, era esposo de la hermana de la señora de la casa donde mi abuela paterna trabajaba como doméstica. El bancario parece que dio la bronca, y tuvieron que darme el premio. Consistía en una beca vitalicia en la Escuela *La Santísima Trinidad* de los *Padres Trinitarios*[57], la otra mejor escuela de mi pueblo y una de las mejores de Cuba.

Cuento este incidente porque eso cambió mi vida. Yo había nacido en el último cuarto de una cuartería, donde vivía con mis otros dos hermanos y mis padres. Hijo de carpintero y ama de casa, mi única ventaja era ser muy estudioso y apegado a los libros. A pesar de que tenía que estudiar en el patio, bajo el único bombillo que había, y cuando no, con una vela. Pues mi padre debía levantarse a las cuatro de la mañana. Inicié mi beca en cuarto grado, y casi terminé el bachillerato. Tenía además tres primas maestras, que me apadrinaron desde los 11 años; me ayudaron a ingresar al preuniversitario y no me dejaban vivir, alimentando mis ansias de estudiar. Tuve suerte, pues con mi procedencia, hubiera tenido que ayudar a mi padre en la carpintería, como muchas veces tuve que hacerlo, y todo habría terminado para mí.

Antes de 1959, tuve que salir de mi pueblo, y fui a parar a un cuarto en el Barrio de *Jesús María*, en La Habana, donde me sorprendió el triunfo de la revolución. Ingresé en la Asociación de Jóvenes Rebeldes (AJR), y como tenía nivel [educativo] fui profesor del Centro de Capacitación Revolucionaria "Antonio

[56] Asociación laica de apoyo a la Iglesia Católica [N. del E.].
[57] Escuela religiosa establecida en Cárdenas, Matanzas, Cuba, en 1900 y que fue cerrada en 1961 ante la expulsión de la Orden de los Trinitarios del país por el Gobierno Revolucionario [N. del E.].

Guiteras", en la Escuela de Tallapiedra. Era dirigente de la AJR, y al mismo tiempo trabajaba en el Departamento de Distribución de la Dirección Provincial del *Movimiento 26 de Julio*[58] en Arroyo y 27. Allí me sorprendió la explosión de *La Coubre*, en la que ayudé todo lo que pude...

...La Coubre fue un barco francés que traía armas desde Bélgica, y explotó en el puerto de La Habana, matando a mucha gente... En el enfrentamiento a la emergencia, el rol protagónico correspondió a gentes humildes: obreros portuarios, habitantes de los barrios pobres de La Habana –como Jesús María. Muchísimos de ellos negros, y un gran número de integrantes de la secreta fraternidad afro-ancestral Abakuá... Esa tragedia ocurrió en marzo de 1960.

...En abril de 1960, me inscribí como maestro voluntario del primer contingente, marchando a la Sierra Maestra[59]. En agosto del propio año, me ubicaron como maestro en las *Brigadas Juveniles de Trabajo Revolucionario* en Pino del Agua, Sierra Maestra. Después, en Pinares de Mayarí. Recorrido llamado "de Raúl Castro": de la Sierra de Nipe a la Sierra Maestra. Durante la invasión de Girón[60] (1961), estuve en la Sierra de Nipe; y en la Crisis de Octubre[61] (1962), como artillero. Después ingresé en La *Universidad de la Habana*, en la Licenciatura en Diplomacia y en Economía. Finalmente opté por Economía. Me acogí a la Ley 258 como estudiante-trabajador. En

---

[58] El *Movimiento 26 de Julio*, fue una organización política y militar cubana creada en 1955 por Fidel Castro, la más importante entre las que participaron en la lucha contra la dictadura de Fulgencio Batista. A fines de 1956 estableció una base guerrillera en la Sierra Maestra, la cual terminó venciendo a las tropas del ejército batistiano en 1958 con una coalición de otras organizaciones de frente popular [N. del E.].

[59] La Sierra Maestra es una cadena montañosa en la región suroriental de Cuba, siendo elevación más alta es el Pico Turquino con 1974 metros [N. del E.].

[60] La Invasión por Playa Girón, también conocida como Bahía de Cochinos, donde una brigada de exiliados cubanos armada, entrenada y transportada por la CIA, arribó por la Ciénaga de Zapata, al sur de Matanzas, en la madrugada del 17 de abril de 1961, rindiéndose dos días después [N. del E.].

[61] La Crisis de Octubre, más conocida internacionalmente como Crisis de los Misiles, o Crisis del Caribe, ocurrió en la semana comprendida entre el 22 y el 28 de octubre de 1962, siendo uno de los hechos más dramáticos de la Guerra Fría [N. del E.].

1969, me gradué, y ya desde 1966 había pasado a ser alumno-ayudante [estudiante que apoya a los profesores en tareas docentes, y puede impartir clases].

A partir de entonces, todo mi trabajo fue en la Universidad: desde Instructor Graduado, hasta llegar a Profesor Titular en 1977. Fui director del Departamento de Economía Política, Director de Ciencias Políticas, Decano de [N. del E.: la Facultad de] Humanidades, fundé y dirigí por 18 años lo que es hoy el *Centro de Estudios Hemisféricos y sobre Estados Unidos*; hasta que me jubilé en 2010. Antes de jubilarme logré las metas que en el orden académico me había propuesto.

En 2010, fuiste separado del PCC[62], pero después te reintegraron a las filas...

En el 2010, se cometió conmigo lo que considero un error político: resultado de intolerancias ideológicas inaceptables, malos métodos y desconocimiento de mi trayectoria revolucionaria. Lo cual me obligó a adelantar mi jubilación, aunque ello no tronchó mi trayectoria científica ni intelectual. Los protagonistas de esos errores, espero que hoy-al menos a solas con la almohada- sean lo suficientemente honestos consigo mismos para aceptar que se equivocaron.

¿Cómo valoras el ahora de Cuba, en comparación con los sueños de los ´60s?

En relación con los años sesenta, creo que Cuba ha avanzado en unas cosas y retrocedido en otras. Las causas son múltiples. Los sueños de los años sesenta, han resultado eso: ser en su mayoría sueños. Que nos obligan ahora a ser más realistas, menos idealistas; abandonar la prepotencia que durante cierto tiempo nos acompañó; cambiar métodos de trabajo copiados, que no se adecuaban a nuestras realidades históricas; abandonar actitudes represivas que limitan la opinión personal; respetar más la opinión individual, las creencias de los demás, ser menos burócratas, no abusar del poder cuando se tiene. Creo que las experiencias vividas, y sobre todo los fracasos, han sido suficientes como para no aceptar repetirlos. No permitiendo más discursos voluntaristas.

Existen hoy en Cuba muchos nuevos espacios auto-organiza-

---

[62] Partido Comunista de Cuba, PCC. N. del E.

dos, algunos de ellos bien controvertidos. ¿Qué crees del activismo social en Cuba contemporánea?

Creo que el activismo social que existe hoy hay que respetarlo, y si sus protagonistas son controvertidos, someterlos a un debate abierto. Y trabajar para encaminarlo correctamente, pero nunca reprimirlo. La gente se organiza y busca nuevas forma de colectivismo, cuando las que existen no satisfacen sus intereses. Yo me considero parte de ese proceso. Lo contrario sería negar la dinámica de la sociedad civil. La sociedad civil avanza así, y quien pretenda oponerse a ese proceso resultará aplastado. Sobre todo si no se percata de que esa es la forma en que la sociedad civil les va quitándole el poder a los que en realidad ya no lo tienen. Aunque todavía se ve actuar a personas como si estuviéramos en los setentas: como si tuvieran más poder del que en realidad tienen.

Ese activismo será siempre positivo para la sociedad, si se le entiende y se le trata como formas de avanzar hacia mejores soluciones de los problemas. De ese activismo solo sale contrarrevolución cuando no se le entiende, y se le trata de reprimir porque no coincide con nuestras ideas personalistas de cómo deben ser las cosas. En la sociedad, las cosas siempre van a ser al final como la mayoría quiera que sean. Si minorías aferradas al pasado -a privilegios, a poderes-, se oponen, las masas les pasarán por encima.

¿Te consideras parte de ese activismo? ¿En aras de qué propósitos te involucras con él?

Nuestra sociedad civil debe avanzar con plena capacidad de opinar, oponiéndose a todo lo que estime negativo. No permitir imposiciones, exigir democracia en la toma de las decisiones que le competen. Denunciando el burocratismo, la imposición, el oportunismo, el abuso de poder, la prepotencia.

Por eso, me considero parte de todas esas corrientes, que quieren que las cosas se hagan de formas nuevas; sobre todo si ya hay tantas formas probadas que han mostrado ser fallidas, y en nuestra realidad esas formas sobran. Luego, la búsqueda de nuevas formas de hacer las cosas es un movimiento totalmente progresivo. Por eso lo apoyo, y participo en la medida de mis posibilidades.

¿Qué crees del racismo en Cuba? ¿Existe? ¿Cómo combatirlo? ¿No estimularán a las actitudes racistas los actuales cambios socio-económicos, que ciertamente no tributan a una mayor igualdad entre las personas?

Ciertamente hay cambios que no tributan a la mayor equidad, y que no queda más remedio que hacerlos. Porque venimos de un igualitarismo, que atentó contra todo equilibrio. Igualitarismo que sería peor repetirlo y ni siquiera posible defenderlo. Habrá gente, que dentro de un plazo desconocido aún, tendrá que sufrir, para que al final nos salvemos todos. Eso es un precio que tenemos que pagar por los errores cometidos o que aceptamos se cometieran. Dentro de ello, habrá que buscar políticas, para que el sufrimiento sea menor. Pero no podremos evitarlo en su totalidad.

En medio de ello, serán negros y mestizos los que más sufrirán, porque partieron de más atrás, y el tiempo en que el estado los pudo defender no fue suficientemente prolongado para que llegasen a un nivel medianamente aceptable y estable. Por eso, tendrá que haber acciones de protección hacia esas personas.

El racismo existe, es más: creo que en los últimos años se ha agudizado. Y la única forma de combatirlo es desde la propia sociedad civil, desde abajo, al mismo tiempo que el gobierno y el estado deben facilitar los mecanismos para apoyar las gestiones que deberán hacerse para combatirlo. No sólo con la economía, sino también con la cultura, la educación, la política, las leyes. Hay que penar la discriminación racial; no se le puede dejar a la voluntad de aquellos que por conveniencia, e incluso incultura, o intolerancia la continúan practicando.

Como especialista en Norteamérica, ¿qué perspectivas les ves a las relaciones Cuba-EE.UU. bajo la nueva administración Obama?

Lo más importante para que las relaciones de Cuba con los Estados Unidos puedan mejorar, es lograr –a fondo y continuamente- incrementarle a los Estados Unidos el costo de una política que no les ha dado el resultado que han esperado.

Y eso, ante todo, significa que Cuba vaya adelante con sus proyectos de cambio, desarrollo y cambio de mentalidad sobre todo. No es en Cuba donde la política de Estados Unidos debe cambiar, pero no es nada despreciable lo que Cuba podría hacer para que esa política cambie. No tenemos por qué esperar que la política de Estados Unidos cambie. Cambiemos nosotros todo lo que sea posible, y ellos tendrán que cambiar también.

Como es el caso de la política migratoria reciente, no perfecta ni terminada aún, pero muy útil e inteligente, que Cuba acaba de adoptar. Dar pasos más atrevidos en la economía, liberar más las fuerzas productivas, ampliar el espacio a la inversión extranjera, aprovechar más el potencial científico-técnico de que el país dispone, poniéndolo a producir internamente: son medidas necesarias para que el país se desarrolle sostenidamente.

Hay que poner a Obama en la alternativa: de que, o cambia la política hacia Cuba, o se quede como un niño, jugando con una "maruga" que no le serviría más que para hacer ruido.

Lo demás, sería una cuestión de voluntad política de Obama de cambiar la política, en la que no confío para nada. Pues, en definitiva, una política se cambia solamente cuando no cambiarla tiene un costo mayor.

En cuanto a la economía Cubana, ¿qué piensas acerca de la pertinencia o no del enfoque marxista? Ha habido alertas sobre el re-surgimiento de la explotación económica de unas personas por otras. ¿Qué crees?

Los problemas nuestros no son con un enfoque teórico -marxista o no de la economía. Los problemas nuestros son con la Política Económica. Y para hacer política económica hoy no resulta suficiente ninguna Economía Política. Tan buenas cosas podemos encontrar en Marx para hacer política económica, como en otros teóricos de la Economía Política burguesa, que incluso teóricamente objetan a Marx.

Carlos Marx, escribió una obra que le llamo "Critica de la Economía Política". Eso quiere decir que Marx bebió de todos los teóricos de la Economía Política anteriores a él, y en todos encontró algo que le resulto útil y racional. ¿Por qué nosotros, después de más de cien años, no vamos a poder repetir la historia de Marx, y buscar en las decenas de economistas que existen, todo lo que nos pueda ser útil a nuestros propósitos?

Nosotros confundimos frecuentemente la ortodoxia con la

magnesia. Les recomiendo leerse un artículo mío que está en la revista *Marx Ahora* No. 19 que se titula "La economía política Marxista: retos de un tercer milenio"[63]. Donde una de las cosas más importantes que digo, es que la ciencia es ciencia, venga del lado de donde venga. Lo demás es apología. Los soviéticos acusaron de revisionistas a todos aquellos economistas que se preocuparon por introducir el análisis matemático en la economía: Novozhilov, Kantarovich, Agambeguian, Faramasian[64], que con verdadera mentalidad científica, buscaban - en el campo de la Economía Matemática- instrumentos útiles para la planificación. Pero una supuesta defensa a ultranza de la pureza ideológica del marxismo, impedía buscar en la ciencia burguesa algo que fuera útil al socialismo.

Error que fue repetido para todas las ciencias sociales marxistas. La historia se repitió en particular con la sociología burguesa, tomándola como una simple respuesta al materialismo histórico. En Cuba cometimos el mismo error con la Sociología en los años setenta. Hoy quienes no tomen de todos los campos de las ciencias-marxistas o burguesas- instrumentos para desarrollar la suya propia, están perdidos. La ciencia verdadera no tiene fronteras políticas ni ideológicas, lo único que diferencia [políticamente] a las ciencias, es para qué se les utilice.

¿Cómo deben ser –en tu criterio- actualizadas la praxis y la teoría económicas en Cuba?

La teoría y la praxis de la economía en Cuba, deben ser actualizadas, sin dogmatismos, ni falsas defensas ideológicas. No hay que abandonar a Marx, pero tampoco absolutizarlo como si se tratarse de una biblia, donde esperemos encontrar todas las respuestas. Hay que precisamente hacer lo que Marx hizo, tomar de todos aquellos que pueden ser útiles, al formular la política económica. Pero sobre todo, terminar de darles a los economistas la dirección de la economía, y no a los políticos, como se hizo durante muchos años. A los políticos lo suyo. A

---

[63] También puede encontrarse en la página del CESEU de la Universidad de La Habana: http://www.uh.cu/centros/ceseu/BT%20-%20Economia%20norteamericana/IEM14.pdf, [N. del E.].

[64] Viktor Valentinovich Novozhilov (1892-1970), Leonid Vitaliyevich Kantorovich (1912-1986), Abel Aganbeguian Guezhevich (1932), A. S. Faramasian [N. del E.].

los economistas, que dirijan la economía. Ahora parece que se va en esa dirección. Hemos comenzado a prestarle atención a la academia y vamos dejando a un lado la prepotencia de que solo los economistas de la práctica son los que saben lo que debemos hacer.

¿Qué opinas de nuestro pensamiento social? ¿Cumple con su "misión" de re-hacer una nueva visión de Cuba, de prever los escenarios posibles?

Nuestro pensamiento social estuvo muy atrasado durante varios años. Eso fue resultado del dogmatismo de la política, seguida por el oportunismo y la cobardía de no pocos científicos sociales. Nuestra política tendía a aceptar la ciencia solo si justificaba sus acciones. O la ciencia trabajaba para encontrar las justificaciones de la práctica. No sin tropiezos, pero por suerte ya hemos comenzado a avanzar. Ya la crítica hecha por la ciencia se abre paso. Aun no encuentra espacio suficiente en nuestros medios, pero el poder de los viejos medios se está agotando, pronto tendrán que botar el secretismo, aceptar un discurso más abierto, veraz, atrevido y de avanzada. Sobre todo, más acorde con las exigencias informativas y culturales de una sociedad que ya se les va por encima. Creándose poco a poco un ambiente que le permitirá definitivamente a nuestro pensamiento social una nueva y mejor visión, y prever los escenarios posibles de Cuba.

Diciembre 6, 2012

CUESTIONARIO *DOSSIER* [65] SOBRE LA PRENSA EN CUBA
ALGUNOS INTENTOS DE RESPUESTAS

1-¿Qué elementos caracterizan a la prensa Cubana? ¿Sobre qué criterios se sostienen estas características que Usted ha descrito?

Mucho se ha escrito y dicho sobre la prensa Cubana y hay coincidencia en que no refleja o lo hace de manera insuficiente, los problemas o preocupaciones de la población y en que sus enfoques son generalmente apologéticos, acríticos o insuficientemente críticos.

Cuando critica lo hace de manera evidentemente selectiva, dejando muchas cosas al margen, sin profundizar en las causas. Generalmente no aparecen en ella los verdaderos responsables de lo criticado, circunscribiéndose a aquellos funcionarios de menor rango.

No se presenta la realidad en todo su carácter contradictorio. Se dicen muchas verdades a medias y se deja de informar sobre asuntos que interesan a los lectores y que de algún modo les llega. Tiene muy poco o casi nada que ver con lo que el ciudadano común comenta diariamente. Porque no es de nuestra prensa de donde lo obtiene. Se oculta, elude o desperdicia mucha información y se excluye la inmediatez

Apenas intercambia con la sociedad, supuestamente la informa, pero sin escuchar el rebote de la información y si ese rebote es crítico, mucho menos. Lo anterior es resultado de que los periodistas, corrientemente obligados a quedar bien con los que dirigen los medios, edulcoran demasiado la realidad interna, buscando dentro de ella solo lo positivo y lo que supuestamente, no hiera la sensibilidad de los que lo dirigen. Parece que más que informar al público, su interés mayor es agradar a aquellos que se afanan por presentar solo el rostro positivo del país.

---

[65] Programa del canal de televisión venezolano *Telesur* transmitido en Cuba, con el conductor Walter Martínez [Nota del Autor].

La información internacional es incompleta y bastante parcializada. No se tratan los problemas existentes en aquellos países cuyos gobiernos son amigos de Cuba y solo se informa y en ocasiones, se magnifican y reiteran hasta el cansancio, los problemas existentes en los países cuyos gobiernos no lo son. En ese sentido la prensa actúa casi solo como expresión de la posición y opiniones de gobierno y no como un medio para informar objetiva y críticamente sobre la realidad de fondo de los acontecimientos internacionales que nos afectan.

Si nos fijamos en las noticias internacionales de los noticieros televisivos, veremos que estos mantienen un esquema, que es el mismo todos los días y que nada tiene que ver con el potencial noticioso que es posible extraer de los medios informativos internacionales vía internet

Solo viene a salvar la situación del aburrimiento acumulado, el programa *Dossier* de Walter Martínez, pero se transmite un día después de que apareciera en *Telesur*. En Cuba ni siquiera se refleja toda la información que transmite esa emisora, de la cual incluso nuestro país es accionista. Hay una Telesur para Cuba, que no es la misma que se ve en otros lugares de América Latina.

Lamentablemente nuestra prensa se sostiene sobre la base del monopolio de la información y la impunidad que ese status le confiere. No se siente en la obligación de responder ante la opinión pública por sus deficiencias y por las críticas y reclamos que se le formulan.

A pesar de lo que se le ha criticado en varias ocasiones, por la más alta dirección del país, no se ha logrado que la prensa reduzca la distancia entre la realidad y su no expresión en los medios.

2- ¿Existe una política informativa en Cuba? ¿Quién diseña esa política y quién define lo que se publica?

Hay claramente una política informativa. El que los dos periódicos nacionales de circulación diaria tengan las mismas noticias, expresadas de casi idéntica forma y que el noticiero estelar de la televisión sea una copia casi exacta de esos periódicos, evidencia por una parte, que existe esa política informativa y por otra, la inflexibilidad de ella, que no permite aportes o variaciones a lo que se considera que deba ser informado.

Se repite constantemente por la radio, la televisión y la prensa escrita, un mismo esquema informativo. De modo que si usted ve la *Revista de la Mañana*[66] en televisión y escucha la primera emisión mañanera de *Radio Reloj*[67], prácticamente se puede ahorrar la lectura del periódico.

El noticiero televisivo de las ocho de la noche, es una versión resumida del transmitido al mediodía, que resulta ser el menos malo, principalmente por ser el más extenso. El noticiero del cierre, es apenas una raquítica minuta del Noticiero Estelar de las ocho de la noche, que dura apenas media hora.

Solo el periódico *Trabajadores*[68], semanalmente, refleja algunas cosas nuevas de interés. *Juventud Rebelde*[69] es una inaceptable repetición del periódico *Granma*, sin apenas tratar ampliamente y a fondo los problemas e inquietudes de los jóvenes, a quien supuestamente está dirigido.

En ocasiones, el aburrido y reiterado esquema informativo diario, parece estar concebido para aprenderse de memoria las pocas noticias que se brindan. Continuamente repetidas.

No son los periodistas, ni siquiera la dirección de los distintos medios los que trazan esa política y deciden lo que debe ser dicho y cómo debe decirse, los que debaten la estrategia ni deciden lo que se publica. Los periodistas no pueden influir para nada en su estrategia, ni siquiera a veces, atreverse a dar sus opiniones. Solo obedecer. Y eso no lo digo yo, lo han dicho periodistas de los propios medios.

La política informativa la traza un aparato político administrativo, que censura o permite que se puede y que no se puede publicar. Esa superestructura política ideológica de mando, se comporta como rectora de la información y la orienta y dirige con métodos de ordeno y mando.

Eso provoca que la prensa tenga la desventaja de carecer de voz propia y oído crítico, impidiéndole jugar el papel que

---

[66] Programa matutino de la Televisión Cubana [N. del E.].

[67] Es una emisora informativa, fundada el 1 de julio de 1947 en La Habana, se caracteriza por el sonido continuo de un segundero de reloj, el anuncio de la hora a cada minuto y programación informativa en vivo 24 horas, siendo una de las primeras emisoras de transmisión continua de América Latina [N. del E.]

[68] Originalmente *Los Trabajadores* es ahora un semanario y fue fundado en 1970, como órgano de la Central de Trabajadores de Cuba (CTC) [N. del E.].

[69] Periódico cubano, de la Unión de Jóvenes Comunistas [N. del E.].

le corresponde.

Recientemente una gran parte del país, incluyendo La Habana, estuvo a oscuras y hubo que esperar varias horas para enterarnos de lo que estaba ocurriendo. Eso ocurre, porque aunque estén "lloviendo raíles de punta", nadie puede tomarse la iniciativa de informar si previamente no recibe la orden desde "arriba".

La programación deportiva está también sujeta a la misma política. No hace mucho, narrando los juegos de pelota en México, cuando los narradores mejicanos, comenzaron a hablar sobre jugadores Cubanos con éxito en las Grandes Ligas[70] y se referían al Duque Hernández[71], se cortó la trasmisión de la voz y el narrador Cubano informó que había problemas de audio y siguió él describiendo el juego. Esto fue interpretado por los oyentes, como un acto deliberado para impedir que se siguiera hablando del tema. ¿Por qué la gente no podía saber que pasaba con el Duque Hernández? ¿Por qué se transmiten los partidos de fútbol internacionales y no se puede ver el béisbol de las Grandes Ligas, como desearían muchos Cubanos cualquiera que sea su posición política?

Se trata de una prensa, que más de cuarenta años después, de haber asumido un esquema informativo, no lo ha abandonado, quedándose desactualizada y a gran distancia de lo que el público de hoy, más instruido y culto, necesitaría recibir.

Este esquema parte de dos premisas; una de que aquellos a los que va dirigida la información, son poco menos que ignorantes, no tienen capacidad de discernimiento y análisis y deben ser orientados. La otra, de que no tienen otra vía para informarse y solo conocerán, lo que nuestra prensa le suministre, con los análisis que incluya.

---

[70] Las Grandes Ligas, en inglés Major League Baseball (MLB, literalmente Béisbol de las Ligas Mayores), son las de mayor nivel de los EEUU, una estructura organizativa común que ha existido desde 1903 [N. del E.].

[71] Orlando "El Duque" Hernández, es un ex-jugador de béisbol cubana, quien obtuviera la medalla de oro en los Juegos Olímpicos de Barcelona en 1992 y fuera 2 veces campeón de la Serie Nacional cubana con el equipo Industriales. Es el único cubano que ha ganado 4 veces la Serie Mundial norteamericana, tres con los New York Yankees y una con los Chicago White Sox, estando considerado como uno de los mejores lanzadores de todos los tiempos del béisbol cubano. En 1997 abandonó Cuba en un bote hacia los EEUU [N. del E.]

Ambas premisas son erróneas. La población Cubana actual es mucho más instruida y culta que la de los años sesenta y tiene suficiente cultura y perspicacia política para analizar la información que recibe.

No es posible pretender que el ciudadano vea, escuche o lea, solo aquello que está dentro de un esquema nacional de comprensión del mundo y de nuestra realidad, que no se sabe que genio la formula. De manera directa o indirecta tiene acceso a otras fuentes de información, que en los años sesenta no tenía, gracias a la computación, a los turistas que visitan nuestro país, a las relaciones con los familiares en el extranjero y a los viajes que hacen a otros países.

3- ¿Qué propósitos proclaman quienes defienden ese estado de cosas?

No son muchos los que escriben ripostando las críticas que se hacen a la prensa Cubana, pero los que lo hacen, proclaman defender a la Revolución del daño que haría el que se divulgaran informaciones críticas sobre nuestra realidad. Parten de que el bloqueo y la enemistad del gobierno de los Estados Unidos y los grupos de Cubanos de Miami que desean y actúan con el interés de derrocar al gobierno revolucionario, son suficientes argumentos para no divulgar nuestros problemas.

Pero esa política no puede justificarse con el bloqueo, con la histórica agresividad de la política norteamericana, ni con la pobreza que debemos estoicamente combatir y soportar. Porque eso es tener lástima de nosotros mismos.

Justificaciones como esas, lejos de contribuir a solucionar los problemas, los agravan y ponen en manos de las personas menos adecuadas y en ocasiones mal intencionadas, la exposición y análisis de ellos.

4- ¿Cuál es el resultado político, social y económico de este estado de cosas?

El principal y más peligroso resultado es la desconfianza en la veracidad de lo que se publica. El lector común ha perdido la confianza en la información tanto nacional como internacional que se brinda. Y lo más grave es que esta desconfianza no se circunscribe a la prensa, porque se identifica esta con el Gobierno y el Partido, que es quien la dirige, por lo que también afecta la credibilidad de estas instituciones.

Un dramático ejemplo ilustrativo de ese resultado es la desconfianza generada en la información internacional después de la debacle del socialismo en Europa.

Recordemos que la URSS y los países socialistas, eran presentados siempre en nuestra prensa como paraísos sobre la tierra. Sorpresivamente, la población conoció que existían problemas de los que nunca se les había informado y que dieron al traste con ese sistema. Así un acontecimiento tan traumático para el país, constituyó también una inmensa deuda de nuestros medios informativos y entronizó la duda en la población sobre las informaciones de los acontecimientos internacionales de hoy en día, como los sucesos de Libia y actualmente, los de Siria.

Reflejo de esta desconfianza en la búsqueda de otras fuentes de información, sobre lo cual y a pesar de las grandes limitaciones para el acceso a internet, no es posible ejercer un control efectivo.

Es en ese escenario, que se crean las condiciones propicias al surgimiento de los rumores o "bolas", que aunque generalmente se culpa a elementos contrarrevolucionarios de haberlas originados, son precisamente las deficiencias informativas, las que en la mayoría de los casos, constituyen las causas de su origen. Generalmente, las bolas magnifican los problemas existentes y en algunos casos se refieren a hechos o problemas inventados, pero en muchos casos, posteriormente son informados por la prensa, aunque con una connotación menor. Eso sirve para confirmar la veracidad de las bolas, lo que contribuye a aumentarlas.

La baja calidad de la información, hace que esa prensa cada día este más lejos de aquellos a los que supuestamente deben informar y tal vez, hasta orientar, lo que en la práctica, no estimula al lector. Me atrevería a decir, que está perdiendo poder, precisamente por la forma extemporánea, dogmática, inefectiva y equivocada con que está siendo conducida

Otra consecuencia de la política informativa, es que el extranjero que se interesa en nuestra realidad, al no encontrarla en la prensa Cubana, se desplaza también hacia los medios alternativos. Por lo cual, nuestra prensa continuamente pierde espacio y prestigio, también para informar sobre Cuba, más allá de nuestras fronteras, porque su política es "vender" externamente un país que no es el que realmente existe, ni el que conocen los que nos visitan y mucho menos, el que vivimos "los Cubanos de a pie"

5- *Existen otros medios de prensa no oficiales gestionados por actores sociales Cubanos de la Isla y de la Diáspora. ¿Qué los caracteriza? ¿Qué papel juegan en la conformación de la opinión pública nacional?*

La existencia de otros medios alternativos a través de los cuales la población recibe información, como internet, la radio extranjera y los artículos de opinión y noticias que circulan por el correo electrónico, desplazan crecientemente su interés hacia la prensa oficial y aumentan el desinterés y desconfianza en lo que se publica.

De todos modos, quiérase o no, está emergiendo una prensa, que apoyada en las nuevas tecnologías, esta copando paulatinamente los espacios informativos. Prensa en la que el lector se va interesando de manera creciente. Son los blogs, los sitios webs apoyados por centros de debate, como *Temas, Criterios, Observatorio Critico, La ceiba, Espacio Laical, Cofradía de la Negritud, Moncada, Boletín SDP* y el correo electrónico, que dispersa a toda hora un tipo de información más realista, revolucionariamente crítica, de más nivel intelectual, que se corresponde mucho mas con lo que la gente siente que debe recibir. Que se parece mucho más al tipo de periodismo que necesita la sociedad Cubana dentro de un momento como el que se vive hoy en el país.

Entre sus principales características está la inmediatez y la diversidad de criterios. A través de estas vías alternativas, se tiene acceso tanto a informaciones objetivas y veraces, de innegable valor, como a otras marcadas por el interés de dañar la imagen del Gobierno y el Partido.

Estas vías están fuera de control del aparato burocrático y consecuentemente tienen la posibilidad de referirse críticamente a problemas internos y sucesos internacionales que interesan a la población.

Es cada vez mayor el número de personas que tiene acceso a estas fuentes, como he podido comprobar personalmente por los artículos que he publicado en mi blog. Aquellas informaciones más interesantes se reproducen y circulan, llegando a personas que no tienen acceso propio a esas fuentes. Su influencia en el estado de opinión de la población, es también creciente y no puede ser ignorado.

6. ¿Cuáles deben ser las garantías legales y materiales para desarrollar una prensa que satisfaga las necesidades de la sociedad y pueda, a su vez, ser controlada por la sociedad? ¿En qué medida podrían generar un impacto positivo?

Se va manifestando, haciéndose evidente, que una nueva prensa, que fuera capaz de superar las deficiencias de la actual, debiera tener las características siguientes:

Romper el vínculo estructural que la ata a ser una prensa administrada solo por el aparato ideológico del Partido Comunista de Cuba. Eso puede continuar siendo así para el *Granma*, órgano oficial del Partido y que solo debería quedar para las cuestiones políticas oficiales. *Juventud Rebelde*, debe ser un periódico dirigido y escrito por jóvenes y con un contenido enfocado hacia ellos. Debe existir otra prensa, tal vez liderada por la UPEC, que tengas enfoques diversos y más atractivos, con trabajos de investigación.

La estructura que hasta ahora funciona ya no es conveniente para la prensa en general. Debe permitirse a otros medios que desempeñen un papel más activo e independiente, en el contexto del debate político que vive actualmente el país. Lo que les permitiría participar más abiertamente en ese debate y entrar en asuntos y temas sin comprometer la política oficial del gobierno y el Partido. Lo que al mismo tiempo, les posibilitaría hacer política, nutrirla en su proceso de formulación, ejecución y rectificación, sin comprometer los esquemas propios de la política oficial, que tienden siempre a ser necesariamente más rígidos y duraderos.

Es necesaria la formulación de una Ley de Prensa, que garantice a los periodistas el acceso a la información en instalaciones de los organismos; a los funcionarios y dirigentes, la obligatoriedad de brindar información y simultáneamente, la obligación de los periodistas de informar verazmente y no escribir artículos o noticias que promuevan la violencia y la discriminación por ningún motivo.

El trabajo político-ideológico, se tiene que desenvolver en un contexto diferente. Antes, no existía prensa extranjera en el país, no había acceso alguno a la agencias extranjeras, la radio de onda corta era muy limitada, la televisión solo reflejaba materiales externos de una manera muy tímida, apenas entraba al país bibliografía extranjera, la conexión satelital casi no existía, el contacto por medio del turismo era casi nulo, los viajes al exterior apenas existían, no había internet ni correo electrónico. Es decir, las posibilidades del ciudadano Cubano medio, de tener contacto con otras realidades y otras alternativas de información, eran casi nulas.

Hoy todo eso ha cambiado y las personas disponen de decenas de alternativas para informarse, incluida la multiplicidad de viajes y contactos personales que el turismo ofrece y que crecerán. A pesar de todo ello, por razones, que en el fondo aún son desconocidas, se limita el contacto con internet, no se sabe dónde está el cable y solo un porciento ínfimo de ciudadanos dispone de correo electrónico. No obstante, la dispersión de esa nueva prensa es asombrosa.

El costo de internet resulta demasiado alto, prohibitivo, para cualquier ciudadano común. Hoy no obstante, resulta imposible impedir que el ciudadano común tenga acceso a una información alternativa a la que el país oficialmente le suministra. Por lo cual, la prensa llamada "oficial" (calificativo que ella misma se buscó) pierde prestigio y credibilidad crecientemente, cuando parte de su trabajo se circunscribe a brindar un tipo de información preseleccionada, sesgada, apologética, precocinada, y se hacen campañas demonizando a internet, lo que trae como resultado una "reaccionaria y retrograda oposición" al avance de las nuevas tecnologías. Que tiende a producir un creciente retraso, informativo, cultural e intelectual que ya estamos pagando.

No es difícil encontrarnos con cuadros de dirección, que demonizan a internet y el correo electrónico, considerándolos como simples emisarios del capitalismo. No es solo que no usen estas tecnologías, sino que se niegan a aceptarlas y hacen el ridículo ante los ciudadanos por pretender eliminarlas. Actitudes de ese tipo han existido siempre dentro del desarrollo social, logrando a veces obstaculizar o frenar, pero solo momentáneamente, porque al final, siempre esas posiciones han resultado aplastadas por el incesante devenir de la historia.

Dudo mucho que hacia el futuro nadie se atreva a repetir el ridículo de desarrollar nuevamente una campaña de demonización como la que recientemente se desplego por la televisión nacional sobre internet y las nuevas tecnologías. Que como es de imaginar no tuvo apenas ningún impacto y a la gente "le entro por un oído y le salió por el otro". Porque, por suerte, tenemos un pueblo bastante instruido y con un apreciable nivel cultural, al que no se le puede dar "gato por liebre"

7. *¿Qué ideales y principios deberían sostener/ordenar/estructurar a la prensa y a la sociedad Cubana?*

El compromiso de la prensa es con la verdad y debe buscarla por todas las vías, sin dejarse llevar por las apariencias, las limitaciones o las presiones ejercidas desde instancias superiores.

Debe cumplir un papel educativo tanto en su contenido como en su forma. Pero educar significa informar sobre los problemas y los acontecimientos en la forma en que se suceden, analizarlos correctamente y sin prejuicios políticos ni ideológicos y exponerlos con un lenguaje correcto.

Debe además procurar por todos los medios informar sobre los acontecimientos más importantes y aquellos que aunque no son importantes, suscitan interés en la población, tanto en el ámbito nacional como en el internacional.

La prensa tiene que ser una institución de la sociedad civil, administrada y dirigida por los que la hacen: los periodistas. Seleccionados por los mismos colectivos a los que van a dirigir, sobre la base de sus méritos, capacidades, prestigio político, social y capacidad técnico- profesional.

Una prensa cuya eficacia seria medida por el nivel con que responde a la cultura del país, sus necesidades informativas, los avances en el uso del instrumental tecnológico y los objetivos de desarrollo de la nación, incluidos los de su defensa, desarrollo económico y social.

La prensa tendría bajo su responsabilidad ser la voz crítica de la sociedad civil y el freno a todos los potenciales excesos que contradijesen el desarrollo económico, social, político y cultural del país. Dentro de un equilibrio democrático, sustentado en un poder elegible, compartido por todos los ciudadanos en igualdad de condiciones. Lo que sería la base de su poder dentro de la sociedad.

8. ¿Por qué vía se podría alcanzar esos objetivos?

La prensa Cubana debiera acabar de echar por la borda los prejuicios, la desconfianza y la prepotencia que aún acumula y formar fila junto a todo el conglomerado intelectual revolucionario que la sociedad Cubana ha logrado crear. Aprovechando sus potencialidades para lograr ofrecerle al ciudadano una lectura veraz, equilibrada, informada, progresista, culta, que despierte el interés por informarse, debatir y por la lectura en general. Al mismo tiempo que ofrezca un mensaje político creíble, sustancial, realmente educativo, digno del nivel cultural alcanzado por nuestro pueblo.

Consideramos que las vías para lograr una prensa como la que hemos dibujado más arriba, están dadas, existen dentro del proceso de análisis crítico que se va abriendo paso para alcanzar el "cambio de mentalidad", al que el Presidente Raúl Castro nos ha convocado. Y al que solo se están oponiendo algunos burócratas, que incapaces de adaptarse a las nuevas situaciones, sienten que van perdiendo las prerrogativas y privilegios de los que un día gozaron. Todo, a pesar de las fuertes críticas que el Presidente ha realizado a nuestra prensa nacional. A la que pienso no se reacciona solo por sordera, comodidad u oportunismo.

Por eso nuestra prensa debe ser una prensa no administrada, sino liderada, por la verdad, por el mejor y más avanzado pensamiento, donde quiera que este se encuentre. Para eliminar la apología, las falsas esperanzas y la bochornosa actitud de tratar de hacer ver a Cuba como una sociedad perfecta, capaz de satisfacer todas las expectativas. Situación a la que no poco ha contribuido esa misma prensa que hoy debiéramos eliminar de nuestra vida nacional.

Una prensa que sea capaz de insertar al mundo en nuestra realidad y llevar nuestra realidad al mundo. Que dé a conocer a la verdadera Cuba, con sus logros y limitaciones.

Una prensa que sea capaz de trasmitir nuestras mejores experiencias y beber en lo mejor de las que no son nuestras.

Una prensa que nos evite las sorpresas desagradables y quedarnos anonadados (que es algo así como caer de año en el agua cuándo nos sorprende algo que debimos haber sabido) y el deslumbramiento ante los falsos valores. Al mismo tiempo que presente un país real, creíble, e incluso, en la medida de lo posible, potencialmente imitable.

Una prensa lo suficientemente preparada, metida en nuestra realidad y entendedora de la realidad del mundo, como para que nadie tenga que decirle lo que debe publicar, ni haya quien pueda frenarla cuando se hace necesario informar sobre algo. Que sea capaz de actuar por si misma de manera eficaz, dentro del mundo en que se debe desenvolver el país.

Esa es la prensa que necesitamos, la que defendiendo valiente e inteligentemente los intereses del lugar que le corresponde, sea capaz, al mismo tiempo, de defender los intereses de toda la sociedad Cubana.

El próximo congreso de la Unión de Periodistas de Cuba, es en mi opinión la vía idónea para discutir estos asuntos y formular propuestas concretas al gobierno y al Partido, para hacer de la prensa un instrumento de mejoramiento de nuestra sociedad.

Diciembre 6 del 2012.

Algunos retos de la prensa Cubana

Todo parece indicar que ya hay dos prensas en Cuba. La que algunos pretenden que todos leamos y otra, al alcance solo de un 10% de la población, pero cuyos resultados se retransmiten por medio de "radio bemba"[72], que como diría el propio Raúl Castro en una ocasión, trasmite mejor que el Instituto Cubano de Radio y Televisión. Solo que desde que el Compañero Raúl Castro dijo eso, hasta hoy, ya existen el correo electrónico e internet, que resultan medios muy eficientes para hacer circular la información que nuestra prensa aún no se atreve a publicar[73].

La primera, la prensa escrita, que tiene dos periódicos principales nacionales, muchas veces lo que hacen es duplicar las noticias, que bastaría con sacarlas en uno de ellos[74].

Una prensa, que el pueblo compra todos los días, con la esperanza de ver reflejadas de manera abierta, fresca y franca, tanto los principales acontecimientos y especialmente sus preocupaciones. O sea, lo que todo el mundo habla en la calle.

Qué pasa con la corrupción; donde está el cable; cuándo la agricultura va a dar resultados satisfactorios para que bajen los precios; cuándo se darán los cambios en las regulaciones migratorias, algo tan prometido; cuándo conoceremos el texto

---

[72] Se le llama en Cuba a la transmisión de noticias y rumores por la vía del contacto popular [N. del E.].

[73] Existen excelentes periodistas como Jorge Gómez barata, Félix Sautié, Fernando Ravsberg, con cuyos artículos nuestra prensa ganaría mucho. Sin embargo ninguno es bienvenido en ella. No pocas veces cuando se publica un artículo de fondo sobre los problemas del mundo actual, se hace con refritos de artículos de autores extranjeros, cuando en Cuba sobran quienes puedan publicar sobre esos temas. Observándose un verdadero divorcio entre la llamada prensa oficial y la intelectualidad del patio. Nota del Autor.

[74] Sin dudas hay un problema de personalidad entre los dos periódicos, que afecta fundamentalmente al periódico de la juventud. Que ineludiblemente dedica mucho espacio a repetir noticias que no le correspondería publicar, si ya han aparecido en el órgano oficial del Partido y muy poco a los problemas de los jóvenes. Nota del Autor.

de la ley tributaria; qué pasará con el cúmulo de opiniones negativas que existen sobre las más recientes regulaciones aduanales, etc.

Se trata de una prensa que en verdad no parece Cubana. Demasiado esquemática, secretista, insípida. No tiene casi nada que ver con la idiosincrasia del Cubano que se ríe hasta de sus propias desgracias; una prensa que con tal de sacar lo negativo de Estados Unidos, pone a veces en primera plana noticias de ese país, que no la reflejaría ni en su décima página el *U.S.A Today*, el periódico más popular en los Estados Unidos.

Sin dudas, últimamente, se nota que nuestra prensa hace un esfuerzo, pero está muy lejos aún de satisfacer las expectativas del ciudadano medio. Ello se observa en alguna medida en la sección de los viernes de *Granma*[75] y con algunos artículos publicados esporádicamente. El anunciado congreso de la UPEC[76] inevitablemente tendrá que tomar el "toro por los cuernos", si es que de verdad queremos lograr una prensa acorde con los tiempos que estamos viviendo. Una prensa que se convierta en instrumento eficaz para la crítica, el perfeccionamiento del modelo económico y el cambio de mentalidad que se ha pedido por la máxima dirección del país.

Pero no obstante, haber modestos avances, es lamentable ver, cómo nuestros periódicos nacionales van perdiendo adeptos. La población los compra casi por inercia, o porque no hay otros, esperando encontrar en ellos algún día sus inquietudes o aquello sobre lo que desea saber e informarse. No es para dudar, que con una prensa así, las batallas a librar están pérdidas de antemano, por las razones siguientes:

- La población termina por cansarse de leer una prensa que no refleja nuestras realidades, ni con amplitud lo que está pasando.

---

[75] *Granma* es el periódico cubano de mayor circulación, fundado en 1965. Es el órgano del Comité Central del Partido Comunista de Cuba. Su nombre proviene del yate que transportó desde México a Fidel Castro y otros 81 rebeldes a las costas cubanas en 1956, dando inicio a la Revolución Cubana y proviene de una informal corrupción gráfica y fonética de la palabra inglesa *grandmother*, significa "abuela" o "abuelita" en el argot estadounidense [N. del E.].

[76] Unión de Periodistas de Cuba, fundada en 1963 [N. del E.].

- La separación entre lo que esa prensa refleja y la realidad introduce la desconfianza.

- El ciudadano se mueve buscando otras alternativas para informarse mejor. Lo cual es muy peligroso.

- El ciudadano apela a la radio nacional, que siempre es más espontánea. De ahí pasa a las emisoras extranjeras que nos rodean, alguna de las cuales transmiten incluso en español, estando muchas de ellas diseñadas para intentar que sean escuchadas en Cuba. La peor de las cuales es la mal llamada *Radio Martí*[77][78].

- Se va generando una mentalidad que busca afuera la información que debiera recibir adentro. Regalando muchas veces la inmediatez de las noticias e informaciones[79].

- El ciudadano se hace entonces más sensible a las llamadas bolas y a las distorsiones de la información.

- Debe ser más realista, democrática, abierta, eliminar definitivamente el secretismo, la autocensura, el discurso viejo, dogmático y apologético.

- Debe abrir espacio a la intelectualidad Cubana revolucionaria, reflejando su discurso más realista,

---

[77] No se habla aquí del fenómeno de la proliferación del CD con programas de todo tipo que circulan en la red nacional. Lo cual responde a un problema parecido al de la prensa plana, pero en nuestra televisión, Sumamente criticada y no por falta de recursos, sino de creatividad. Nota del Autor.

[78] *Radio y Televisión Martí* son servicios financiados por el gobierno de los EEUU, las cuales transmiten en español desde Miami hacia Cuba, creadas en 1983 y 1990 respectivamente. El presupuesto de transmisiones hacia la isla de 2014 los $27 millones de dólares [N. del E.].

[79] La noche del 9 de septiembre del presente año, una parte importante del país quedo a oscuras y *Radio Reloj* era incapaz de informar a la población que estaba pasando. Lo cual hace algunos años no ocurría. Nota del Autor.

crítico abierto e inteligente. Aliándose con aquellos que enfrentan la crítica contrarrevolucionaria desde posiciones que reconocen nuestras deficiencias, antes de que el enemigo nos las tire a la cara y las convierta en armas de una diplomacia subversiva, apoyada por la política del "Cambio de Régimen" preconizada por la administración norteamericana actual.

- Debe ganar conciencia de que la superioridad técnica del enemigo no tiene por qué ser una desventaja para nosotros, si sabemos utilizar de manera inteligente las armas de la verdad, la coherencia, la sistematicidad crítica, y el valioso potencial científico e intelectual revolucionario de que disponemos.

Una sociedad, que en medio de la revolución de la información, regala los oídos y ojos de sus ciudadanos no sobrevive. Recuperar la confianza del pueblo se va tornando muy difícil. Porque la población reacciona ante la ausencia o calidad de la información, como ante algo que le pertenece, que debe recibir y que alguien le está robando o está tomándose la atribución de negarle.

Ese es un sentimiento que peligrosamente ya va ganando espacio entre nosotros. Legítimo por demás, porque ha sido la propia máxima dirección del país, la que ha criticado a la prensa, hablando de sus deficiencias y entre ellas, del secretismo. Ha sido el propio Presidente, el que ha abierto los canales de la crítica y ha presionado para que la prensa partidaria le acompañe. Pero no se produce el cambio y la gente espera cada vez más impacientemente, por lo que no acaba de llegar.

Sin embargo, una nutrida intelectualidad revolucionaria encuentra espacio en la intranet y en internet y aunque los que tienen posibilidades de acceder a ese medio son pocos aún, sus artículos y comentarios, se divulgan internamente a través de los correos electrónicos y llegan a una cantidad de personas mayor que la que se puede suponer.

Pero lamentablemente, internet se beneficia de ello, rebotando hacia Cuba las informaciones y comentarios que el propio país debiera reflejar. Ese es el daño que nos hace el "exceso de celo" con internet, que es más dañino que el propio daño que internet pudiera hacernos. Dentro de este mundo en que vivimos, para lograr sobrevivir, es una exigencia afrontar los riesgos de estar dentro del.

¿Cómo lograr invertir esa ecuación, donde los medios nacionales también comienzan a perder prestigio internacionalmente?

Las deficiencias e insuficiencias de la prensa y medios informativos Cubanos, tienen también repercusiones negativas en el exterior, donde existe gran interés sobre los acontecimientos y la situación de Cuba, por las propias preocupaciones que la crítica realidad Cubana despierta y porque el discurso oficial las reconoce.

Incluso muchos extranjeros amigos de Cuba, están preocupados por lo que ocurre en la Isla, pero sienten que no reciben información fidedigna y suficiente de nuestras realidades, se percatan de que la prensa Cubana no las refleja, y que es más realista informarse sobre Cuba a través de internet, la intranet y de otros medios alternativos.

Los blog, revolucionarios o no, las publicaciones digitales, como *Espacio Laical, La Ceiba, Observatorio Crítico, Moncada, SPD, Café Fuerte, Havana Times, La Joven Cuba* y otros, se mueven hacia delante, copando la atención de lectores que fuera de Cuba buscan una información más objetiva, atrevida, critica, en general más acorde con los retos que se sabe por todos enfrenta el país y que no encuentran en la prensa escrita nacional, que por lo general, presenta una imagen casi idílica, carente de suficientes críticas, las dificultades e inconformidades; que apenas refleja nuestra realidad y de manera aun timorata, secretista y restringida. Impidiendo por esa vía, que nuestros potenciales amigos fuera de Cuba, conozcan lo suficiente, no solo de cuáles son nuestros problemas, sino también los argumentos para apoyarnos.

Se trata de un fenómeno, del que no creo la prensa nacional se percate claramente, porque muchas veces esos amigos, adolecen de los mismos problemas que nosotros en Cuba: la defensa a ultranza, la autocensura, el insuficiente reconocimiento de lo negativo, la apología, la solidaridad ciega. Vicios que nosotros mismo, los revolucionarios Cubanos, les hemos inoculado desde Cuba en no pocas ocasiones.

¿Cómo salir de ese atolladero desinformativo, para que la defensa de la revolución Cubana hoy sea más realista, más consciente, más acorde con los desafíos que ahora enfrenta el país, para que nuestro pueblo confíe en ella y nuestros amigos en el extranjero nos puedan ayudar más a enfrentar la avalancha de la crítica contrarrevolucionaria?

Crítica contrarrevolucionaria que es sin dudas, en estos tiempos, más inteligente, más científica, puesto que no se apoya muchas veces en la simple mentira, la burda distorsión de los acontecimientos o la sobredimensión de nuestros problemas, sino que toma nuestros problemas reales, para presentarlos de manera más sofisticada, mas finamente manipulada, buscando el desaliento, la confusión y la desconfianza en nuestras soluciones.

Pienso, que existe solo un camino, para que nuestra prensa termine por superar esas situaciones. Nuestra Prensa a todos los niveles de su gestión:

Mientras no logremos esa alianza, cada cual seguirá por su lado, con sus armas, algunas muy melladas por cierto y seremos solo una tropa dividida por la desconfianza, el dogmatismo, la apología y el elitismo de algunos que adoptan, desde sus posiciones de poder, la actitud de defensores "puros", mientras consideran a los otros, como unos simples liberales que quieren regalar el discurso de defensa de la revolución a sus enemigos.

Septiembre 8 del 2012

LA CRÍTICA SE PROMUEVE Y SE FRENA[80]

En abril del 2010, escribí que la corrupción era el reto más difícil y peligroso que debíamos enfrentar. Un problema de seguridad nacional.

Hoy queremos alertar sobre la importancia que adopta la intelectualidad en medio de las circunstancias que vive el país.

Ya explicábamos en un reciente artículo que la ciencia es una forma de poder. Por lo que no debemos descuidar su dinámica y mucho menos tratarla con mecanismos antidemocráticos.

Cuba es el único país de este hemisferio que no tiene analfabetos, que cuenta con un nivel medio de escolaridad que es el más alto de la región, incluyendo Estados Unidos y Canadá. Como si fuera poco, casi más de un 10% de su población cuenta con título universitario y posee "un capital humano" con un grado de penetración en el campo de la actividad científica, envidiable para cualquier país[81].

Es decir, el país, cuenta con un potencial extraordinario, si es capaz de utilizarlo para impulsar las tareas que debe desplegar para el cambio del modelo económico y lo que es más complejo aún, para hacer corresponder ese cambio con la dinámica social y el cambio de mentalidad que le correspondería. Dentro de esta dinámica, las Ciencias Sociales y Humanísticas son las llamadas a desempeñar el papel fundamental, junto al trabajo cultural, por ser los que más próximos se encuentran de la política.

Sin embargo, se están produciendo fenómenos que perjudican sobremanera, el papel de esas ciencias y del trabajo cultural dentro de la dinámica social del país. Entre ellos:

---

[80] Domingo, 5 de Agosto 2012, 19:12 [Nota del Autor].

[81] En otros artículos nos hemos referido a que estas ventajas, encierran para Cuba el reto de cómo mantenerlas. Fenómeno dentro del cual la eficiencia y flexibilidad de la política migratoria desempeñan un papel fundamental. Ver: Moncada-Lectores del Mundo, del Autor, "El suicidio de la Migración" [Nota del Autor].

- Nuestra Prensa, con una actitud de desconfianza, sectaria y exclusivista, por lo general, excluye a la intelectualidad de sus páginas, desplazando sus producciones hacia medios alternativos, digamos la intranet e internet, a la que solo tienen acceso menos de un 10% de nuestra población. Hablando en términos de la dinámica informativa diaria, que es la más compleja, pues determina las coyunturas políticas en que el país día a día se debe desenvolver.

- La relación entre política y ciencia es muy débil aun. Observándose claramente una gran intolerancia ante todo aquello que se escribe, con matices críticos, o que se sale de las normas trazadas[82].

- Se dificulta fuertemente el acceso a la información sobre temas sensibles, permitiendo que nuestra intelectualidad revolucionaria quede en desventaja dentro del debate que tiene lugar en los medios extranjeros, la prensa, internet y la academia fuera de Cuba.

- Se promueve la crítica (Raúl Castro la ha promovido explícitamente) pero al mismo tiempo se frena. Pareciendo que hay dos políticas, la que promueve nuestro Presidente y la que una burocracia asentada en el poder despliega, aun a contrapelo de la orientación mas general[83].

- Se despliegan iniciativas que han hecho surgir

---

[82] Ver del Autor Ciencia y Política: un dúo complejo, Blog personal [Nota del Autor].

[83] Cuento con una experiencia personal al respecto, que se encuentra muy bien reflejada en mi blog [Nota del Autor].

centros de debate de nuestra realidad, dígase: *Espacio Laical, Revista Temas, Cofradía de la Negritud, Observatorio Critico, Revista Criterio, UNEAC,* etc. Pero no se observa que la dirección ideológica del país promueva una relación con estos centros ni que aproveche sus resultados. Sino que parece más bien que estos existen, a pesar de no ser del agrado de la Dirección Política. Por lo que estos debates parecen realizarse en medio de un cierto ambiente ambiguo de tolerancia y clandestinaje.

-   La televisión tampoco utiliza de manera suficiente el potencial de que dispone dentro de la intelectualidad, para debatir y esclarecer los temas de mayor interés de la población. Sobre todo si son internos. Tales temas circulan boca a boca, dentro de la Isla, pero en la práctica se los regalamos a la prensa extranjera, permitiéndole especular con ellos y dominar la información que llega a la población. Asuntos tales como: ¿Que ha ocurrido con el cable?, ¿La dinámica de la corrupción? Y otros. Por lo que en medio de la extraordinaria lucha ideológica que se libra hoy, quedamos en desventaja, para que nuestra población nos acompañe.

Es decir, Las relaciones entre las Ciencias Sociales y Humanísticas, cultura y política, aún no funciona, para hacer de ese mecanismo , lo que de hecho puede ser, un formidable instrumento de trabajo para hacer avanzar las tareas que el país debe desarrollar, en medio de la que está resultando su más difícil encrucijada de supervivencia. Hoy, aunque la tarea principal es construir el Nuevo Modelo Económico, nuestros retos son también políticos e ideológicos.

Por supuesto para que el mecanismo de la relación entre política y ciencia funcione adecuadamente, son necesarias ciertas condiciones que nosotros aún no alcanzamos en el grado requerido. Entre otras.

- Es necesario que la crítica abierta, como la ha proclamado Raúl Castro, deje de ser algo más que una orientación política y una consigna. Para pasar a convertirse en el modo de existir político.

- Es necesario que cada organización política y de masas, comenzando por el Partido, haga de esa orientación de Raúl Castro, un instrumento permanente de trabajo. Hay quien ha dicho que se pueden hacer críticas pero no al partido. ¿Cómo entender esto, si el partido es el máximo dirigente de la sociedad y el estado?

- La no separación entre partido, estado y gobierno, mete en un callejón sin salida el ejercicio de la crítica. Encerrando a la política dentro de un ejercicio que hace imposible su rectificación.

- Es necesario que la población adquiera la confianza de que la crítica oportuna y transparente puede ser efectiva.

- Hay que rechazar el refugio en la mera individualidad y promover todo aquello que permita el ejercicio pleno de la responsabilidad social ante lo mal hecho. Eso significa, transparencia informativa, democracia dentro de las organizaciones, ausencia de impunidad, respeto de la opinión individual aunque esta pueda ser equivocada.

- El cambio de mentalidad debe abarcar fuertemente también el trabajo cultural y a la intelectualidad. Esta última debe sentir que cuenta con la confianza, la más alta valoración de su espíritu creador y de su libertad de creación. De lo contrario, se establece una lucha que concluye apartando a la inmensa mayoría de los intelectuales del camino del socialismo; los que no se apartan, terminan perdiendo su capacidad para arrastrar a los demás[84].

En todos los ex países socialistas de Europa del Este, el trabajo político con la cultura y la intelectualidad representaron un reto imposible de superar. Los lastres del estalinismo y una política de los partidos comunistas que resultó insuficiente para eliminarlo, dieron al traste con la posibilidad de que el socialismo sobreviviera. No fueron solo la ineficiencia económica, la improductividad y la corrupción. Fue también la incapacidad de los partidos comunistas para liderar a sus respectivas intelectualidades, las que produjeron el derrumbe espiritual de esas sociedades.

---

[84] El intelectual, o es realmente revolucionario, oponiéndose a la intolerancia, la falta de democracia y el ordeno y mando, o termina siendo un oportunista despreciado por su propio gremio [Nota del Autor].

Epitafio para una periodista acobardada

Tratando de responder a tu crítica, debo decir, que en verdad me sorprende tu mensaje. Yo siempre he pensado que tú tienes una visión más objetiva de nuestra realidad.

Si tú crees que se trata de una "causa mística", como dices, en realidad, siento pena por ti amiga, porque estas a mil millas de la realidad que ya vive hoy nuestro país; entonces ¿cómo podrías continuar haciendo periodismo revolucionario en esas condiciones?

Muestras una ignorancia preocupante con la realidad de nuestro país. Estás indefensa, claro, en dependencia de lo que quieras defender.

Es mejor nosotros mismos reconocer nuestros males y deficiencias, porque es el silencio sobre ellas lo que más daño hace. O que nos las manden de revote.

Aunque los enemigos puedan tomar nuestras palabras para tergiversarlas, eso no es lo más importante. Lo que está escrito, esta, y eso si es lo más importante. Lo otro es quedar como tontos y de eso el enemigo si se aprovecha muy bien.

Recuerda siempre que el compromiso con el pueblo es más importante que cualquier otro y si el pueblo sufre y la Revolución sufre, no hay nada más importante que eso. Lo demás es "pecata minuta"

Quiero decirte, que las opiniones negativas que he recibido de mi artículo, son todas de aquellas gentes, que ya tiraron la toalla y piensan que con la Revolución ya no van a ninguna parte. Los que halagan el artículo, son todos revolucionarios firmes, que piensan que hay que morir con las botas puestas. Solo no han expresado opiniones positivas ni negativas de mi artículo, aquellos que quieren tapar el sol, para que no nos alumbre; los que se benefician del problema de la corrupción que ya impera, o los que quisieran mantenernos en la ignorancia, para que no tengamos oportunidad de rectificar y lo que es más importante, defendernos.

Lee que han dicho incluso nuestros dirigentes sobre el problema, Fidel y Raúl; yo no hago más que ampliar y fundamentar sus palabras. Por supuesto, y poner mis ideas, porque yo también tengo ideas y sobre todo, derecho a pensar y a decir. Además, sin tener que esperar por nadie, no me ha gustado nunca escudarme en criterios de autoridad.

Por favor amiga, dime, ¿A qué altura de la tierra que pisa la gente común estas tú?

¿Dónde vives? ¿En que bodega o supermercado tu compras? ¿Que calles caminas? Si me dijeras, que las mismas de todo el mundo, te diría entonces que el problema tuyo ahora no está en donde pones los pies, sino en tu propio techo.

La corrupción mina la confianza del pueblo en los dirigentes y crea el ambiente moral que permite a la contrarrevolución avanzar. Y tú sabes, por mis múltiples artículos, que eso espera Estados Unidos, Obama, con su plan de subversión. No simplemente que alguien denuncie uno de nuestros problemas, para agarrarse de eso. Al contrario, ellos quisieran, como buenos Fouché, que esto último no ocurriera. Que nadie alertara.

Mi artículo no desvía la atención de la cuestión de la disidencia, sino que centra su interés en lo que considero ahora lo fundamental: la corrupción, el burocratismo que le secunda.

El verdadero peligro interno esta en la corrupción, entre otras razones, por las siguientes:

- Porque existen personas como tú, que consideran que de eso no vale la pena hablar, que hay que ocultarlo, porque nos afea la cara y entonces apoyan que no se brinde toda la información necesaria a los que sufren el problema.

- Pasa revista y veras que los verdaderos corruptos no son los que venden leche en polvo, ni siquiera los que venden bienes duraderos a las mismas puertas de los supermercados, sino los que han tenido altos cargos en el gobierno, a los que su amiguismo y corruptela, incluso los ha llevado a trasmitir informaciones directas a los servicios especiales enemigos, a lo mejor no conscientemente, pero si dejándose llevar por el amiguismo, las ansias de poder, el favoritismo y otras cosas.

Pasa revista y veras quienes han sido siempre los más sonados corruptos, que incluso, han llegado a jugar y poner en peligro la seguridad nacional de este país. Tú los conoces, sus nombres son famosos.

- Por medio del funcionario corrupto (y la Fiscalía dice que en los últimos dos años eso ha aumentado) el enemigo penetra al gobierno y al estado, como fueron algunos casos conocidos recientemente.

- Son esos corruptos de arriba los que de verdad manejan los recursos del estado. O de donde salen los colchones, televisores, aires acondicionados y otros productos duraderos, que se venden a las puertas de las Shopping[85], ¿de los paquetes que vienen de Miami o de los almacenes estatales? No, amiga, es el propio funcionario estatal y de gobierno corrompiendo hacia abajo. Porque ningún simple ciudadano importa esos productos ni compra la leche en polvo en el exterior.

- Ese mecanismo de corrupción, por la vía del deterioro moral y político, produce, va generando, dentro de la población, los factores que aún no acompañan a la disidencia, es decir: liderazgo, modelo alternativo de vida, y adeptos (masa). Cuando vengamos a ver, si los dejamos, disidencia, corrupción, y contrarrevolución, terminan siendo una misma cosa.

Por eso es la corrupción la verdadera contrarrevolución y no

---

[85] Se refiere a las "tiendas del dólar" donde los cubanos pueden adquirir artículos de consumo o electrodomésticos pagando con "moneda dura" o el llamado "peso convertible" o CUC a la par del dólar [N. del E].

la disidencia; esa es la prioridad ahora, porque es la corrupción la que facilita el terreno, el ambiente moral y político, el desprestigio de los líderes, para que la contrarrevolución avance. Por la vía del beneficio monetario, el amiguismo, la corruptela, el favoritismo, la vida fácil, ambiente dentro del cual, siempre estarán al doblar de la esquina, las concesiones políticas inconvenientes.

- Está demostrado que la disidencia no mueve gente, porque nuestro pueblo es en general revolucionario y anti-imperialista o *anti-yanki* [86] al menos. Pero esa misma gente, que la disidencia no logra mover ahora, si se ve afectada por un ambiente de corrupción e inmoralidades en el manejo de sus recursos (porque los recursos son del pueblo, que yo sepa, eso no es solo discurso) en medio de un ambiente de crisis económica no superado y ahora agravado, las masas se desmoralizan, y aflojan su resistencia en el combate político a la disidencia. Son los revolucionarios los primeros preocupados con esto. Luego entonces, ¿Quién favorece de manera más directa e inmediata, en nuestro ambiente político-ideológico interno, a la contrarrevolución? ¿La disidencia o la corrupción?

La corrupción, forja un ambiente, que en nuestro caso ya existe, dentro del cual, el individuo pierde valores, poniendo a este último en condiciones de aceptar aquellas variantes que sustenten de manera prioritaria la comodidad, el privilegio no ganado, y el beneficio personal.

Es que la corrupción ofrece todo eso, a cambio de concesiones políticas, que terminan siendo contrarrevolucionarias. O el daño menor: que muchos revolucionarios se sientan incapaces de cambiar la situación.

Querida, te veo muy mal, débil, asustada, con lo que no debieras estarlo. Te veo ciertamente contribuyendo al agrava-

---

[86] Se refiere a la expresión cubana contra la dominación norteamericana o "yankee" [N. del E.]

miento de la situación y no portándote valientemente para salirle al paso a los problemas.

Mi alternativa esta clara, ¿qué importancia puede tener para mí, personalmente, que alguien no me entienda o que algunos, incluso, decidan "pasarme las cuentas", si estoy seguro que me entienden cientos de miles?

Espero que razones estas cosas y que tomes el lugar que te correspondería, como la periodista revolucionaria que creo pretendes ser.

Yo digo, que en medio del momento que vive nuestro país, el que quiera continuar siendo revolucionario " debe tener su propia guerra, librar sus propias batallas y correr los riesgos que le vengan encima", de lo contario, que se quede en su casa debajo de la cama.

Abril 12 del 2010.

CORRUPCIÓN

Esteban Morales Domínguez

¿Por qué la corrupción?

Muchas personas me lo han preguntado e insistido en que les explique por qué escribí sobre la corrupción el pasado año. Un tema tan mal visto por muchos, que siempre lo han considerado como el tipo de " trapos sucios que hay que lavar en casa", o como algo que nos desprestigia, afea la cara y supuestamente le da armas al enemigo para atacarnos.

En realidad, de hecho, pensamos todo lo opuesto, además de que siempre hemos considerado que sería mejor adelantarnos en reconocer y atacar directamente nuestros problemas, con el concurso de los que los sufren, antes de que los enemigos los usen para subvertir nuestro proceso.

Los temas de nuestra realidad, por muy conflictivos y dramáticos que sean, deben ser tratados por nosotros mismos, antes de que devengan en material de una diplomacia subversiva contra Cuba. El llamado por Raúl Castro "secretismo", junto a la crítica de cierta actitud timorata y poco autocrítica de la prensa, convierte de hecho a esta última en aliada inconsciente de la contrarrevolución.

No se debe permitir, bajo ningún concepto, ocultar la información a los mismos que la generan, mucho menos cuando esta última es de hecho un instrumento en la lucha contra las deficiencias y problemas generados por nuestros procesos internos. Los cambios que Cuba está emprendiendo son muy dramáticos, produciendo necesariamente tensiones e inconformidades que no pueden ser soslayadas por los instrumentos informativos internos. Pues nos limitamos nosotros mismos en hacer uso de las fuerzas políticas positivas que serían muy útiles en generar los ajustes de política necesarios .Por eso Raúl no se cansa de llamar a la crítica y a que la prensa desempeñe un papel más activo dentro de esos procesos.

Es mi opinión, que esas advertencias antes recibidas, responden, en primer lugar, a la concepción errónea con que han sido manejados nuestros temas conflictivos internos; al despliegue de un periodismo nacional, que poco nos ayuda, sobre todo ahora que tanto necesitamos el abordaje crítico de nuestra realidad y evitar una visión maniquea de nuestra sociedad. Como si esta última pudiera ser analizada en compartimentos estancos: economía, sociedad civil, gobierno, relaciones externas, etc.

En cada uno de los momentos de su historia, la sociedad no funciona o se desenvuelve impulsada por los mismos niveles de sus factores y mecanismos. Por lo cual, en primer lugar, es indispensable determinar en qué momento estamos, no solo en términos de la fase histórica en que nos encontremos, sino más que ello, en la dirección de determinar cuál es la coyuntura crítica especifica a la que debe dar respuesta la política.

Hay que decir, que en términos de su desarrollo y supervivencia como nación, la Cuba de hoy, debe dar respuesta a dos grandes tareas estratégicas, la primera proviene de la necesidad de rediseñar su modelo económico. La segunda, mantener su independencia, soberanía y autodeterminación. Pudiendo observarse que siempre y en cada momento, ambas tareas estratégicas son interdependientes, inseparables una de la otra. Por lo cual, el diseño y ejecución de la política no las puede tratar de otra manera que no sea como un sistema de objetivos estratégicos[87].

Dentro del proceso que vivimos hoy en Cuba, la corrupción es la pieza clave (de significación y operatividad negativa) que vincula ambas tareas estratégicas. Se pudiera decir, que es la variable fundamental por medio de la cual, la sociedad Cubana, horizontal y verticalmente, podría, de no atacarla, descalificar los mecanismos de la política, lo que obstaculizaría el rediseño del modelo económico, al mismo tiempo que introduciría en la sociedad civil la desconfianza en el liderazgo político, el fraude, el individualismo, la dispersión del carácter mancomunado con que deben actuar todos los esfuerzos que se realicen, a cualquier nivel y en cualquier dirección, para sacar a la economía del estado de crisis en que se encuentra. Impidiendo, al mismo tiempo, que cada vez más una burocracia

---

[87] Cuba ha pasado por tres grandes experiencias en el rediseño de su económica: España, Estados Unidos, Unión Soviética. Que significaron tres etapas de dependencia que el país no desea repetir [Nota del Autor].

intermedia y de alto nivel pueda obstaculizar el proceso, produciendo una redistribución de los bienes materiales, que no tiene nada que ver con el incremento de la riqueza para toda la sociedad Cubana vista de conjunto.

En medio de esas condiciones, se genera la situación más propicia para el descontento social, la dispersión de intereses contrapuestos, el incremento de las desigualdades sociales, la concentración de la riqueza en pocas manos, el incremento de la pobreza y de la marginalidad. Todo lo cual comienza a generar un proceso de *desconcientización*.

Política y social, que termina por matar el espíritu nacional, dispersar la conciencia de nación y anular el sentido de soberanía, debilitándose todos aquellos valores , que son los que permiten al país mantener su independencia y la soberanía en las relaciones internacionales.

Como resultado de la situación económica critica vivida durante el periodo de derrumbe del socialismo (1989-1994), la política de Estados Unidos oriento su foco hacia la situación interna de la Isla. Por lo que entonces, la corrupción, deviene en un instrumento de desestabilización interna y por tanto, de obstaculización de las tareas estratégicas que el país debe desplegar para sobrevivir como régimen social, independiente y socialista. No es casual entonces, que el presidente. Raúl Castro haya calificado hoy a la "corrupción como equivalente a la contrarrevolución"[88].

Cuba hoy, en términos de los objetivos de la política de Estados Unidos, se encuentra bajo permanente observación, como una bacteria bajo el microscopio electrónico. Todo lo que ocurra dentro de la Isla alimenta y orienta a la política norteamericana Por eso, alertar sobre la corrupción es de importancia estratégica, así como sobre cualquier asunto que pudiera afectar la dinámica interna de la sociedad Cubana[89].

Actualmente, la corrupción en sí misma, es el peligro mayor,

---

[88] Ver: Periódico Granma, Discurso de Clausura de la Asamblea nacional del Poder Popular, diciembre 22 del 2011.Para ampliar sobre este asunto, se puede ver del Autor "Corrupción: ¿la verdadera contrarrevolución? Blog personal [Nota del Autor].

[89] Estos asuntos no tiene que ver solo con la economía, sino con la dinámica de la vida social cubana, como un todo, como lo son la homofobia, el racismo, la violencia familiar, el delito, el machismo, etc. [Nota del Autor].

además, porque ella, en contubernio, con su aliado estratégico principal, el burocratismo, junto al individualismo, la ineficiencia, la desorganización y la improductividad, conforman un sistema que amenaza mortalmente a la sociedad Cubana, tanto desde el ángulo económico como político-ideológico[90]. No es casual, que el Presidente Raúl Castro, al caracterizar la situación actual de Cuba, se haya referido a "bordear el precipicio" y a "últimas oportunidades".

En medio de las complicadas condiciones internas, la Isla por demás debe enfrentar una estrategia de política por parte de Estados Unidos, que cuenta con las condiciones siguientes:

- Cuba, su objeto de política, está atravesando por una situación extremo compleja. Aunque su entorno político internacional le es favorable como nunca antes.

- Estados Unidos asienta su estrategia política contra Cuba, en factores, que mas allá de su sobredimensión, son objetivos. Cuba nunca había atravesado por una situación tan difícil como la de ahora. Aunque Estados Unidos tampoco, nunca se había visto envuelto en una situación tan difícil como la que ahora enfrenta.

- Estados Unidos ha logrado diseñar una estrategia de política contra Cuba, donde se combinan inteligentemente las presiones del bloqueo y las medidas de subversión que apoyan el "cambio de régimen"

Una estrategia política de Estados Unidos hacia Cuba, que como ya hemos explicado, mantiene la política de bloqueo, solo que la ejecuta seccionándola en dos direcciones básicas complementarias:

---

[90] Para ampliar ver del Autor: "El Misterio de la Santísima Trinidad: corrupción, burocratismo, contrarrevolución", Blog Personal [Nota del Autor].

- Bloqueo y sociedad civil
- Bloqueo y gobierno.

En términos de la política hacia la sociedad civil Cubana, como sabemos, Obama ha flexibilizado el trato, permitiendo aumentar los viajes, incremento y facilidades para enviar remesas incluso a no familiares, mas contenido y valor de los paquetes, extensión de las vías de viaje, flexibilización de los visados, incremento de las categorías de los ciudadanos que pueden viajar a Cuba, extender el concepto de familia, facilidades para la comunicación, facilidades para el intercambio académico, religioso, social, etc.

Si Cuba, que ahora está analizando su política migratoria, con vistas a facilitar los contactos e interrelaciones familiares, así como los viajes turísticos personales, produce algunas modificaciones, que tengan que ver con el permiso de salida, tiempo en el exterior, respeto de los bienes de quienes emigran y otros asuntos, la relación sociedad civil y bloqueo, prácticamente puede dejar de ser un capítulo, que represente obstáculos, para la reunificación familiar, tanto en los Estados Unidos como en Cuba.

En temimos de la relación bloqueo-gobierno, la situación lejos de mejorar empeora. Pues continúa la persecución de los que viajan a Cuba sin licencias, no hay libertad de viaje para los ciudadanos norteamericanos a Cuba, continúan las presiones mercantiles y financieras, no hay facilidades para las compras Cubanas en el mercado norteamericano, manteniéndose las reglas de comercio en una sola dirección, pago efectivo y antes de salir las mercancías para Cuba. Así como sistemáticamente el gobierno norteamericano pone obstáculos al intercambio científico- cultural y otras actividades.

Todas las facilidades no han podido ser revertidas, como ha tratado de hacer la extrema derecha Cubano-americana recientemente. Pero no se ha logrado que el congreso amplié los términos del actual comercio con Cuba.

En lo único que parece estarse avanzando un poco es en lo relativo al petróleo. Dado que la torre de perforación que esta al llegar a Cuba y la posibilidad de que ello devenga en una negocio lucrativo, han movido intereses que presionan sobre el gobierno de Obama para lograr facilidades de negocios con

Cuba en este campo.

En Cuba, como resultado, en parte, del incremento de las remesas, se están produciendo además facilidades para el despliegue del trabajo por cuenta propia, el comercio, la pequeña y mediana empresa .Dinámica que se verá ampliada e incrementada debido a las facilidades de las ventas de casas y de automóviles. Lo cual está produciendo un nuevo despliegue de las estrategias familiares dentro de la sociedad civil Cubana[91].

La política de Obama, entonces, va teniendo un impacto nada despreciable en la dinámica de la economía Cubana. Pero, si bien es cierto que tal impacto es en general positivo, al mismo tiempo representa un reto político a enfrentar por parte del gobierno Cubano, por cuanto el objetivo declarado del Presidente norteamericano es reducir crecientemente lo que él llama la dependencia del ciudadano común respecto del gobierno.

Sin dudas, Obama, como tercer elemento de su estrategia, tiene el de promover un tipo de economía, que genere un mercado interno, totalmente independiente del mercado estatal y sus formas de organización. En lo cual, la corrupción les resulta un mecanismo útil. Por lo cual, no es casual, que ni siquiera hablen de la batalla que Cuba está desplegando contra ella .Es decir, por muy corruptos que podamos ser los Cubanos, eso no les preocupa en lo más mínimo, al contario, podemos decir que les beneficia. Pues el terreno les quedaría mejor abonado para lo que pretenden hacia el futuro en Cuba[92].

---

[91] Este despliegue beneficia fundamentalmente a la población blanca, que reciben la mayor cuantía de remesas, al tener una mayor representatividad dentro de la emigración (85% blancos, 15% negros y mestizos).Ver: "Hablando de los retos del color dentro del debate por el socialismo", ver blog, de Esteban Morales [Nota del Autor].

[92] Sin dudas, las medidas económicas que Cuba está tomando han generado ajustes de la política norteamericana, para insertarse en el proceso de cambios internos en Cuba y orientarlo en las direcciones más convenientes a los intereses de Estados Unidos. En nuestro artículo de julio del 2010 "El Misterio de la Santísima Trinidad: corrupción, burocratismo, contrarrevolución", aun o habíamos lograr la conexión entre la política de Obama hacia Cuba y la corrupción .Aquí ahora esa conexión queda bien establecida [Nota del Autor].

Entonces, dentro de un proceso de rediseño del modelo económico, como el que se está produciendo en Cuba, bajo la amenaza, además, de que el gobierno norteamericano impulse el crecimiento interno de la propiedad privada, pequeña y mediana, la corrupción tiene que estar muy bajo control, porque en tales condiciones esta última deviene en un elemento distorsionador del papel del mercado en el modelo a generar, potencial inversión extranjera, además de distorsionar las relaciones económicas que se desean alcanzar y que no son precisamente de tipo capitalistas, mucho menos controladas por una combinación entre burocracia y corrupción, que por lo general, si se les descuida, siempre marcharan juntas[93].

La Habana, Diciembre 25 del 2011.

---

[93] Burocratismo también es contrarrevolución. Pues tomando en consideración lo estratégico de las medidas de distribución de tierras ¿Cómo se le puede llamar a que aún haya 2,000 expedientes fuera de termino, es decir pasado de los 108 días que se dan de plazo para procesarlos, que ya es demasiado y que aún haya tierras ociosas e improductivas que no han sido entregadas.? Lo cual provoca el crecimiento insuficiente de la agricultura de este año y que aún las medidas adoptadas no hayan podido tener ningún impacto sobre los precios. Díganme si eso no es contrarrevolución [Nota del Autor].

CORRUPCIÓN: ¿HASTA CUÁNDO?

Cuando en abril del 2010, escribí mis dos artículos sobre la corrupción, "Corrupción: la verdadera contrarrevolución" y "El misterio de la santísima Trinidad: corrupción, burocratismo contrarrevolución"[94], no faltaron quienes me dijeran que por qué me metía en ese tema, que le daba armas al enemigo y que el partido quería mantener bajo la más completa discreción.

Para entonces, nuestra prensa, llamémosle oficial, no reflejaba el tema. Ahora, casi tres años después, tampoco lo hace. Apenas salen algunas pequeñas referencias de cosas que no les queda más remedio que publicar. De todas maneras, la gente está enterada, porque como decían siempre mis abuelas, "Entre cielo y tierra no hay nada oculto".

Mucho menos en el mundo de la fibra óptica y de los satélites de información. Una prensa alternativa, que se apoya en los blogs, los correos electrónicos e internet, informa sistemáticamente sobre todo lo que la prensa oficial no informa.

Pero, ¿por qué nuestra prensa, a pesar de lo avanzada que esta la atención que presta el gobierno al tema de la corrupción, dentro de nuestra realidad, no refleja apenas nada sobre la misma? Solo en una ocasión, hace ya algún tiempo, se dieron a conocer causas seguidas, condenas y nombres de los juzgados.

Ahora se conoce que hay cientos de procesados, por múltiples causas de corrupción, qué han llegado incluso a cambiar la composición racial de los implicados, pero no existen detalles que nos permitan conocer cómo van los proceso y mucho menos los nombres de los que se encuentran bajo esa condición.

¿Por qué se insiste en mantener bajo un "manto de discreción informativa" los procesos que tienen lugar?

---

[94] Incluidos en la presente edición. Ver Índice [N. del E.]

Creo que lejos de estar frente a una cuestión de discreción, que ya no tiene razón de ser, pues se trata de "un secreto a voces", me parece que la actitud de nuestra prensa ya da lugar a sospechas.

Acaso es, de que a pesar de las críticas de Raúl Castro, ¿existe alguien, en algún nivel de la estructura de dirección, con poder, interesado en que el tema no se divulgue?

Recientemente, el País ha recibido un reconocimiento por el trabajo que se viene realizando contra la corrupción. Pero no debemos dejarnos impresionar por ello. Aún nos resta mucho camino por recorrer para decir que tenemos a la corrupción bajo control.

La impunidad y la facilidad con que declaran, los propios corruptos, haberse logrado apropiar de los recursos del estado, infunden temor, ante el grado de descontrol que se ve ello lleva implícito. Así como el nivel de comprometimiento que tales hechos han implicado.

Observándose claramente, la existencia de una burocracia administrativa, que se deja sobornar con extraordinaria facilidad. Viéndose también, que se trata de mecanismos que funcionan durante largo tiempo y con muchas personas implicadas, lo que conforma un verdadero cerco, que no puede ser destrozado, hasta que elementos ajenos al círculo de relaciones creadas no penetran, rompiendo algún eslabón de la cadena.

Ello se debe, sin dudas, a que el soborno desempeña un papel fundamental, para que estos mecanismos de corrupción operen durante tanto tiempo. Por lo que cuando son descubiertos, ya las pérdidas son cuantiosas y prácticamente irrecuperables, dejando un lastre moral que ha corrompido y contaminado hasta sus cimientos la estructura de la entidad en cuestión. De modo que por lo general, nada es salvable, porque aún aquellos que no se hayan beneficiado de manera directa; o esperaban su oportunidad para beneficiarse, o convivían con la situación sin tener capacidad física o moral para detener el proceso.

Por eso, en uno de mis artículos, al referirme a este proceso, apuntaba, como ahora se demuestra, que el mercado que está funcionando, fuera de los márgenes físicos del supermercado estatal, donde a la entrada del mismo, varios individuos, proponen las mas disimiles mercancías, desde aires acondicionados, hasta la pintura, piezas de repuesto, y otros, que a veces no están en venta oficial, no son más que una extensión privada, del propio mercado estatal, que funciona dentro.

Los que controlan este mercado, diríamos marginal, son simples empleados, de los que desde adentro le suministran las mercancías, que no salen sino de los propios almacenes estatales. Porque como también decía, ni esas mercancías que se proponen a las puertas del supermercado pueden salir e los paquetes que vienen de Miami, ni los que las venden fuera cuentan con los mecanismos para importarlas.

Luego no se trata de una simple venta ilegal, ni de algo robado, sino más que eso. Se trata de que los propios funcionarios estatales, encargados de vender las mercancías, la trasladan a otro mercado, donde ellos son los dueños. Pudiendo incluso operar con precios preferenciales a su favor, sobre todo con aquellas mercancías escasas, que en cuanto llegan desaparecen rápidamente, para poder ser vendidas en bolsa negra.

Tal mecanismo corrupto, no pueden dirigirlo sino aquellos funcionarios estatales, que son los que reciben las mercancías, controlan sus existencias en los almacenes y cuentan con los dispositivos administrativos, que les permiten mantener dos mercados, el del estado y el propio. Pudiendo además, dentro de la misma tienda estatal, alterar los precios, lo cual solo puede hacerse en coordinación con los vendedores internos.

Salvo el llamado fraude de las mermas, que no son tales, tal mecanismo es indetectable financieramente. Porque en los controles nunca aparecerían los precios a los que las mercancías han sido realmente vendidas, eso solo lo sabe el que compra, que será multado, respecto a los precios a que las mercancías debieron ser oficialmente vendidas.

Sin embargo, el ciudadano nunca podrá estar seguro si el precio a que está comprando, dentro o fuera, es el verdadero precio que tiene la mercancía, porque ese nunca aparecerá, ese lo guarda el funcionario, para saber cuánto puede ganar y que es lo que debe entregar al estado, para que el fraude no pueda ser detectado.

Por tanto, la corrupción contamina todo la estructura estatal de gobierno y política, deviniendo en un problema de seguridad nacional. Por lo que como tal debe ser atacada, atendida por la estructura gubernamental y política y penada, con todo rigor, por la estructura legal.

Se trata de un fenómeno, que requiere un tipo de pena, que impida a toda costa la reincidencia, la reanimación de las relaciones que lo engendran y la imposibilidad de que entre en los marcos de una conexión con la delincuencia internacional. De no lograrse mantenerla bajo control en el ámbito nacional, hace causa común con el narcotráfico, el comercio ilegal de armas, las mafias, el contrabando de personas y hasta con el terrorismo de estado.

Quienes se habitúan a vivir a costa de los bienes del estado, acumulando con impunidad y sin interrupción dinero, riquezas y poder, de manera ilegal, no se detienen ante ninguna frontera que les limite la posibilidad de la vida fácil, colmada de riquezas y poder. Por lo que la corrupción, de no poder ser detenida, puede llegar al crimen y hasta al magnicidio.

La posibilidad de detener la corrupción debe basarse en un sistema de participación colectiva. Pues no es suficiente ningún aparato burocrático para combatirla. Dado que la tendencia de la burocracia es a hacer causa común con la corrupción.

Auto-imponiéndose límites y estableciendo compromisos mientras a mas alto nivel se tropieza con la corrupción. Por lo que junto a los dispositivos estatales y de gobierno que combaten la corrupción, deben estar los trabajadores organizados, defendiendo los rigores del tratamiento a la corrupción, fiscalizando los procedimientos, sirviendo de contrapartes a los funcionarios estatales y de gobierno, evitando la penetración de los mecanismos y exigiendo la transparencia en los procedimientos.

Es que la burocracia resulta ser corrupta por su propia naturaleza; tiende a usufructuar los bienes estatales como si les pertenecieran y en medio de una confusión, de la que no nos hemos librado aún, entre propiedad estatal y propiedad social, la burocracia inclina más las cosas hacia el ordeno y mando, disponiendo de los bienes estatales, administrándolos, e incluso, disfrutando de ellos, olvidando, no pocas veces, que los bienes son del pueblo, son propiedad social y no de ningún estado o gobierno en particular.

Por lo que los trabajadores no deben permitir, que ningún organismo burocrático luche solo contra la corrupción, sin su explicita participación.

Diciembre 8 del 2013.

LA GUERRA CONTRA LA CORRUPCIÓN AVANZA

Lo más interesante de esta guerra, es que ya no debemos temer ir en el pelotón de avanzada, ni tampoco adelantarnos, queriendo avanzar más rápido. Es más, en esta lucha que ahora se libra, se le debiera dar más información a la población, e incluso preparar las condiciones para que la sociedad civil como un todo, participe más activamente en la lucha contra la corrupción.

Que inutilidad pensar que las deficiencias se pueden solucionar ocultándolas o poniéndolas a distancia de las masas del pueblo, que son las que más directamente las sufren.

Si en algo todos, dirigentes y dirigidos, debemos cambiar nuestra mentalidad, es en lo que se refiere a la excesiva discreción con que a veces los funcionarios manejan información, que ningún daño haría que los ciudadanos comunes también la manejaran. Para estar en condiciones de exigir más en el cumplimiento de las tareas del estado y del gobierno.

Existen muchas quejas en las Asambleas de Rendición de Cuentas, cuando el Delegado se aparece dando respuestas a planeamientos de los electores, provenientes de funcionarios, que se dan el lujo de dar respuestas que a veces, se hace evidente que son "para salir del paso".

Si nuestros municipios reciben recursos del estado para la solución de ciertos tipos de problemas, esto debería ser de conocimiento público, lo que fortalecería la labor del delegado y la capacidad de exigencia de los electores. Así como impediría también que ciertos funcionarios distribuyan a discreción, o establezcan prioridades, sin tener que rendir cuenta por ello.

Cuando entre abril y julio del 2010, lance al ruedo mis dos primeros artículos sobre la corrupción, "Corrupción: la verdadera contrarrevolución" y "El misterio de la Santísima Trinidad: corrupción, burocratismo, contrarrevolución"[95], la reacción fue una verdadera explosión de ira. Entonces caí abatido

---

[95] Incluidos en esta edición. Ver Índice [N. del E.].

"por fuego amigo". Se consideró poco menos que un atrevimiento de nuestra parte, escribir sobre el tema; porque además, se decía que le había "dado armas al enemigo". La corrupción nos afeaba la cara y algunos creyeron que había que evitar hablar de ella. Estos últimos, por suerte para todos, ya han caído abatidos "por fuego justo".

Por supuesto, muy cómodos podían sentirse los corruptos dentro de semejante comprensión del problema. Cuando en realidad, si queremos que el Poder Popular, sea verdaderamente poder, el pueblo debiera contar con los mecanismo que le permitiesen ejercer realmente ese poder. Al no ser así, es muy frecuente escuchar, por parte de mucha gente, que el Poder popular, "tiene casi nada de popular y muy poco de poder". Lo cual facilita que cualquier funcionario, elegido por el pueblo, para administrar los recursos estatales, se dé el lujo de hacer lo que le venga en ganas, sin tener que rendir cuentas a nadie.

Parecía como si hubiéramos deseado proteger a los corruptos. Recuerdo, que en aquella ocasión un "cuadro político" me dijo, "... tu error mayor ha sido lanzar al aire un problema, sobre el cual el Partido quiere mantener discreción". Confieso que entonces me asuste. Pues ello equivalía a decir, que la corrupción quedaría protegida por el anonimato y la inacción. Ciertamente, le estábamos dando armas al enemigo, para que nos matara.

Ahora, más de dos años después, escribir sobre la corrupción no asusta, ni la tesis esgrimida de haberle "dado armas al enemigo", tiene la menor beligerancia. El Liderazgo Político se ha hecho cargo de poner las cosas en su lugar. Se ha desatado un proceso, que desde el más alto nivel de dirección política del país, le ha declarado la guerra a la corrupción. Guerra, que al parecer, va teniendo su impacto sobre un problema, que aún resulta ser el enemigo más peligroso, de los intentos por lograr el reordenamiento económico del país.

En fin, han triunfado las tesis más revolucionarias. Nuestros problemas, debemos denunciarlos y combatirlos, antes de que devengan en plataformas de deconstrucción interna. Y Somos los revolucionarios, los que estamos obligados a combatir, adelantándonos a nuestros males y deficiencias. Pues lo contrario es regalarlos, incluso, a los oportunistas.

Nuestra Contralora General, recientemente ha declarado, "...que el 75% de las auditorías realizadas arrojaron resultados de Mal o Deficientes; 12 presuntos hechos delictivos, siete hechos de corrupción y se aplicaron, por parte de las administraciones, 582 medidas disciplinarias"[96]. Y continua el citado Informe: "Sobre las Unidades Centrales de Auditoría Interna, expreso, que las 2555 auditorías realizadas a ese nivel pusieron al descubierto 55 presuntos hechos delictivos y 19 de corrupción; y como resultado se tomaron 1373 medidas disciplinarias, por parte de las entidades auditadas, pertenecientes a los OACE[97] y Consejos de Administración Provincial"[98].

Es decir, que la corrupción, como ya intuíamos, está asentada sobre la base de la estructura de dirección estatal y de gobierno, pues es desde estas que se manejan los recursos de la economía del país. Por lo que las batallas más importantes, como bien expresa este informe de la Contraloría General, tienen que ser libradas, principalmente a ese nivel.

Pero todas las tareas de combatir la corrupción, no se las podemos dejar a la Contraloría General de la República. El pueblo, la sociedad civil, tiene que participar organizadamente. Constituyéndose en el mecanismo que realmente garantiza liquidar el problema.

Como ya expresábamos en uno de nuestros artículos, los verdaderos corruptos, los que más daño pueden hacer, no son los que proponen mercancías a las puertas de los supermercados, sino los que están dentro de la estructura administrativa estatal y de gobierno. Que son los que tienen al alcance de la mano, los almacenes, la capacidad de importar y los recursos del País. Para desviarlos hacia el mercado negro, formando un comercio paralelo, que se nutre de los propios almacenes estatales.

Pero ahí no termina todo, se anuncia que se prevé se realicen más de 300 acciones de control, la mayor parte en entidades de subordinación nacional, incluyendo 11 Organismos de la Administración Central del Estado. Constituyéndose estos, en

---

[96] Periódico *Granma*, ed. Martes 10 de septiembre 2013 [Nota del Autor].
[97] Organismos de la Administración Central del Estado [N. del E.]
[98] Periódico *Granma*, ed. Martes 10 de septiembre 2013 [Nota del Autor].

el centro del golpe principal. Pues es a este nivel, que puede actuar una burocracia, que encubre, acompaña y provee la documentación necesaria para facilitar la actividad delictiva.

Los corruptos, no son vulgares ni estúpidos ladrones, sino gente degradada moralmente, que apoyándose en los mecanismos legales existentes, crean las relaciones personales, que le permiten proveerse de la documentación oficial necesaria que los protege de la acción policial.

Ningún corrupto mueve el fruto de sus actividades ilícitas como un simple delincuente, sino como un funcionario," respetable", con toda la documentación oficial necesaria, para que su actividad ilegal quede siempre protegida bajo la sombrilla de una entidad privada, estatal o gubernamental, legalizada. Por ello, corrupción, burocratismo e ilegalidad, se dan la mano dentro de un solo mecanismo: el usufructo de los bienes públicos, como si se trataran de propiedad privada. En medio de todo ello, el soborno, desempeñan un rol fundamental.

Son los que conocemos como ladrones de "Cuello Blanco". Ostentan el cargo, los mecanismos y la papelería necesaria, siempre a mano, para ocultar su delito. Constituyen una cierta "clase", se reconocen entre sí, ostentan los recursos movilizadores, tienen carro, la presencia personal, el vocabulario, el conocimiento y dominio de los mecanismos administrativos y la inteligencia suficiente, como para pasar desapercibidos. Junto a ellos, aunque siempre a una distancia prudencial, cuentan con otras personas, que son los que se "manchan las manos" de manera directa. Que son los que realmente roban, mientras ellos solo "malversan". Quedándose siempre con el "león" del pastel. Se trata de un sistema, en el que atacar sobre una pieza aislada del engranaje, no resuelve nada. La corrupción tiene que ser atacada al unísono y de manera coordinada para lograr desarticularla. Una vez logrado ello, lo que quedan son simples elementos inconexos, de una actividad delictiva, que no cuenta con herramientas para defenderse.

Que agradable suena al oído de los que hemos estado preocupados por este problema, esas informaciones que la Compañera Contralora General nos trasmite, por medio de la prensa partidaria.

De todos modos, hay una parte de este proceso, sobre el cual creo es necesario informar más ampliamente. Y es, como concluyen los procedimientos legales contra esas personas que han incurrido en actos de corrupción como tal, cuantos están ya en la cárcel pagando sus culpas, cuáles son sus organismos de procedencia y sus nombres. Para que el pueblo, máximo fiscalizador, tenga pleno conocimiento de cómo van los procesos, quienes resultan condenados legalmente y como se les identifica. Hace falta proveer rostros y nombres, para que el pueblo pueda identificar a sus enemigos de ahora, y si posible fuera, seguir la ruta de su potencial arrepentimiento y rectificación.

El proceso anticorrupción comenzó hace mucho tiempo ya, ahora se ha brindado un informe útil para que la gente conozca cómo marcha. Pero hace falta lograr más sistematicidad en la información. Así como también que se sea más explícito en los resultados que se van obteniendo.

11 de septiembre del 2013.

CORRUPCIÓN 305:
INTELECTUAL COMUNISTA RECUPERA SU CARNÉ
POR PATRICIA GROGG

La Habana, 14 jul 2011 (IPS[99]) - El ensayista Esteban Morales, quien recuperó su militancia en el Partido Comunista de Cuba (PCC) al cabo de un año de haber sido separado por sus escritos sobre la corrupción en el país, afirmó que continuará ejerciendo su derecho a la crítica, como deber y obligación moral de "todo intelectual revolucionario".

"El mensaje que deja la decisión de reincorporarme al PCC es que no tenemos que convivir con los problemas, sino discutirlos, denunciarlos y analizarlos dentro del partido y públicamente, pues ese es el mejor modo de ayudar a nuestro país", sobre todo en momentos tan difíciles como los que estamos viviendo, comentó Morales a IPS.

Experto en asuntos como las conflictivas relaciones Cubano-estadounidenses y el tema racial, Morales dedicó el año pasado dos artículos a los riesgos de la corrupción, que consideró "mucho más peligrosa que la llamada disidencia interna". Su "poder corrosivo" y desestabilizador la convierte en un asunto de "seguridad nacional", escribió entonces.

La primera de estas notas, divulgada en abril de 2010 en la página en Internet de la Unión de Escritores y Artistas (UNEAC), fue retirada a los pocos días, pero posteriormente vuelta a insertar, lo cual se interpretó por muchos como un tácito desacuerdo con la decisión del Comité Municipal Playa del PCC de apartar de la organización a Morales.

En otro escrito fechado en julio, el académico confirmó que había sido sancionado, anunció que ejercería su derecho a la apelación y alertó que la "corrupción mina la confianza del pueblo en los dirigentes (....)" y constituye "el mayor peligro interno que tenemos actualmente", porque provoca "deterioro ético-moral y político- ideológico".

---

[99] Inter Press Service, agencia de noticias radicada en Roma, Italia [N. del E.].

Ahora, el jueves 7 de este mes colgó en su página personal un pequeño texto para anunciar que días antes había sido citado a una reunión en la cual la Comisión de Apelaciones del Comité Central del PCC le informó que la sanción quedaba sin efecto y recuperaba su militancia plena. "Han sido días difíciles, pero de un inmenso aprendizaje", afirmó en su escrito.

La noticia fue motivo de comentarios desde antes en redes sociales, entre amigos y militantes del PCC. "De nuevo entre nosotros con el carné rojo. Ahora quiero verlo en la Mesa Redonda (foro oficial de debates de la televisión Cubana) hablando sobre las relaciones raciales en Cuba", comentó la bloguera Sandra Álvarez.

En su página personal *Negra Cubana tenía que ser*, Álvarez divulgó, entre otros comentarios, el de Julio Texas, para quien "algo se mueve en un partido que es capaz de reconocer, como estructura, una metida de pata tan colosal como ésta", y también lo escrito por Mayra Rubio, quien califica a Morales de "hombre cabal y fiel a sus convicciones".

Un antiguo comunista confió a IPS que el caso arroja señales positivas para el debate en el seno de la agrupación partidaria, a la cual su primer secretario, el presidente de Cuba, Raúl Castro, pidió un cambio de mentalidad. "No hay manera de llevar a cabo un proceso como éste sin tensiones", comentó.

Para Morales, revocar la sanción fue una decisión partidaria inteligente, esperanzadora y respetuosa de la opinión desde posiciones revolucionarias.

"Pero no debo sacar de esto la simple conclusión de que tenía la razón con mis comentarios. Eso sería muy superficial. Como militante simplemente hice lo que estimaba tenía que hacer y asumí las consecuencias", dijo.

El intelectual añadió que, ante las continuas advertencias y llamados de Castro a ser críticos con los problemas y acabar con el secretismo, "confiaba y no tenía dudas de que lo que yo había expresado en mis artículos, en algún momento, se consideraría de manera justa".

"Esta rectificación forma parte de lo que hemos avanzado en el proceso de análisis crítico de nuestra realidad", señaló Morales, también politólogo, economista y miembro de la Academia de Ciencias de Cuba, en sus primeras declaraciones con un medio de la prensa extranjera acreditada tras recibir nuevamente su carné rojo.

En su opinión, no se puede desaprovechar la capacidad que existe, particularmente en las filas del PCC, con gente suficientemente preparada para analizar los asuntos, criticarlos y proponer determinadas soluciones.

"Nosotros no debemos esperar a que nuestros temas, por complejos que resulten, sean tratados por otros, con intenciones de hacernos daño", subrayó. "Los temas de nuestra realidad no se regalan, hay que adelantarse", debatirlos y formular soluciones desde posiciones revolucionarias, añadió.

El año en curso comenzó con el enjuiciamiento y condenas, de hasta 14 años de cárcel, de personal directivo y de administración imputados de delitos de abandono de menores, incapacitados y desvalidos y malversación, causantes de la muerte de 27 pacientes del Hospital Psiquiátrico de La Habana, una entidad considerada emblemática del sistema de salud Cubano.

También fueron juzgados y condenados varias decenas de directivos y funcionarios de empresas de Cuba y de capitales mixtos involucrados en casos de corrupción, entre los que se cuenta un ex ministro y un viceministro Cubanos y al menos tres empresarios extranjeros.

En 2009, el presidente Raúl Castro impulsó la creación de la Contraloría General de la República, que se mantiene bajo la dirección de Gladys Bejerano, vicepresidenta del Consejo de Estado, con la misión de elevar el control interno y dirigir "el enfrentamiento directo a cualquier manifestación de corrupción", entre otras funciones.

Morales no descarta que la Conferencia Nacional del PCC, prevista para abril del año próximo, incluya en su agenda el análisis de los informes y las medidas que se han adoptado. "Creo que se le ha declarado la guerra a este problema, que puede crear una situación muy tensa y difícil internamente", comentó.

CORRUPCIÓN CUBA: ALERTA ROJA CONTRA LA CORRUPCIÓN
Por Patricia Grogg

La Habana, 13 Ago. 2010 (IPS) - "Sigo viendo la corrupción como un peligro extraordinario" para el país, pues su "poder corrosivo" la convierte en un asunto de "seguridad nacional", enfatizó Esteban Morales, separado de las filas del Partido Comunista de Cuba (PCC) luego de hacer públicas sus advertencias.

Morales presentó su apelación ante el PCC, recurso al cual tiene derecho según los estatutos de ese partido que ejerce el gobierno y es el único permitido en este país.

"Una comisión debe analizar el asunto y decidir. Si no me satisface la respuesta, puedo llevar el caso hasta el congreso del partido. Seguiré apelando porque creo que tengo razones para ello", dijo a IPS.

Mientras tanto, continúa "muy activo" como académico e investigador, aunque en septiembre dejará de pertenecer a la plantilla del *Centro de Estudios Hemisféricos sobre Estados Unidos*, de la Universidad de La Habana, del cual es fundador y al que dedicó buena parte de su vida profesional.

"Me jubilaré con 68 años. Tendré más tiempo y mayor libertad para dedicarme a mis labores académicas y de investigación", añadió este doctor en ciencias y en economía, experto en las relaciones Cubano-estadounidenses y autor de ensayos, libros y numerosos artículos sobre el no menos delicado tema del racismo en su país.

IPS: Luego de hacerse pública su separación del PCC, usted prefirió evitar contactos con la prensa, sobre todo la extranjera acreditada. ¿Qué lo hizo cambiar esa decisión y acceder a esta entrevista?

Esteban Morales: Considero saludable aclarar ciertos puntos. Algunas personas han dicho que fui un privilegiado, un agente de la seguridad (servicios secretos) y ahora me propongo decir estas cosas. Nunca encontrarán mis privilegios, no los tengo. En cuanto a la seguridad, si así lo fuera, no lo tengo a menos, porque eso en Cuba es un honor.

Lo que habla por mí es mi currículo. Soy un académico de verdad, no soy un inventado, son decenas de trabajos los que he escrito y no siempre de asuntos sencillos, además de impartir mucha docencia, dictar conferencias y hacer asesorías académicas. Si alguien aún duda, que ponga mi nombre en Google (el motor de búsqueda en Internet).

Otros se han afilado los dientes pensando que voy a cambiar de bando, a pasarme a la "disidencia". Quizás la contrarrevolución, tan falta de liderazgo, pudo pensar que yo les llenaría ese vacío. Pero quienes me conocen de verdad, saben que eso es imposible, que soy un revolucionario *inclaudicable*. Además, nunca he tenido ínfulas de líder, ni busqué protagonismo.

IPS: ¿Ni siquiera ha dudado de sus convicciones políticas?

EM: No, nunca. El sol, con ser el sol, tiene sus manchas, puede haber apreciaciones diferentes. Uno también puede dar lugar a malas interpretaciones, aunque el espíritu de mis textos está claro y se ve que fueron escritos desde posturas revolucionarias.

Antes de ser militante del partido, ya era revolucionario y lo seguiré siendo. Es una militancia política que decidí hace más de 50 años, por mi propia voluntad. Jamás me ha gustado jugar a los "mentirazos".

Lo sucedido no me paraliza. Simplemente tendré mucho más cuidado al expresarme y escribir, pero no dejaré de hacerlo, como un intelectual que la Revolución ha preparado para alertar con honestidad de aquellas cosas que nos pueden hacer daño. Es lo que he hecho siempre. Son los riesgos que hay que correr.

IPS: *El hecho de que a usted se lo sancione tras expresar públicamente sus criterios sobre la corrupción y sus riesgos para la estabilidad política y social del país, ¿no contradice al propio presidente Raúl Castro, quien el 1 de este mes dijo que la unidad "se fomenta y cosecha en la más amplia democracia socialista y en la discusión abierta de todos los asuntos, por sensibles que sean, con el pueblo"?*

EM: Yo creo que el debate y la crítica son promovidos por Raúl y la dirección del partido. Pero puede haber circunstancias en que alguien en algún nivel piense que las cosas no son tan así.

Diría que el proceso de aplicación de la crítica es mucho más complejo que la mera decisión de ejercerla, tiene que ver con las estructuras, con los hombres y el modo diferente en que algunos a veces comprendemos las cosas.

O tal vez, de lo que dije, algo pudo ser dicho de otra forma. Hay mucha distancia entre deseos y práctica concreta.

IPS: ¿Qué es lo que considera más preocupante de la corrupción?

EM: Su poder corrosivo desde el punto de vista moral. Cuando la moral y la ética se afectan, nuestro sistema político se desprestigia, va abajo todo.

Por eso estoy de acuerdo con quienes dicen que es un problema de seguridad nacional.

Pero eso no se resuelve sólo a partir de inspecciones o de crear más papeleos, sino de estar muy vigilantes y creando continuamente mecanismos para que esas cosas no ocurran. Para que la gente que maneja dinero y recursos tenga que rendir cuentas continuamente. En nuestro país es una realidad que los bienes son del pueblo, no es un mero discurso.

IPS: Usted es muy conocido por temas sobre Estados Unidos, las relaciones de Cuba con ese país y el racismo. ¿Qué lo llevó a escribir sobre la corrupción, un asunto que, según sectores oficialistas, alimenta "campañas de desprestigio" contra el país si se ventila públicamente?

EM: Escribí esos artículos porque creo que son los peligros de ahora. Y tengo un lema: en medio de la situación que hemos vivido estos años, creo que quien quiera ser revolucionario tiene que tener su propia guerra, librar sus propias batallas y correr los riesgos que sean. En caso contrario, que se quede en su casa, bajo la cama.

Eso de que el enemigo va a aprovechar las cosas tampoco me inmoviliza, porque el enemigo no nos va a resolver el problema, sino al contrario. Soy de los que piensa que a veces es más saludable que seamos nosotros mismos quienes reconozcamos nuestras deficiencias a que sea el enemigo quien nos las lance luego a la cara, o nos las guarde, que es peor.

IPS: ¿Cuándo dice enemigo, a quién se está refiriendo?

EM: Nosotros no podemos obviar que desde fines de los años 80 el foco de la política de Estados Unidos hacia Cuba cambió. Ahora, todo lo que está ocurriendo internamente en la isla está siendo observado, monitoreado por los políticos estadounidenses y en particular por los servicios especiales de Estados Unidos.

Es en ese contexto que veo el problema de la corrupción, que lo sigo viendo como un peligro extraordinario.

EL MISTERIO DE LA SANTÍSIMA TRINIDAD:
CORRUPCIÓN, BUROCRATISMO, CONTRARREVOLUCIÓN

Escenario de Enfrentamiento

Ningún proceso revolucionario verdadero y el Cubano lo es, puede ser liquidado desde afuera, hay que metérsele a fondo para lograrlo. Las fuerzas llamadas a consumar esa tarea deben entonces brotar desde adentro. A la URSS, en lo fundamental, no la venció el imperialismo, más bien hizo implosión.

En el período 1986-1994, la política norteamericana, cambia de foco e insiste con particular agudeza en que se generen ciertas condiciones negativas al interior de Cuba. George Bush no lo hacía de manera inteligente, cuando imponía restricciones que provocaban el rechazo no solo del gobierno Cubano, sino también de la mayoría de su población y ayudaba a unir más al pueblo de Cuba con su gobierno.

Bush cometió varios errores en su política hacia la Isla, no sólo por su discurso demasiado agresivo y estridente, sino especialmente porque puso en práctica medidas que afectaban directa y visiblemente al ciudadano Cubano, enajenándose así, a potenciales aliados dentro de la sociedad civil de la Isla y liquidando la posibilidad de crear una plataforma común de intereses de las familias Cubanas de ambos lados del Estrecho de La Florida.

Obama trata de invertir la ecuación, utilizando el bloqueo como un puñal de doble filo, dividiéndolo en dos partes y moviendo cada una de ellas simultáneamente, en sentidos completamente opuestos; una parte en dirección a su eliminación y otra, a su agudización. La tesis de que Obama había "partido en dos" el bloqueo, esgrimida por mí, desde principios del año 2009, se confirma cada vez más y puede decirse, por lo tanto, que cada parte del bloqueo se mueve actualmente en sentidos opuestos. Es decir, que continúa, como sus predecesores, utilizando el bloqueo como instrumento de presión, pero diferencia a sus receptores y esgrime sus herramientas, según a quienes vayan dirigidas las acciones

La parte del bloqueo, que afecta directamente al ciudadano común y la que éstos perciben más fácil y rápidamente , Obama la ha suavizado, levantando las restricciones a las remesas y los viajes, aumentando los vuelos entre ambos países, ampliando los puertos de salida y entrada, incrementando el contenido y el valor de los paquetes que pueden ser enviados a Cuba desde Estados Unidos, rompiendo con la restricción en la denominación de "familia" que había impuesto Bush, aumentando el gasto autorizado a los Cubanos americanos que viajan a Cuba y además, facilitándole a los Cubanos residentes en la Isla, el pago de los servicios de Internet y telefonía celular por los familiares residentes en Estados Unidos.

La otra parte del bloqueo, que es menos visible al ciudadano común, porque su afectación es indirecta, a través de múltiples mediaciones y con la que tiene que cargar el Gobierno Cubano, sus medidas se mantienen y recrudecen; continúan las presiones sobre las empresas que comercian con Cuba, las multas a los bancos, la persecución a los que viajan sin licencias a Cuba, las condiciones de compras al contado con pago en efectivo y antes de que las mercancías lleguen a Cuba, prohibición de créditos, las restricciones de viaje a los ciudadanos norteamericanos, así como también la llamada *lista negra*[100], en la que se incluye a los barcos que han tocado puertos Cubanos, a no tocar puertos norteamericanos pasados 180 días, más otras medidas que harían excesivo este listado. Mientras, Obama continúa manteniendo los condicionamientos políticos para una mejora de las relaciones entre ambos países.

Sin embargo, Obama también mantiene las conversaciones en la Base Naval de Guantánamo[101], negocia con Cuba la posible colaboración médica en Haití, conversa sobre migración,

---

[100] Bajo la *Ley para la Democracia Cubana* (CDA, en inglés) o Ley Torricelli - promovida por el congresista demócrata por Nueva Jersey, Robert Torricelli-, fue firmada por el entonces Presidente George W. Bush en 1992, reforzando el embargo contra Cuba y prohibiendo la entrada a EEUU, durante 180 días, de barcos terceros países que hubieran tocado puertos cubanos [N. del E.]

[101] La Base Naval de la Bahía de Guantánamo (Guantanamo Bay Naval Base o Gitmo), un territorio ocupado por los Estados Unidos a Cuba, sobre la base de un "arriendo" del Tratado cubano-estadounidense de 1903 [N. del E.]

negocia el correo, y "juega al zorro", dejando sobre la mesa otros posibles temas de conversación. Como dijo en la campaña, está conversando con Cuba, aunque hasta ahora, sólo sobre asuntos puntuales, mientras hace silencio frente a múltiples proposiciones Cubanas, que pudieran ser sometidos a negociación.

Esas diferencias entre el trato dispensado al ciudadano común y el trato al gobierno, no busca sino, entre otras cosas, enfrentarlos a ambos. Es decir, tratar de que cuando el gobierno, más consciente y vigilante de algunos peligros, se oponga a alguna de las medidas, se genere descontento en la población. Esta nueva táctica no es fácil de contrarrestar, porque Obama utiliza "el garrote y la zanahoria" de manera inteligente, como nadie lo había hecho hasta ahora.

Obama está jugando con la realidad de que la conciencia revolucionaria, o simplemente patriótico-ciudadana, no es la misma para todos los Cubanos. Unos, los más conscientes, saben que el bloqueo va en contra de nuestra soberanía, nuestra dignidad, identidad e independencia; pero también existen otros, a los que eso no les importa mucho o casi nada. Por tanto, las medidas mercantilistas, no debemos simplemente descalificarlas como inútiles en la partición en dos del bloqueo que está haciendo Obama, porque ésta tiene un potencial impacto moral negativo en parte de nuestra población , entre la que cuenta con adeptos, especialmente entre aquellos que no hacen la menor valoración política y que a veces, aun siendo revolucionarios, simplemente, son ingenuos respecto a lo que esas medidas significan para el país.

Nuestro pueblo, incluso, nuestra masa revolucionaria, es hoy más heterogénea que nunca y Obama sabe que la verdadera contrarrevolución hay que construirla a partir de un pueblo ansioso, cansado, inconforme, cercado por necesidades a las que no haya solución inmediata. Por eso su mano flexible

El escenario en que Cuba debe enfrentar ahora la política norteamericana está cambiando, sin que podamos precisar con exactitud a que velocidad lo está haciendo, aunque sabemos, que Obama es persistente y trata de mantener las simpatías con que se recibió por gran parte del pueblo Cubano, su elección, mediante la adopción de medidas que embellecen su imagen y argumentando, cínicamente, que es el gobierno Cubano el que no quiere el acercamiento con Estados Unidos.

La Secretaria de Estado Hilary Clinton, por su parte, ha llegado a decir, recientemente, que los "hermanos Castro" no quieren que Estados Unidos levante el bloqueo, porque pierden su plataforma política de control interno.

Entonces, la política de Obama, podemos decir, que ahora se despliega en cuatro frentes fundamentales:

-   Se apoya fuertemente, como instrumento fundamental, en tratar de subvertir la situación interna. Basándose en una toma objetiva de las dificultades reales que Cuba tiene hoy.

-   Sigue instando a sus aliados al acompañamiento de la política norteamericana en las presiones internacionales sobre Cuba.

-   Continúa manteniendo a Cuba en todas las listas: terrorismo, derechos humanos, país no democrático, narcotráfico, maltrato y prostitución infantil, etc.

-   Trata de promover interlocutores viables, que le permitan liderar desde las sombras un potencial dialogo con Cuba.

Asunto este último al que pienso es necesario prestar una atención especial en los últimos tiempos.

Cuba tiene hoy incomparablemente muchos más amigos a nivel internacional, que hace veinte años atrás. Además, cuenta ahora con una situación favorable en su entorno internacional, político, económico e ideológico inmediato, como no la había tenido en los últimos cincuenta años. Pero como sabemos, las fuerzas de cualquier país para enfrentar los retos, no surgen a partir de tener muchos defensores en el exterior, sino a partir de sus fortalezas internas. El entorno internacional puede contribuir mucho a potenciar las capacidades del país pero, en última instancia, aun esas mismas capacidades, vistas de conjunto, dependen de la dinámica de la situación interna.

Los enemigos siempre han estado atentos a la búsqueda o aprovechamiento de un contexto, en el que Cuba esté ofreciendo oportunidades para desestabilizarla internamente. Es que nuestros adversarios, ahora más inteligentes, no operan con simples mentiras, ni tampoco con tontas sobredimensiones de nuestra realidades negativas, sino con nuestras dificultades internas reales y con los espacios que a veces los revolucionarios Cubanos dejamos en blanco, en temas de nuestra realidad, a los cuales no siempre les prestamos la atención que merecen.

Pero, precisamente ahora también, la dinámica interna del país, especialmente económica y financiera, no nos ayuda, para potenciar esa situación favorable que se nos presenta en el orden externo, y a terminar de dar el salto hacia la sostenibilidad, que ya no es sólo económica ni militar, sino también política. Nuestra situación no parece ser nada cómoda, mas bien, es bastante difícil, sobre todo la financiera.

La situación política que Cuba atraviesa hoy, tiene su origen en problemas internos y no se debe ni a la disidencia contrarrevolucionaria, ni a los ataque mediáticos externos, cuyos impactos negativos no son suficientes para desestabilizarnos. Sino a nuestras propias dificultades y deficiencias, ligadas fundamentalmente, al deterioro de la economía, al descontrol, a las ilegalidades, al mercado negro y a la corrupción, sin que aún hayamos logrado concretar las soluciones en gran escala que necesitamos para revertir la situación.

Todo ello, ha tornado la dinámica social actual como más difícil que la vivida durante el llamado periodo especial, en que la crisis, aunque profunda, estaba circunscrita al marco económico. Ahora sin embargo, se observa un deterioro de la situación social y política como nunca antes se había visto. Evidencia de esto es que, en mi opinión, el último Primero de Mayo ha sido el peor de toda la historia revolucionaria, ya que la asistencia al desfile fue muy inferior a la acostumbrada, muchas personas retornaban de la Plaza de la Revolución, antes de que comenzara el desfile y se observaron grandes claros en la marcha, así como bloques poco compactos y algo inédito, como carteles que manifestaban consignas, que aunque no eran contrarrevolucionarias, no habían sido orientadas por nuestra CTC.

Pienso que la clave de todos nuestros problemas está en que nuestra economía manifiesta una incongruencia muy seria, entre la actividad laboral, el nivel de los salarios que se reciben y los precios de los productos, a veces inaccesibles, lo que provoca un insuficiente nivel de satisfacción de las necesidades apremiantes de la vida cotidiana, para una gran masa de la población y que se refleja en todo el resto de las relaciones sociales y la convivencia diaria.

Sería ingenuo siquiera imaginar que esas realidades negativas las observamos sólo los Cubanos de adentro. Nuestros enemigos de adentro y de afuera también las observan y más que observarlas, las registran continuamente, tratando siempre de tergiversarlas y magnificarlas.

Sólo que ahora esa observación la hacen de modo más inteligente, con elementos de modernización y tecnología, gran sentido de urgencia oportunista y una administración norteamericana que incrementa su apoyo descarado a la llamada disidencia, la abastece financieramente y tratan de crearles un ambiente político interno favorable a sus intenciones.

Cuba ha mostrado, más de una vez, su capacidad para elevarse sobre cualquier situación, por difícil que ésta haya sido y para desacreditar cualquier campaña que se haga contra ella. Pero la razón no basta, tampoco la buena voluntad, ni los discursos,   hay que hacerse acompañar de la fuerza y esa fuerza sólo está en que el pueblo sienta, como sólida realidad de todos los días, que mientras combate contra la ideología enemiga y contra nuestras propias insuficiencias, los problemas que le aquejan, en su vida cotidiana, también se van resolviendo. De lo contrario, ese pueblo no estaría en las mejores condiciones para ningún tipo de enfrentamiento político.

Es necesario tomar en consideración, que nuestro pueblo no es ya una fuerza revolucionaria compacta y homogénea, como la de los primeros años de la Revolución. Lo cual se expresa, sobre todo, en disímiles grados de consolidación de la relación entre conciencia social y conciencia individual, entre lo colectivo y lo personal. Asunto este sobre el cual volveremos mas adelante.

Es hora ya, de que nuestro Gobierno acabe de poner en práctica las medidas que se están analizando y que la población comience a sentir que la relativa quietud, que ha caracterizado nuestra situación, en los últimos mas de tres años, va dando paso al movimiento. Que comenzamos a salir de la inercia, que en definitiva, es más dañina políticamente que la "premura". Porque el pueblo ha admitido siempre mejor la rectificación de errores que la carencia de acciones para cambiar una situación.

Es que a pesar de lo complejo de la situación y de lo peligroso que puede ser apresurarse, la población no entiende por qué, en medio de una situación tan crítica, ya no hayan sido tomadas las medidas necesarias para revertirla. Tan confusa situación ha dado lugar a especulaciones de la población, especialmente a aquellas que atribuyen la falta de medidas al hecho de que dentro de la máxima dirección del país existen contradicciones sobre qué hacer. Ello y no la prudencia es la explicación que la gente encuentra de que ya no se esté actuando como se espera.

Raúl ha llamado en varias ocasiones a no apresurarse, llegando a decir que la impaciencia es producto del desconocimiento sobre lo compleja que es la situación. Esta es una afirmación que considero políticamente desafortunada, porque tiende a dar la impresión de que no hay conciencia en el gobierno de las privaciones que sufre la población y porque el propio Compañero Raúl, por ejemplo, en el discurso del *VIII Congreso de la UJC*, habló de la inmensa gravedad de problemas, que amenazan con tragarse a la Revolución. Fue en este discurso, que hizo referencia al dramático asunto del millón de trabajadores sobrantes.

Ese es el contexto en el que la corrupción agrava las cosas, al agregar, sobre las dificultades ya existentes, una imagen de que a partir de las posiciones que ostentan algunos por sus cargos, en la estructura estatal y de gobierno, se roba, malversa y se vive por encima de las posibilidades. En cada barrio se sabe quiénes son los corruptos, quienes tienen privilegios inadmisibles, quienes viven por encima de sus sueldos, quienes no padecen lo que de común está padeciendo la gente del pueblo.

Corrupción y Contrarrevolución

La corrupción mina la confianza del pueblo en los dirigentes, en las instituciones y crea el ambiente moral que permite a la contrarrevolución avanzar. Constituye el mayor peligro interno que tenemos actualmente porque provoca un deterioro moral y político- ideológico, que produce o va generando, dentro de la población, la desconfianza en los dirigentes, facilita el terreno, el ambiente moral y político, para que la contrarrevolución avance.

El beneficio monetario, el amiguismo, la corruptela, el favoritismo, el nepotismo, la vida fácil, son factores que conducen a las concesiones políticas inconvenientes, es decir, contrarrevolucionarias. Por medio del funcionario corrupto, el enemigo puede penetrar al gobierno y al estado e incluso, al Partido.

La corrupción, forja un ambiente, que en nuestro caso, ya en parte existe, aunque no sin retroceso (algunos la consideran generalizada, yo no) dentro del cual, el individuo pierde valores, poniéndolo en condiciones de aceptar aquellas variantes de comportamiento que sustentan de manera prioritaria, la comodidad, el privilegio no ganado, y el beneficio personal. Otro es el daño que hace que muchos revolucionarios se sientan incapaces de cambiar la situación y entonces, bajan la guardia. Adoptando la posición de "no buscarse problemas, no coger lucha".

La corrupción es una enfermedad social, altamente contagiosa, que nadie ha resuelto hasta ahora, por lo que debemos evitar que esta se propague, como irremediablemente ha ocurrido en otros lugares. Es necesario reconocer que la lucha contra la corrupción es parte de la lucha de clases dentro de la revolución, (porque son en última instancia los corruptos los que se benefician y los obreros y trabajadores los que se perjudican, (aunque ellos también participen) el asunto no se va a resolver.

Pero los verdaderos corruptos no son los que venden leche en polvo, ni siquiera los que venden bienes duraderos a las mismas puertas de los supermercados, sino los que desde sus cargos en el gobierno y en el estado, controlan y abren los almacenes.

Son esos, los que debemos remover de los cargos estatales, pues son los que de verdad manejan los recursos del estado y las posiciones cómodas, que a veces les facilitan a sus amigos. ¿O de donde salen los colchones, televisores, aires acondicionados y otros productos duraderos, que se vocean y venden a las mismas puertas de las Shoppings[102]?, ¿de dónde salen esos productos, duraderos¿ Se trata del propio funcionario estatal corrompiendo hacia abajo. Porque nadie importa esos productos, ni compra la leche en polvo en el exterior, ni disfruta del poder como ellos, de abrirles los almacenes a los delincuentes.

Está demostrado que la disidencia no tiene arraigo en el pueblo, que es en general revolucionario y antiimperialista o *antiyanki* al menos. Pero ese mismo pueblo, que la disidencia no logra mover ahora, si se ve afectado por un ambiente de corrupción, desconfianza en la dirección del país e inmoralidades en el manejo de sus recursos (porque los recursos son del pueblo, y eso no es solo discurso) en medio de un ambiente de crisis económica, no superado, se desmoraliza y aflojan su resistencia en el combate político a la disidencia, la cual se aprovecharía muy bien de ello dentro de ese tipo de ambiente social. Por eso, como fundamento en mi artículo, digo que, sin considerar no importante a la disidencia, es ahora la corrupción la verdadera contrarrevolución.

Son los revolucionarios los primeros preocupados con esto. Luego entonces, ¿Quién favorece de manera más directa e inmediata a la contrarrevolución? ¿La disidencia o la corrupción? Fidel dijo, que nosotros mismo podíamos destruir a la revolución. ¿Por qué lo dijo, por qué hizo una declaración tan dramática que no se había hecho nunca? ¿Estaría pensando en la corrupción también? ¿Cuáles son esas fuerzas que están dentro de nosotros mismos y que pudieran acabar con la Revolución? Creo que debemos haber pensado en eso. Fidel habló de

---

[102] Ver pie de página 45, [tiendas] Shopping [N. del E.].

revolucionarios destruyendo a la Revolución, es decir, que dentro de la propia Revolución podía estar la fuerza que la destruiría. ¿Se puede vivir tranquilo con esa premonición, de quien nos conoce mejor que nosotros mismos?

Mi artículo, *La corrupción ¿ La verdadera contrarrevolución?* [103] no pretendía desviar la atención de la cuestión de la disidencia, ni de la campaña mediática contra Cuba, sino que simplemente no le otorgaba a esos asuntos la primera prioridad, y centraba su interés en lo que considero lo fundamental ahora: la corrupción y la política de Obama hacia Cuba, que se dan la mano en algún punto, que aún no identificamos plenamente, pero que nos inclinamos a pensar que esta en alimentar la corrupción y seguirle creando un ambiente de silencio para que avance. ¿No nos parece sintomático, que la corrupción no ocupe un lugar destacado entre las críticas de Estados Unidos contra Cuba? No se le menciona.

Algunos consideran que de la corrupción no se debe hablar, que hay que ocultarla, porque nos afea la cara y porque el enemigo puede utilizarla como argumento contra la revolución y entonces apoyan que no se brinde información necesaria a los que sufren el problema. Escogen el erróneo trillo de" taparle la bola a la gente". Eso es pura paranoia, el enemigo más inteligente, y ahora lo son, no se apoya en simples mentiras, sino en la sobre dimensión de nuestros problemas reales y en las páginas que nosotros dejamos en blanco. En los temas de nuestra realidad que regalamos, para que después nos vengan de rebote. Los temas no se regalan, dejándolos que se conviertan en instrumentos de una diplomacia agresiva contra nosotros, o permitiendo que otros hagan su historia, dándoles la posibilidad de que te digan cómo o es el presente y te diseñen el futuro.

Siempre será mejor, reconocer nuestros males y deficiencias nosotros mismos, porque es el silencio sobre ellas lo que más daño nos puede hacer. Aunque los enemigos puedan tomar nuestras palabras para tergiversarlas y sacar provecho de ellas, eso no es lo más importante. Dejarle nuestros temas al enemigo, es quedar como tontos y de eso el enemigo si se aprovecha muy bien y toma ventaja.

---

[103] Incluido en esta edición, Ver índice [N. del E.]

Raúl dijo: "No vamos a dejar de escuchar la opinión honesta de cada cual, que tan útil y necesaria resulta, por la algarabía que se arma, a veces bastante ridícula, cada vez que un ciudadano de nuestro país dice algo a lo que esos mismos promotores del espectáculo no harían el menor caso, si lo escucharan en otro lugar del planeta"[104].

¿Cómo combatir a la corrupción?

Me atrevería modestamente a sugerir, que hay que declararle la guerra campal a la corrupción, con todas las fuerzas revolucionarias organizadas, discutiendo y actuando. Crear una situación en que los corruptos sepan que no van a tener cuartel, que cualquiera los puede denunciar y que los tribunales van a funcionar rápido y que le darán cuenta al pueblo de su actuación diaria. Que las denuncias pueden ser anónimas, aunque ello se pueda prestar para dirimir cuestiones personales. No importa, más adelante eso se arregla.

No debemos temerle a que se afecte la unidad, ¿que unidad? Si en definitiva, la corrupción es un parteaguas clasista, los que queden de su lado, son enemigos del socialismo y de los trabajadores. La unidad con ese tipo de gente, aunque algunos simulen y se digan revolucionarios, no es posible. Por muy cerca que estén al lado de la revolución, por mucho que se esfuercen en parecer revolucionarios, los corruptos están del lado enemigo, no pertenecen a nuestras filas. No se puede en eso, perder el espíritu de clase. Porque cuando se pierde el espíritu de clase se pierde todo.

En realidad, por otro lado, no tiene mucho sentido hablar de corrupción si aunque sea no mencionamos al burocratismo. Ese mal que es su hermano gemelo y que tiende a darle cobertura. Según dice el Compañero Jorge G. Barata y yo lo comparto, siempre que se le pregunte a la burocracia ¿cómo combatir la corrupción? Dirá que con más controles, papeles, modelos e inspecciones. Esos no son más que simples instrumentos de trabajo, pero no la esencia del problema que se afronta con la corrupción.

---

[104] Raúl Castro Ruz, Y a trabajar duro... citado por Carlos Alzugaray, Revista Temas, No. 60, p. 44 [Nota del Autor].

La corrupción no es un problema administrativo, ni solo de modelos o controles, la corrupción es, en primer lugar, un problema político y como tal, en principio, se le debe atacar. No es el aparato burocrático, por muy eficiente que pueda parecer, el que primero nos va a defender de la corrupción, sino la acción directa del Partido. No es el aparato burocrático, porque en ningún lugar ha logrado acabar con la corrupción. Nosotros tenemos algo más poderoso, el Partido.

Pero todo el Partido; si se les exige a las organizaciones de base del Partido circunscribirse solo a su radio de acción, los niveles superiores reciben una información, que sumada, es total, pero los núcleos no, lo que les impide proyectarse con un sentido global del problema. Además, impide que las organizaciones de base del Partido se proyecten críticamente hacia arriba, lo cual es también muy importante en términos del control de la actividad de los órganos superiores por los de la base.

Lo más importante del Partido, es su militancia, no los órganos de dirección a ningún nivel. Esa deformación costó muy caro en la URSS. Al final, no pocos directores de conglomerados industriales, aparecieron como propietarios privados de lo mismo que dirigían y no pocos dirigentes del Partido pasaron a formar parte de los nuevos ricos. La militancia, encerrada como un "rebaño" dentro de sus núcleos, no pudieron hacer nada para impedirlo. ¿Acaso pensamos que a nosotros en Cuba no podría ocurrirnos lo mismo?

Por eso pienso que el Partido tiene que hacer un pronunciamiento sobre la corrupción, abierto, fuerte, agresivo, amplio, transparente, que ponga a temblar a los corruptos donde quiera que estén, que les eche el pueblo encima y declare cosas, tales como: "no habrá intocables", "no habrá perdón con los que atenten contra los bienes del pueblo", "el castigo será fuerte y ejemplar". En China los fusilan de manera casi inmediata, ¿porque no? En Cuba, después de fusilar a un Héroe de la República[105], lo cual fue un verdadero trauma político y lo continúa siendo, ¿A quién no es posible fusilar, o ponerlo en la cárcel de por vida?

Que tal pronunciamiento pueda dar señales al enemigo de lo

---

[105] El autor se refiere a Arnaldo Ochoa, ver pie de página 40 [N. del E.].

grave que es el problema de la corrupción, no debe detenernos; porque no es el enemigo el que va a venir a resolverla, somos los revolucionarios Cubanos.

Cuando lo del narcotráfico no se tuvo esa consideración, el que la divulgación de ese proceso podría darle armas al enemigo y se discutió todo; los juicios fueron públicos.

El enemigo, todo lo contrario, quisiera que los verdaderos revolucionarios no se percatasen de lo grave que es ese problema y cualquier problema. En realidad, el enemigo debe saber que en Cuba conocemos a fondo la gravedad del asunto y que estamos actuando con todas las fuerzas en su contra. Como hicimos cuando lo del narcotráfico, repito. Lo cual quedo exhaustivamente reflejado en materiales escritos.

Y para eso, además de tener el Partido y las organizaciones, contamos también con un ejército de intelectuales revolucionarios y preparados, a los que debemos siempre mantener lo más informados posible, para que estén en condiciones de reaccionar a tiempo y de manera eficiente.

Pero si ante un artículo, como *"Corrupción: ¿la verdadera contrarrevolución?*[106], lo que se hace es someter al autor a un proceso de sanción y separarlo de las filas del Partido, sin tener en cuenta su historial de sostenida e incondicional fidelidad a la Revolución por más de 50 años, buscando con ello, al parecer, dar un escarmiento, se hace daño al Partido y al país. Porque se trasmite un mensaje a la intelectualidad revolucionaria, a la masa partidaria y a la izquierda en general, de que el Partido va a ser implacable con quien considere que se equivocó, aunque haya sido de buena fe y que es preferible quedarse callado, practicando el oportunismo y haciéndole el juego a lo mal hecho. Lo cual, en mi modesta opinión, no tiene nada que ver con lo que debe ser el espíritu crítico, que debe primar en un Partido como el nuestro, ni lo que la situación interna actual requiere.

Es que de manera lamentable, entre nosotros, parece predominar la idea de que el único objetivo de un debate es convencer a los ciudadanos, sea cual sea su posición, de que el curso

---

[106] Incluido en esta edición, ver Índice [N. del E.]

de acción trazado por las instancias superiores, en un determinado momento, es el único verdaderamente revolucionario, por lo que toda crítica o disidencia surge de la confusión ideológica, la ingenuidad, o peor, de actitudes antirrevolucionarias.

Pensamos, que lo que hay es que acabar de enrumbar el camino de los cambios necesarios; terminar de quitarnos de encima los lastres burocráticos y los esquematismos que nos frenan, darle, como hemos dicho, la guerra sin cuartel a la corrupción, terminar de poner a la economía en el carril del crecimiento y veremos entonces, que ni dos Obama al mismo tiempo y toda la derecha contrarrevolucionaria, van a poder con la Cuba que hizo esta Revolución.

La Habana, Julio 10 del 2010

CORRUPCIÓN: ¿LA VERDADERA CONTRARREVOLUCIÓN?

Cuando observamos detenidamente la situación interna de Cuba hoy, no podemos tener duda de que la contrarrevolución, poco a poco, va tomando posiciones en ciertos niveles del Estado y del Gobierno.

Sin duda, se va haciendo evidente, de que hay gentes en posiciones de gobierno y estatal, que se están apalancando financieramente, para cuando la Revolución se caiga, y otros, que pueden tener casi todo preparado para producir el traspaso de los bienes estatales a manos privadas, como tuvo lugar en la antigua URSS[107].

Fidel [Castro, N. del E.] dijo, que nosotros mismos podíamos acabar con la Revolución, y yo me inclino a pensar, que entre otras preocupaciones, el Comandante en Jefe[108], se estaba refiriendo a las cuestiones relativas a la corrupción. Porque estando ya presente, este fenómeno, ha continuado apareciendo con fuerza. Si no, veamos lo ocurrido con la distribución de tierras en usufructo en algunos municipios del país: fraudes, ilegalidades, favoritismos, lentitud burocrática etc.

En realidad, la corrupción es mucho más peligrosa que la llamada disidencia interna. Esta última aún se encuentra aislada: carece de programa alternativo, no tiene líderes reales, no tiene masa. Pero la corrupción resulta ser la verdadera contrarrevolución, la que más daño puede hacer, porque resulta estar dentro del gobierno y del aparato estatal, que son los que realmente manejan los recursos del país. Sino veamos algo muy simple:

¿Cuándo hay leche en polvo en el mercado negro, que ha ido subiendo de precios hasta llegar a $70 pesos[109] el kilogramo? Cuando la leche en polvo llega a los almacenes estatales. No

---

[107] La desaparecida Unión Soviética [N. del E.].

[108] Como se le llama a Fidel Castro en la prensa cubana [N. del E.].

[109] Se refiere a pesos cubanos, $28 por dólar al cambio actual [N. del E.].

hay mejor ejemplo que ese. Y así es con todos los productos que se adquieren en el mercado negro por parte de la mayoría de la población.

Es decir, a cuenta de los recursos estatales, existe un mercado ilegal, del cual todos se benefician, menos el Estado. Y que me dicen, de los vendedores en los alrededores de las grandes tiendas en divisas, proponiendo de todo. Se trata de una corrupción de las que casi todos participan, generada por la corrupción de funcionarios estatales.

Porque, que sepamos, en Cuba hay un solo importador: el Estado. No creo que lo que viene en los paquetes de Miami[110] sirva para generar un mercado tan grande, mucho menos, de productos duraderos.

Obsérvese también el tránsito de la carne de puerco de los estatales a los privados, los precios de la venta de refrescos y aguas según las diferentes cadenas del turismo. Las sospechosas diferencias de precios con que nos tropezamos frecuentemente.

Es decir, de manera evidente, existe un flujo ilegal de productos entre el comercio mayorista estatal y el comercio en la calle. Toda una economía sumergida que el Estado no logra controlar y que será imposible de ordenar mientras existan los grandes desequilibrios entre oferta y demanda que caracterizan aún hoy a nuestra economía.

Se trata entonces, esta última, de una forma de contrarrevolución que sí cuenta con líderes ocultos, ofrece alternativas a las del Estado y cuenta con una masa que la práctica. Pero esa situación esbozada más arriba, no es la parte más peligrosa del asunto que ahora tratamos. Ese es solo su entorno popular.

Lo que recientemente se descubrió, respecto a las debilidades de un grupo de funcionarios de muy alto nivel, que estaba relacionado con favoritismos, amiguismos, ciertos actos de corrupción y de descuido en el manejo de información sensible, así como también, algunas actitudes de lucha por el poder presentes en esos funcionarios, eran informaciones, que lamenta-

---

[110] Se refiere al tráfico ilegal de mercancías comerciales bajo el embargo norteamericano y las regulaciones aduaneras cubanas de más de 57,000 viajes anuales desde Miami de las famosas mulas y por carga o mulas a través de terceros países, principalmente Bahamas, México y Panamá N. del E.].

blemente, ya estaban pasando a manos de los Servicios de Inteligencia españoles, aunque estos se hayan cuidado mucho de no aceptar su participación. Esos si son asuntos extremadamente serios.

Es decir, asuntos tan sensibles como pretensiones y aspiraciones de poder, favoritismos, corrupción y expresiones indebidas sobre la más alta dirección del país, que ya eran de conocimiento de los servicios especiales extranjeros.

Una verdadera "mercancía política", de altísimo valor agregado en manos de los enemigos de la Revolución.

Cuando el Gobierno Cubano le entregó al FBI[111] toda la información de que disponía sobre las actividades de la contrarrevolución en Estados Unidos, cuya actividad implicaba hasta la posibilidad de atentados contra la presidencia norteamericana; ¿que hizo el FBI entonces? En lugar de tomar medidas con la contrarrevolución, en lugar de actuar contra la mafia Cubano-americana, lo que hicieron fue buscar, como verdaderos perros sabuesos, de donde salía la información que Cuba les había entregado, cuáles eran sus fuentes y ahí están nuestros cinco héroes compatriotas abnegados, que ya llevan más de 11 años de injusta prisión en cárceles norteamericanas[112].

Después de las declaraciones hechas por Fidel, sobre que nosotros mismos podemos destruir a la Revolución, que existen motivos para pensar que nuestra revolución sea reversible, lo que deben estar haciendo los servicios especiales norteamericanos, es buscar la información que corrobore esas preocupaciones de Fidel.

Van buscando la confirmación de las palabras del Comandante en Jefe, siguiendo a pie juntillas lo que va ocurriendo cada día en Cuba, hurgando en todo aquello que les permita constatar donde está la verdadera fuerza contrarrevolucionaria en Cuba, que puede dar al traste con la Revolución; fuerza que parece no esta abajo, sino arriba, en los propios niveles del

---

[111] Buró Federal de Investigaciones, FBI por sus siglas en inglés [N. del E.].

[112] Se refiere a Los Cinco presos cubanos condenados de la *Red Avispa* –dos de ellos ya cumplieron su condena y residen en Cuba-, los cuales se considera fueron descubiertos, o al menos sus actividades ilegales en territorio norteamericano confirmadas, por la entrega de esa información por parte de las autoridades cubanas [N. del E.].

gobierno y del aparato estatal.

Formada por los corruptos, ya no de poca monta, que se van descubriendo, en altísimos cargos y con fuertes conexiones personales, internas y externas, generadas por decenas de años ocupando las mismas posiciones de poder. Obsérvese, ninguno de los defenestrados" hasta ahora (desde las Causas 1 y 2,[113] al menos) era un simple empleado.

Más recientemente, el General Acevedo [114], Director del IACC[115], fue destituido y lo que circula en los medios informativos no oficiales, acerca de cuáles fueron los motivos de esa destitución, son como para quitar el sueño.

Algo de verdad debe haber en esas informaciones, porque este es un país muy pequeño y familiar; aun el asunto no ha tenido una explicación pública exhaustiva, como la gente espera; porque de ser como se está diciendo, es el dinero y los recursos del pueblo, los que se han dilapidado, en medio de una situación económica bastante crítica, para el país. Entonces, ya sea para reivindicar a Acevedo o condenarlo, hay que explicárselo al pueblo. Ese pueblo que la Revolución ha creado, formado técnica y científicamente y dentro del cual hay personas preparadas y con capacidad suficiente.

En realidad, debo decir, a nivel de hipótesis, que lo que ha ocurrido con el IACC, no es único, ya se ha descubierto en otros lugares y puede aún haber empresas en las que esté ocurriendo lo mismo. Es decir, donde los jefes pueden estar recibiendo comisiones y abriéndose cuentas bancarias en otros países. Lo cual es una hipótesis de trabajo válida para abrir otras investigaciones y que tales asuntos no puedan agarrarnos por sorpresa.

En economía existe la *Auditoria Sorpresiva*, que no es para ofender a nadie y con la que nadie puede molestarse. Auditar no es ofender, es un mecanismo de previsión que ayuda a la honradez.

---

[113] Se refiere a las famosas Causas cuyos procedimientos fueron televisados parcialmente desde La Habana, en el proceso por tráfico de drogas y corrupción del General Arnaldo Ochoa y altos oficiales del Ministerio del Interior cubano, respectivamente [N. del E.].

[114] Rogelio Acevedo [N. del E.].

[115] Instituto de Aeronáutica Civil de Cuba [N. del E.].

Un elemento, que no podemos dejar de tomar en consideración, es que hace mucho tiempo (1986- 1994) el foco de la política de Estados Unidos hacia Cuba cambió. Ahora se presta una atención fundamental a la realidad interna Cubana. No se trata de una orientación absoluta, pero sí fundamental y prioritaria. Todo lo que está ocurriendo internamente en Cuba, está siendo observado, monitoreado por los políticos norteamericanos y en particular por los servicios especiales de Estados Unidos.

Por razones obvias, que no son necesarias de explicar, los norteamericanos deben saber mejor que nosotros quienes y cuantos Cubanos tienen cuentas en el exterior. Quienes reciben comisiones, y qué negocios hacen. Porque todas esas empresas, con las que Cuba hace negocios, tienen aparatos de inteligencia y casi todas están coordinadas con los servicios norteamericanos, y si no lo están, hay funcionarios, que en cuanto tienen en la mano una información sensible sobre Cuba, procuran el vínculo con los servicios norteamericanos, que dicho sea de paso, pagan muy bien esas informaciones.

Lo más lamentable, es que los servicios norteamericanos están mejor informados que nosotros sobre todos los posibles movimientos de nuestros empresarios. Y esa es una información que dejada correr, es decir, acumularse, es una vía excelente para el soborno, el chantaje y el reclutamiento de cualquier funcionario Cubano.

No quiere decir que ello siempre funcione, puede que haya quien se corrompa, pero no se deja reclutar, porque se trata de una cuestión muy sutil. Pero quien apela a la corrupción para enriquecerse, es muy difícil que después conserve aun otros valores.

Funcionario Cubano, que en sus relaciones con cualquier empresa extranjera se corrompa, debe saber que esa información puede caer en manos de los servicios especiales de cualquier país y de ahí a las manos de los servicios norteamericanos no va nada. Inmediatamente se abre un expediente, que se continúa llenando, hasta que se considere necesario o pertinente, realizar contra ese funcionario una actividad de soborno, chantaje o reclutamiento.

Ello no encierra nada de paranoico; es de tontos no saber, que cualquier información sensible sobre Cuba, sus actividades en el exterior o respecto a algún funcionario Cubano, que se considere útil, es muy bien pagada por los servicios especiales de Estados Unidos. Y si a estas alturas no sabemos eso, estamos liquidados.

Tratándose entonces de un área oculta del trabajo de subversión contra Cuba, que sobre todo a mediano y largo plazo, produce muy buenos dividendos políticos. Se trata de un área de la contrarrevolución, que no tiene nada que ver con la llamada disidencia, los grupúsculos o las mal llamadas *Damas de Blanco*[116].

Observen, como las debilidades de algunos funcionarios Cubanos, ya estaban siendo trasladadas a los servicios de inteligencia españoles. Cubanos de las FAR[117] y del MININT[118], involucrados en el narcotráfico. Descubiertos por Cuba en 1989, pero que ya era información privilegiada en manos de la DEA[119], el FBI y del resto de los servicios especiales norteamericanos.

Acciones de ese tipo afectan seriamente la capacidad del país para seguir adelante y se cumple, como un algoritmo matemático, que la capacidad de cualquier nación para enfrentar la confrontación internacional, se mide, en primer lugar, por su fortaleza interna.

Si al menos Cuba pudiera descubrir a sus corruptos antes, el daño podría ser menor.

---

[116] Damas de Blanco. Autodenominadas como "damas de blanco", originalmente eran un grupo de familiares de los disidentes cubanos condenados en 2003 por encontrarse al servicio de una potencia extranjera, ya liberados. Han continuado sus manifestaciones principalmente en La Habana, con financiamiento de instituciones extranjeras [N. del E.]

[117] Fuerzas Armadas Revolucionarias (Ejército Cubano) [N. del E.].

[118] Ministerio del Interior (policía y control de fronteras) [N. del E.].

[119] Administración para el Control de Drogas. DEA: siglas en inglés [N. del E.].

LOS PRECIOS, OTRO SÍNTOMA GRAVE DE CORRUPCIÓN

Cuando vemos la Mesa Redonda dedicada a este tema y el "Cuba Dice"[120] de hoy, sobre las irregularidades en los precios, de modo especial, en las tiendas recaudadoras de divisas, experimentarnos una sensación de desamparo, desconsuelo, impunidad, desorganización, tolerancia, burocratismo, demagogia y otras tanta sensaciones, imposibles de soportar.

No es difícil percatarse de que iguales productos tienen precios diferentes en distintos establecimientos. Ya se trate de alimentos, productos industriales y de todo tipo. En algunos lugares lo justifican con supuestas categoría diferentes de establecimientos, pero en otros descaradamente es posible observar, que sin dudas los administradores multan los precios o simplemente los hacen invisibles, para qué el ciudadano tenga que preguntar, para entonces timarlo. Es frecuente estar en un mismo establecimiento, en que al cliente de al lado le están diciendo un precio diferente del que le dicen a otro que esta mas allá en el mismo mostrador. Se trata de una cadena corrupta, en la que el administrador puso su multa y el dependiente agrega la suya, cada vez que le es posible.

Si dentro de una misma tienda esto tiene lugar; imaginemos cuando los establecimientos son diferentes, con más facilidad se le roba al consumidor. Del fraude participa también, no pocas veces, el mismo al que le toca inspeccionar. Resultando que hay establecimientos a los que se les puede poner una reja que los rodee y dejarlos presos a todos.

Existe un verdadero desprestigio y descontrol. No soy sicólogo, pero me atrevo asegurar, que ninguno de los que hablaron, en "Cuba Dice", desde una posición administrativa, refiriéndose al problema, lo hicieron de tal modo, que se pudiera confiar en lo que estaban diciendo.

---

[120] Programa del sistema informativo de la televisión cubana [N. del E.]

Algunos tenían claramente la indolencia y la justificación descarada, reflejada en el rostro. Un estudio sicológico de muchas de las caras que aparecieron en el programa, hubieran dado como resultado, que entre ellos hay muchos de los que roban y medran a costa del dinero del pueblo. Entre ellos están los principales ladrones, pues la mayoría de sus explicaciones eran de gente tomada infraganti cometiendo el delito. La sorpresa resulto ser un arma más que efectiva para cogerlos con el cuerpo del delito. Así debe ser, tomarlos siempre por sorpresa, para que no tengan la más mima oportunidad de tirar la "cortina de humo". Hay que felicitar al periodista Boris Fuentes, por la firmeza y la habilidad profesional con que se condujo. Poniendo claramente de manifiesto donde estaba el fraude y quien era el responsable. Solo faltaba el policía para que se los llevara preso.

Un funcionario, de la burocracia comercial, llego a justificar la alteración de precios a partir de las diferencia en facturación de los productos que se reciben para la venta por distintos establecimientos. Solo había que observarle el rostro para percatarnos de que el mismo no creía en lo que estaba diciendo. Se trataba del típico burócrata que explica muy bien el porqué de la disposición para que siempre el cliente salga perdiendo.

Un administrador entrevistado, no podía siguiera justificar porque al pesar los paquetes de pollo, estos tenían un contenido diferente, por debajo siempre del precio que tenía fijado en la bolsa. Su comportamiento era como para suspender la entrevista y sacarlo preso de la tienda.

Porque o es un "verraco" que se deja robar, o el robo lo prepara el mismo. En ninguna de las dos circunstancias podría administrar una tienda, ni por estúpido ni por ladrón. Varios paquetes de pollo, pesados, por el propio entrevistador, ninguno coincidía con el precio fijado en la bolsa, precio que resultaba siempre por encima del verdadero contenido del paquete. Es cierto que hay personas indolentes que alteran las bolsas, pero la muestra era demasiado grande para poder echarle la culpa al consumidor. Era evidentemente una alteración interna entre precio y contenido producido por la propia tienda.

De esa burocracia administrativa, que controla, maneja y roba los recursos al pueblo, no debe quedar "títere con cabeza". Hace falta comenzar a eliminarlos por medio de un mecanismo en el que participe el barrio, la gente del pueblo.

Propongo que cuando se vaya a hacer una visita por parte de la prensa, se invite a un grupo de ciudadanos y la inspección se haga frente a ellos, sacando inmediatamente preso a los que se les descubran los fraudes. Ese del supermercado, que no podía justificar el problema con el pollo, debió haber salido preso inmediatamente de allí.

Por eso, hace algunos meses ya, no querían que la periodista Thalía, entrara en la tienda de Línea y L a tirar fotos, ni entrevistar a nadie, porque todos se combinan como un buen antro de ladrones. Entonces un "administradorcillo de pacotilla" se dio el lujo de cerrarle el camino a la prensa. Cosa que no debe volver a ocurrir. Porque no son dueños de nada, no administran un comercio privado, ejercen una función en nombre del pueblo, por si no lo saben, y el pueblo los puede destituir.

La prensa y la organización sindical pueden desempeñar un papel fundamental en esto. Por eso en cada centro debe existir una "comisión anticorrupción", formada por los mejores trabajadores, los considerados como los más honrados, con la capacidad de destituir de inmediato cuando ocurra algo similar a lo del administrador del supermercado con las bolsas de pollo.

La burocracia no va a solucionar el problema, porque es ella la que lo crea. No todos los burócratas son corruptos, pero como he dicho, la burocracia es corrupta por su propia naturaleza. Establece muchos compromisos a determinados niveles de la estructura burocrática y está limitada para irrumpir en ciertos niveles de esa estructura.

La prensa, el barrio, el Sindicato, el CDR, la Asociación de Combatientes, deben acompañarse mutuamente, para visitar las tiendas y contribuir a crear en los administradores un "clima de terror " de que pueden ir presos en cualquier momento. Los que sean honrados no tendrán nada que temer, pero los corruptos saltaran ellos solos y se descubrirán. Ahí mismo entonces convocar a una asamblea del departamento visitado y establecer acusaciones Alrededor de ese administrador del incidente del pollo, debió haberse convocado al público para que lo viera como estaba robando y ahí mismo sacarlo preso del supermercado. Porque esos programas ponen de manifiesto que la corrupción ha escalado a unos niveles insostenibles.

La otra burócrata, Directora entrevistada; asustada, dando explicaciones que ni ella misma se puede creer. Todos con un lenguaje burocrático, rebuscado, tecnocrático, críptico, como para que nadie entienda de qué están hablando y lograr saltar sobre el mal rato.

Que no vaya sola la prensa cuando decida visitar un supermercado o cualquier comercio, que convoquen al público a presenciar y que le hagan preguntas a los entrevistados, que les lancen a la cara las irregularidades que han visto, que los insulten si es necesario, que los conminen a responder claro y directo.

El único modo de acabar con esta situación, es a esta burocracia corrupta, crearles un clima de "terror ciudadano". Crearles una situación en que experimente cada día el temor de ser inspeccionada, cuestionada moralmente, vigilada. Con los corruptos no hay que andarse con consideraciones.

Por cierto, no ha salido en nuestra prensa la foto de ningún corrupto. Por qué habría que tener tales consideraciones. Aun las medidas que adoptamos son débiles, no estando acorde con la gravedad que ha alcanzado el problema. No ataca moralmente el problema. El corrupto es en el fondo un contrarrevolucionario y como tal debe ser tratado.

Pero como van a defenderse el pueblo, los trabajadores, de un asunto sobre el cual no se le da información sistemática. La Contraloría no informa de cómo van los procesos anticorrupción, desconocemos porque el secretismo a su alrededor. La prensa tampoco informa. Generándose en el pueblo un ambiente de desconfianza respecto a lo que está ocurriendo. Solo cuando la televisión exhibe una situación como la divulgada en "Cuba Dice" es que podemos percatarnos de lo sumamente grave que es el problema. Pues es posible extraer la conclusión de que la corrupción se ha extendido de una manera sumamente peligrosa. Por lo que sin dudas hay que adoptar medidas drásticas contra ella, que por lo demás no pueden ser solo medidas burocráticas, sino políticas y represivas.

Hay que movilizar al pueblo alrededor del problema, que es donde están los principales dolientes, aunque dentro del estén también los corruptos. Sin embargo, perfectamente distinguibles estos últimos del ciudadano común, porque son los que administran y tienen al alcance de la mano los recursos que roban y malversan.

En términos prácticos un corrupto es fácilmente distinguible de un ciudadano común. Este último solo concurre al mercado a comprar, mientras que el que administra los bienes, todo lo puede obtener por otras vías colaterales. El que administra nunca será una víctima de la corrupción en los precios como si lo es el ciudadano común.

Es al ciudadano común al que hay que proteger y por tanto proveerlo de los instrumentos para que se proteja. Esos instrumentos serán siempre políticos; leyes que les permitan reclamar su derecho, instituciones y agrupamientos civiles desde los que puedan atacar la corrupción, incluido los agentes de la ley que también a veces se corrompen. No es difícil ver algunos miembros de los cuerpos del orden, como actúan con las prostitutas a la puerta de los hoteles turísticos; ni como se hacen los de la "vista gorda" en el supermercado, etc.

Insisto en que hay que meter a la Organización Sindical en este proceso de lucha contra la corrupción en los centros de trabajo. Hay que organizar a las masas, a través de sus organizaciones. Hay que crear dispositivos protectores anticorrupción en las barriadas donde hay supermercados, para que junto a la prensa participen en las visitas a los supermercados. No sería difícil, apoyándose en las organizaciones y los organismos sindicales, crear alrededor de las áreas donde hay supermercados, grupos anticorrupción que acompañen a nuestra prensa cada vez que vayan a realizar una visita.

La burocracia no puede detener la corrupción, en ningún lugar lo ha logrado y Cuba no va a ser una excepción .Repito, solo el "Terror Ciudadano", organizado, apoyado por la prensa y las masas podrá detener una lacra que lo único que ha hecho hasta hoy es reproducirse de manera creciente.

DEBATE NACIONAL

ESTEBAN MORALES DOMÍNGUEZ

Prestar más atención a las críticas

Los comunistas llegamos por primera vez al poder en Rusia en 1917. Desde entonces, arrastramos los efectos de una enfermedad, de la cual, solo en Cuba, recientemente, hemos comenzado a librarnos de ella. Se trata de la negativa actitud ante la crítica. La absurda comprensión de la crítica como algo que solo te puede hacer daño. Muy grave, cuando esa forma de comprensión se da la mano con la autosuficiencia, la prepotencia, el ordeno y mando y el nunca aceptar decir, yo no sé.

No se puede decir que los comunistas hayamos tenido la posición más inteligente ante la crítica; siempre la hemos visto mas como algo de lo cual nos tenemos que defender a ultranza, que como un asunto del cual pudiéramos sacar provecho

No nos percatamos con facilidad de que quien de verdad no aprecia lo que haces, no te critica, sino deja que te estanques. Porque ante esa actitud de que hablamos frente a la crítica, solo es posible esperar represalias, como las que ya muchos hemos sufrido. Con el resultado de que cuando críticas, es porque te falta informacion, no entiendes el problema o en el peor de los casos quieres hacer daño al proceso. Que tire la primera piedra quien crea no haber estado de ninguno de los lados.

Por eso nuestro general presidente ha dedicado una gran parte de su precioso tiempo a tratar de educarnos, logrando poner la crítica en el lugar que le corresponde. Y creo que lo va logrando. No siendo posible ignorar la importancia que ello tiene.

Los daños de esa actitud dogmática, oportunista y represiva ante la crítica han sido catastróficos.

Baste recordar en la URSS, los casos de Novozhilov y Kantorovich[121], dos excelentes economistas, que se percataron a tiempo de que la aplicación de las matemáticas a la economía,

---

[121] Viktor Valentinovich Novozhilov (1892-1970) y Leonid Vitaliyevich Kantorovich (1912-1986) [N. del E.]

era el complemento que necesitaba el modelo marxista de reproducción social, para serle funcional a la planificación de la economía soviética que entonces nacía. Terminaron ambos cientificos acusados de revisionistas y solo muchos años después, vino la rectificación por la que le entregaron a Novozhilov el título de *Héroe del Trabajo Socialista de la Unión Soviética* y poco tiempo después murió. Algunos hemos tenido más suerte que él.

Con el estalinismo se agudizo esa concepción, hasta la llegar a la criminalidad, por una supuesta defensa de la pureza del marxismo. Y así el marxismo se perdió de integrar todo aquello que la ciencia burguesa logro aportar, hasta que terminamos de darnos cuenta que la ciencia lo es, no importa del espectro ideológico del que venga, y solo lo que hay es que despojarla del marasmo en que la sumerge la ideologización y la conveniencia oportunista con que la aplica la política.

Pero antes de percatarnos de ello perdimos mucho tiempo para solo mencionar algunos errores. En la historia de las doctrinas económicas, Keynes[122] aparecía como un tonto, la sociología como mera respuesta al materialismo histórico; el comunismo científico como la vara mágica para construir el socialismo y la aplicación de las matemáticas a la economía solo para confundir el subjetivismo de la economía neoclásica burguesa con la objetividad de la economía politica marxista. En politica, Leon Trotsky[123], como un simple contrarrevolucionario oportunista. Por lo que si el socialismo entonces no triunfo, en gran medida ello lo debemos a los errores que cometimos en el campo de la ciencia, la politica y de su aplicación.

Para bienestar nuestro, un dia Fidel Castro dijo "...que el fu-

---

[122] John Maynard Keynes (1883–1946) fue un influyente economista británico, cuyas ideas tuvieron una tremenda repercusión en las teorías y políticas económicas [N. del E.].

[123] Lev Davídovich Bronstein (1879-1940), político y revolucionario ruso de origen judío, fue uno de los organizadores de la Revolución de Octubre, en noviembre de 1917 en Rusia. Durante la Guerra Civil, desempeñó el cargo de Comisario de asuntos militares, así como de Relaciones Exteriores y Presidente del Soviet Militar. En el exilio murió asesinado en México por un agente español soviético [N. del E.].

turo de nuestro país debía ser un futuro de hombres de ciencia". Y aquí estamos, luchando, pues no vayan a creer que todos entendimos lo que dijo.

Para ventura nuestra, hace años nos venimos desembarazando de todos esos errores, que no poco de negativo dejaron en nuestro comportamiento político, hasta el mismo dia de hoy.

No obstante, ya en Cuba, tenemos una conciencia más clara de todo ello. Aunque todavía conservamos los prejuicios, de creernos que nos las sabemos todas y que no necesitamos ayuda de casi nadie. De lo cual también nos venimos librando, pero más lentamente.

Existe hoy mucha gente pensando en la economía Cubana y en el debate de otros asuntos de nuestra realidad social actual. Y no todos con interés de llevarnos hacia donde no queremos ir .algunos, con honestidad señalan nuestros errores y otros ponen de manifiesto nuestras inconsecuencias, de lo cual deberíamos ser capaces de servirnos al máximo. Tal ocurre con muchos dentro y fuera de Cuba.

En cuanto a la economía, que ha resultado siempre ser nuestro "Talón de Aquiles", creo que debemos tomar en consideración algunas observaciones que aparecen de manera repetida en las múltiples críticas que se nos hacen. Entre ellas las siguientes:

- No será posible avanzar en nuestra economía, haciendo crecer el PIB[124], hasta que no logremos el nivel de inversiones requeridas. Se dice que debe estar entre el 20 y un 30%. Y ello no se va a lograr solo con las inversiones extranjeras, sino reuniendo internamente, aunque sea de a poquito, toda la capacidad de capital que seamos capaces de juntar para potenciar el proceso inversionista. Internamente tendrán que ser considerados, todos los que puedan aportar, por medio de los mecanismo ya descubiertos y que permiten reunir capital.se conoce de gente que posee millones de dólares guardado, sin tener en que invertirlo.

---

[124] Producto Interno Bruto [N. del E.].

- Se hace indispensable activar mas el crédito bancario incentivándolo para contribuir al proceso inversionista interno. Mejorar las tasas de interés que se pagan por los depósitos ofreciendo mecanismos para mover el dinero con más facilidad. Baste saber que en nuestro sistema bancario, un cheque no lo es tal, porque no puede ser endosado. Realmente con un sistema bancario tan arcaico y tan poco automatizado, es difícil avanzar hacia ningún lugar.

- Hay que terminar de romper el círculo vicioso entre salarios insuficientes, necesidades insatisfechas y poco o nulo estímulo al crecimiento de la productividad.

- Hay que estimular multilateralmente el crecimiento de la demanda interna de consumo masivo lo cual solo se logra haciendo crecer la productividad, el PIB y los ingresos de los trabajadores.

- Mientras no crezcan el PIB y la productividad la unificación monetaria, ya a estas alturas, es pura ilusion.se dice que pudimos haberlo hecho antes. Lo cierto es que ya es tarde.

- hay que terminar de concretar la reforma de la empresa socialista. Nos hemos demorado demasiado en esto.

- hay que fortalecer los mecanismos del control obrero para lo que se necesita de verdad un movimiento sindical que cumpla su función de contrapartida de la burocracia estatal y empresarial.

- hay que terminar de transformar la planificación en lo que realmente debe ser. Hablamos mucho de esta, pero los mecanismos continúan siendo mas o menos los mismos.

- hay que prestar una atención prioritaria y especial a las relaciones económicas externas, especialmente con Rusia y china. Ambas naciones han puesto en manos Cubanas muchos recursos y facilidades económicas que sin dudas son un "arma de doble filo"; por una parte representan para la economía Cubana una ayuda sin precedentes para avanzar, y por la otra, un marco de exigencia insoslayable hacia la eficiencia con que nuestra economía debiera trabajar.

- hay que terminar de liberar a la agricultura de las ataduras de la burocracia que la ahoga; que no reparte las tierras ociosas y que sigue utilizando el mecanismo de acopiar, pagar poco y tarde y dejar que se pudran los productos en el mercado, sin bajarle los precios.

- la fuerza de trabajo calificada tendrá que ser protegida sobre la base de contratos que consideren una sustancial remuneración, que impida la competencia con las facilidades para su emigración. Por suerte, parece que el renacer de "Acorex"[125] murió y al menos para el Proyecto Mariel[126] hay más empresas que pueden contratar.

- hay que crear con urgencia un mercado interno, al por mayor, o con facilidades de precios de compra, para los cuentapropistas permitiéndoles además importar los bienes mínimos que se necesitan para hacer crecer la actividad industrial mediana y pequeña. Lo contra-

---

[125] Empresa "empleadora" cubana a la cual deben acudir las compañías extranjeras a contratar personal nacional, sustituyó a la similar Cubalse [N. del E.].
[126] La Zona Especial de Desarrollo Mariel, ubicada en el Puerto de ese nombre es un proyecto de 465,4 Km.², a una distancia de 45 Km al oeste de La Habana, dirigido a fomentar el desarrollo, atrayendo la inversión extranjera. Las inversiones principales son de Brasil y países árabes [N. del E.]

rio es cerrar los ojos ante la corrupción. Hay que garantizar que el *cuentapropismo*[127] logre generar la pequeña y mediana empresa.

- nuestras regulaciones aduanales, deben flexibilizarse, con las medidas correspondientes, permitiendo la posibilidad de un comercio interno que ya existía y que no tiene que lograr sus posibilidades de crecer sobre la base de esconderse o violar las regulaciones de importación que fije el estado; sino sobre la base de un realismo de la aduana, mas acorde con nuestras necesidades actuales. Lo cierto es que ese mercado estatal, de productos caros, con mala calidad y de horrible estética, nunca podrá competir con este otro mercado que se ha tratado de eliminar. Pero que solo lo que ha hecho es pasar a la clandestinidad.

- hay que dar facilidades a la industria agropecuaria en general y de modo especial a la conectada al turismo, de importar aquellos bienes que necesita para hacer crecer la actividad y abastecer de manera más eficiente y con más calidad al turismo. Avanzando incluso hasta crearse un mercado externo e interno. Siendo esta una vía importante para sustituir importaciones. El turismo debe tener un efecto multiplicador hacia la economía interna, de lo contrario no vale la pena pagar los costos económicos, sociales, culturales e ideológicos que genera.

- hay que terminar de impulsar la actividad cooperativa, sobre todo industrial, permitiéndoles cuotas de importación de materias primas, cuando no puedan obtenerlas en el mercado nacional y facilitándole exportar cuando logren un nivel aceptable de satisfacción del consumo nacional ofreciéndoles las facilidades bancarias para manejar ciertas cuotas de moneda

---

[127] Terminología cubana para los trabajadores por cuenta propia [N. del E.].

extranjera que les permitan ir compitiendo en el mercado externo.

- hay que terminar de distribuir las tierras ociosas, que son bastantes siendo esta una vía para sustituir importaciones de alimentos, factura que afecta seriamente a la economía del país y sobre todo, para ofrecer empleo bien remunerado.

- hay que flexibilizar el empleo, permitiendo que ciudadanos calificados puedan tener más de uno. Existe una fuerza calificada que no tiene por qué limitarse a tener un solo empleo. Por ejemplo, un profesor universitario, puede al mismo tiempo, ser asesor de una empresa Cubana o extranjera.

- hay que ajustar el crecimiento de la capacidad turística estrictamente a la utilización de su aprovechamiento. Evitando empantanar dinero que de manera inmediata no representa un crecimiento de los resultados del turismo. El turismo crece, pero no de manera correspondiente sus ganancias.

- hay que combinar adecuadamente la actividad del alojamiento por cuenta propia con las capacidades de alojamiento del turismo, lo cual permite dar empleo, utilizar capacidades de menor costo y aprovechar las capacidades del turismo para el flujo internacional, sin tener que crear muchos mas habitaciones.

- hay que terminar de formular las carteras para la inversión extranjera sobre todo, una reanimación de la actividad industrial está en espera lo cual presenta un atraso insostenible.

- hay que organizar detenidamente el flujo de Cubanos procedentes del exterior, ampliando su actividad mas allá de venir a vacacionar con sus familiares, ofreciéndoles turismo de salud, educacional, cultural, entrenamiento laboral, intercambio científico y deportivo etc. Al mismo tiempo, hay que continuar estudiando y ampliando las flexibilidades hacia los Cubanos en el exterior en sus relaciones con el país.

- hay que considerar la accion de rebajar los precios del mercado en divisas, de algunos productos de primera necesidad, como jabón, aceites, pasta de dientes, etc. Algunos alimentos, ropas, calzados. Y ciertos productos de equipamiento para el hogar, indispensables, pero que son demasiado caros en el mercado nacional. Ello permitiría hacer más competitivo el mercado interno respecto a la importación personal. La tasa de ganancia de este comercio es demasiado alta, leonina y no beneficia en nada al ciudadano.

Si los precios de nuestro mercado interno en divisas fueran más racionales y menos recaudadores, ello serviría para atraer más el dinero que se gasta afuera hacia adentro. Lo que aumentaría la confianza del consumidor en nuestro mercado nacional, hasta producir una situación en que el que viaje prácticamente no necesite importar nada

Nuestros precios internos en divisas son tan absurdos, que yo puedo importar, vender a mitad de precios en Cuba y aun así se obtienen altas ganancias. Pero en esta actividad comercial hay mucho oportunismo de nuestra burocracia importadora, mucho beneficio de obtención de comisiones, para traer mercancías de baja calidad y mal gusto, que aquí hay que pagar a los mas altos precios.

- hay que hacer un esfuerzo multilateral por bajar los precios del mercado agropecuario. Eso se logra poniendo a producir las tierras ociosas, dándole más capacidad de competencia al mercado estatal, dándole mejores precios a los productores y evitando un poco los intermediarios innecesarios. Pues no se trata tampoco de hacerles la guerra a los intermediarios. No todos los intermediarios son innecesarios. El que sustituye al campesino vendiendo, para que este permanezca en el campo es un intermediario necesario.

- hay que tratar de eliminar al máximo, que el ciudadano común tenga que erogar divisas para pagar trámites burocráticos. Las recientes regulaciones del ministerio de justicia son leoninas, dan la impresión de un estado desesperado sacándole el dinero a todo el que puede.

- hay que eliminar la cuota de ETECSA[128] de $5 dólares, cuando el tiempo vence, aunque se tenga dinero en el teléfono. Eso es un absurdo y lo unico que hace es disgustar a la gente y que piensen les están robando su dinero. ETECSA jamás ha dado una explicación coherente de porque eso tiene que ser así, y además, solo existe en Cuba. Cada quien que recargue su teléfono cuando pueda y con la cantidad que quiera. Lo contario es una imposición monopólica que nadie entiende. Si existiera otra empresa haciéndole la competencia a ETECSA, seguro que tendríamos telefonía celular más barata. Todo monopolio no es negativo, a veces hace falta para defensa del consumidor.

- hay que eliminar la condescendencia de no mostrar el rostro de los corruptos en la prensa, de no mostrarlos en el barrio o el centro de trabajo. El pueblo debe conocer quienes le roban. Pues mientras les perdonamos la vida, ellos van organizando la nueva clase que va a desplazar al pueblo del poder. O acaso pensamos que se van a arriesgar por migajas. Esa gente, que son muchos ya, lo quieren todo.

- hay que terminar de eliminar la obligatoriedad de viajar a Cuba con pasaporte Cubano, aunque ya se

---

[128] Empresa de Telecomunicaciones de Cuba Sociedad Anónima. Monopolio estatal cubano de la telefonía y las telecomunicaciones [N. del E.].

tenga otra nacionalidad. Bastaría con que en el pasaporte constara la nacionalidad originaria del que viaja. Eso respondía más bien a un mecanismo de control que ya no se justifica.

Entre las medidas de flexibilización que se pueden adoptar en la economía y la realdad de que Cuba pueda devenir en una economía de mercado, va un espacio muy amplio, que justifica avanzar bastante sin cubrirlo.

Se trata simplemente de darle al mercado el lugar que merece y a la iniciativa individual, privada, regulada también. Para ello basta tener un sistema de impuestos acorde con cada actividad, agredir a la corrupción entre los inspectores, y una regulación laboral que impida la violación de un conjunto de principios básicos que ya están establecidos: salario igual para la misma actividad; ningún tipo de discriminación en el empleo; cumplir los impuestos de la contratación laboral; laborar dentro de una actividad legal.

- hay que romper con esa mentalidad que vincula la riqueza con la inmoralidad. La riqueza que provenga del trabajo nunca será inmoral.

Sin embargo, se observan aun insuficiencias en la participación que debe tener la sociedad civil en la solucion de los problemas. Aún estamos atados a formas de institucionalidad que ya no responden a las realidades y necesidades del país. Nuestras organizaciones de masas, meras poleas trasmisoras de orientaciones, ya resultan sumamente rígidas para movilizar a la sociedad civil en la solucion de sus problemas.

Son en todo caso los llamados proyectos comunitarios los que apuntan mas en la direccion necesaria, pero la estructura politica los frena. Las organizaciones de masas en la base y el partido, no están preparados, ni lo tienen en sus agendas de trabajo, para entender que un proyecto comunitario es algo más que un CDR, que una base de la FMC, que una organización sindical, que un núcleo de base del partido. Se trata de todo eso reunido, pero traspasando sus propios límites. Resultando imposible a veces, que muchos entiendan que un proyecto comunitario debe tener una base económica de sustentación que debe producir algo, un huerto, un taller, una pequeña fábrica, organizados de forma cooperativa.

No se acaba de poner en práctica y a veces ni de entender, que si se quiere que la economía avance, lo primero que hay que hacer es movilizar las fuerzas productivas. Y esas fuerzas están también en la comunidad, en el barrio. No solo en los centros de trabajo y en las empresas organizadas oficialmente. Sobre todo si tomamos en cuenta el proceso de envejecimiento de la población.

Están en el huerto que puede organizar la comunidad, el taller, la actividad de servicio, los jubilados que aún pueden trabajar, las amas de casa, fuerzas que organizadas, trabajando dentro de su propia comunidad que pueden solucionar múltiples problemas colectivos y personales.

Tampoco se acaba de entender que en Cuba hay personas que tiene dinero o forma de colectarlo y ponerlo en función de algún tipo de inversión, que puede ser un taller, un hostal, una pequeña fábrica, un huerto productivo; servicios, que dan empleo, producen ingresos, mejoran la situación de los vecinos y aportan impuestos al estado. Algo que nuestra mentalidad burocrática, aun en exceso centralizadora, monopólica, estatal, oficialista, no nos permite todavía apreciar con claridad.

La economía la conforma toda la sociedad, es cosa de todos, horizontal y verticalmente, no solo una parte de ella.se trata de procesos que se tienen que interrelacionar, complementar y traer como resultado la movilidad de las fuerzas productivas. Es así como debe funcionar el modelo economico, con todos los factores actuando al unísono, con las iniciativas propias, privadas y estatales, cada cual en su espacio y complementándose mutuamente. Ningún nivel es más importante que el otro. O todos funcionan al unísono o no hay modelo.

Son las limitaciones que nos impone aun la vieja mentalidad y no poco la rígida estructura institucional, lo que no nos permite avanzar. Nos habituamos a formas de vivir que ya son muchas las que tienen que ser cambiadas.
Agosto 6 del 2014.

Una Revolución verdadera tiene que movilizar a las masas para combatir sus problemas.

Es importante reflexionar sobre en qué momento nos encontramos. Son muchas las dificultades que deben ser atacadas. Pero los arboles nunca nos deben impedir ver el bosque.

Nuestra sociedad cuenta hoy con unas ventajas que no deben ser desaprovechadas. Porque ya después será demasiado tarde.

Salta a la vista, que en más de 50 años nunca habíamos tenido un entorno internacional, hemisférico, e incluso más allá, como el que disfrutamos ahora. De la soledad de los años 60 y 70, nos hemos trasladado a un escenario dentro de la cual Cuba nunca había contado con tantos que nos acompañaran, en nuestro hemisferio, que está generando una profunda transformación, también en el mundo. Ya América Latina y el Caribe, no son el seguro traspatio de la política agresiva de Estados Unidos seguida contra Cuba, por más de 50 años. Ni tampoco la potencia imperial americana cuenta con la fuerza para imponer sus intereses en el hemisferio.

Casi 37 años después de la experiencia de acercamiento a Cuba, provocada por la iniciativa política de James Carter[129] y Walter Mondale[130], ahora resulta que se produce una situación nunca antes vista en las relaciones entre ambos países. Por primera vez un presidente norteamericano cuenta con el consenso para cambiar la política hacia Cuba como lo tiene ahora Barack Obama.

Consenso que además es fruto, no de una iniciativa personal,

---

[129] James Earl "Jimmy" Carter, Jr., político estadounidense del Partido Demócrata el trigésimo noveno presidente de los Estados Unidos (1977-1981), antes había sido gobernador y senador por el estado de Georgia. Carter fue galardonado con el Premio Nobel de la Paz en 2002 [N. del E.].
[130] Walter Frederick Mondale, político estadounidense. Fue el 42º vicepresidente de los Estados Unidos durante el mandato de Jimmy Carter [N. del E.].

sino el resultado de un movimiento hacia Cuba dentro de la política interna norteamericana, con el que nunca se había contado. Pues tiene la aprobación de personalidades de la administración, intelectuales, hombres de negocios, políticos de todas las tendencias, que han variado su actitud, sobre la base de una comprensión pragmática de que la política seguida hasta ahora no ha logrado sus objetivos. Por lo que hay que buscar una alternativa que permita alcanzar las intenciones de atraer a Cuba. Tal situación es totalmente nueva y parece estar demandando de acciones que pueden cambiar el escenario en que Cuba deberá moverse frente a la política norteamericana.

Por supuesto, también tienen lugar acontecimientos contradictorios, pues Obama mantiene a Cuba en la lista de países terroristas, tráfico de personas y no cesa en su empeño de otorgar fondos para la subversión interna. Así como en su interés de una persecución financiera contra Cuba, que ha producido la multa mas astronómica contra un Banco Francés.

La Unión Europea ha entrado también dentro de un proceso negociador con Cuba, que esperamos no sea más de lo mismo. Porque además parece estar influido ese proceso por cierta visión de acercamiento que tiene Europa entre Cuba y Estados Unidos y al parecer no se quieren quedar al margen de las potenciales acciones de su aliado competidor.

Es decir, desde la perspectiva de sus relaciones externas Cuba cuenta con los potenciales que nunca había tenido. Ya no estamos aislados y no por hecho simbólico, de que solo tres países votan en contra de la Resolución Cubana sobre Bloqueo en Naciones Unidas, sino porque la solidaridad, el interés de negociar y el acercamiento político, se hacen patentes a cada paso.

Rusia, fortalece sus relaciones con Cuba y varios Países ex socialistas retornan buscando vínculos económicos con la Isla. En América Latina y el Caribe, nunca se había logrado contar con tantos aliados. Al punto de que Estados Unidos sabe que los arreglos políticos en el hemisferio, pasan por las relaciones con Cuba. El sistema interamericano se desmiembra paulatinamente. Cuba, de haber sido expulsada de la OEA[131] en 1962,

---

[131] Organización de Estados Americanos, radica en Washington DC [N. del E.].

hoy en el hemisferio cuenta con más prestigio que Estados Unidos y la OEA juntos.

También van emergiendo en América Latina y el Caribe, vistos de conjunto, modelos de integración económica y también políticas, que en algunos casos, no tienen precedentes y que restan fuerzas a Estados Unidos para practicar el *Roll Back*[132], que antes le resulto tan fácil poner en práctica. Resultado todo ello, de que mientras el continente avanza, Estados Unidos, en su política exterior, ha retrocedido hasta los espacios más oscuros e insuperables que se hayan conocido.

Tanto en su política interna como en la política exterior, el imperio está atravesando una crisis como nunca antes había sufrido. Las guerras en el Medio Oriente han representado la tumba de la política exterior norteamericana; en el orden interno la crisis económica comenzada en el 2008, aun atraviesa momentos que no se solucionan y desde el 2009, la economía norteamericana no vivía una situación tan crítica como la que ahora tiene, solo comparable con los críticos años treinta.

De modo que el crecimiento esperado no ha llegado y la disminución del PIB se ha comportado peor que lo planeado. Lo que aleja la anhelada recuperación económica. La economía norteamericana retrocedió un 2,9% en el primer trimestre del presente año 2014, frente al 1% pronosticado, prácticamente triplicando lo esperado. Para registrar la peor caída desde el 2009, retrocediendo entonces aún más en medio de la recesión económica que ya padecía.

Según analistas locales, la contracción es la mayor desde el primer trimestre de 2009, cuando el PIB había caído el 5,9%. Los consumos, que representan el 70% del PIB, crecieron –sin embargo- el 1%, el menor crecimiento de los últimos cinco años, frente al 3,1% que se estimaba precedentemente.

Las exportaciones disminuyeron un 8,9%, respecto al 6% previsto inicialmente. Pero las dificultades que se avizoran para Estados Unidos, tienen que ver también con la pérdida paulatina de poder que puede sufrir el dólar; ante los intentos de

---

[132] En ciencias políticas, es la estrategia de forzar el cambio en las principales políticas de un estado, generalmente mediante la sustitución de su régimen en el poder [N. del E.]

China, Rusia, los BRICS[133] y MERCOSUR[134] de fundar organizaciones bancarias para disminuir su dependencia de la moneda norteamericana y terminar con el liderazgo del FMI[135] y el Banco Mundial.

Para complicarlo todo aún mas, la Corte Suprema ha acusado el Presidente de incumplir reglas en el nombramiento de funcionarios, situación, que de ser bien aprovechada por sus enemigos, puede servir para provocar un serio cuestionamiento a la gestión presidencial.

El presidente Obama no ha logrado cumplir una sola de las promesas que ha realizado, ni en economía, la política interna, su plan de salud o la cuestión migratoria, o en general la política exterior. Retrocede en todos los campos; su popularidad esta en el peor nivel para un presidente a seis meses del comienzo de su segundo periodo de mandato y no logra detener los ataques de que está siendo objeto.

Veamos.

Según un nuevo sondeo llevado a cabo por la Universidad Quinnipiac[136], el 33% de los encuestados cree que Barack Obama es el peor presidente de EE.UU. desde de la Segunda Guerra Mundial. El segundo peor presidente es George W. Bush, según lo cree el 28% de encuestados. El tercer lugar lo ocupa Richard Nixon con el 13% de los votos.

En cambio, el mejor presidente lo ha sido Ronald Reagan, según lo cree el 35% de encuestados. El segundo y tercer puesto lo ocupan Bill Clinton y John F. Kennedy (con el 18% y el 15%, respectivamente).

El 40% de los encuestados da el visto bueno a la forma en que Obama maneja la economía, frente al 55% que no lo hace. En cuanto a la política exterior del presidente actual los índices de apoyo son del 37% y 57%, respectivamente.

Mientras tanto, la mayoría de encuestados no ve con buenos ojos cómo Obama maneja el sistema de salud y la lucha contra

---

[133] En economía internacional BRICS se refiere a Brasil, Rusia, India, China y Sudáfrica y sus acuerdos [N. del E.].

[134] El Mercado Común del Sur (Mercosur) es un bloque subregional integrado por Argentina, Brasil, Paraguay, Uruguay y Venezuela; como países asociados a Bolivia, Chile, Colombia, Ecuador, Perú y observadores Nueva Zelanda y México [N. del E.].

[135] Fondo Monetario Internacional [N. del E.].

[136] Universidad privada de Hamden, estado de Connecticut, EEUU [N. del E.].

terrorismo. El 54% cree que la administración de Obama no destaca por su competencia.

El 43% de encuestados considera el estado económico del país como "no muy bueno", mientras que otro 43% opina que no ha cambiado. La única área donde Obama parece tener relativo éxito es en medioambiente".

Luego, mientras la Revolución Cubana, en el orden externo, incrementa continuamente su capacidad para enfrentarse a las complejidades del mundo actual; quien ha sido hasta ahora siempre su peor enemigo, no logra salir de los "agujeros negros" en que se ha metido.

La guerra en Irak parece retornar; Afganistán esta al estallar; Libia no es país visitable por Obama; Siria parece estar saliendo del atolladero en que Estados Unidos y sus Aliados han querido meterla; su lucha contra el terrorismo súfrelos fracasos de que ya le habían advertido a Obama; Ucrania se complica cada día más, continúan las contradicciones con Pakistán, Egipto aun o asegura un futuro tranquilo, no existiendo uno solo de los conflictos mencionados, cuya intervención en los mismos, Estados Unidos pueda considerar como exitosa. Particularmente en el caso de Ucrania Obama hace el ridículo ante la estatura política que despliega Vladimir Putin[137].

Ningún presidente en la historia de los Estados Unidos, había acumulado, al mismo tiempo, tantos fracasos internos ni externos, como le viene ocurriendo a Obama. El cual, sin dudas, ya ha superado los límites del descalabro de la presidencia anterior de Bush. En la práctica no ha podido gobernar y puede pasar a la historia como el Presidente que ha inaugurado el derrumbe de Estados Unidos como primera potencia mundial. Obama ha querido mas salvar su vida, mostrándose siempre timorato e indeciso, lo cual no tiene nada que ver con la forma en que inicio su administración. Por lo que parece como si la clase poderosa blanca, reaccionaria norteamericana, se hubiera impuesto la tarea de demostrar que la presidencia

---

[137] Vladímir Vladímirovich Putin, abogado y político, actualmente Presidente de Rusia, posición que ejerció anteriormente por dos mandatos consecutivos (2000-2004 y 2004-2008), el que más tiempo ha estado en ese cargo desde la caída de la URSS [N. del E.]

de Estados Unidos no es asunto de negros, aunque parezcan y sean realmente inteligentes. Por lo que Obama como presidente ha perdido la oportunidad de dar un vuelco a la historia norteamericana.

Las cosas para Obama han adoptado un derrotero dentro del cual parece, que de todos los problemas que hoy acumula, solo el caso de Cuba se le presenta como la única oportunidad de anotarse algún logro en su política exterior. Sin embargo, aquí aparece también como finalmente indeciso y aferrado a una línea de comportamiento, en la que casi todos le van diciendo que se trata de una política fracasada que debe cambiar. Pero continúa las sanciones relacionadas con la banca que ha tenido contacto con Cuba, manteniendo las presiones del bloqueo, presionando sobre Cuba con medidas absurdas, y sosteniendo el flujo de dinero con que pretende subvertirla. En medio de los reclamos, mantiene las medidas que obstaculizan los viajes de los norteamericanos a Cuba.

No obstante, a pesar de los fracasos de Obama, y las ventajas internacionales que hoy Cuba acumula, la capacidad de un país, para enfrentar los retos externos provenientes de cualquier política, depende de sus fortalezas internas. Y Cuba no logra aun aprovechar las ventajas que se le presentan para avanzar en el orden de sus capacidades internas, especialmente económicas y científicas.

Aun la economía, continua siendo el "talón de Aquiles" de la Revolución Cubana. Lo cual afecta sus potencialidades científicas en doble sentido, pues la Nueva Ley de Inversiones[138], es débil en cuanto al reconocimiento de un mejor pago a la fuerza calificada que contratan los inversionistas extranjeros y ello no sirve para detener el flujo migratorio del capital humano, principal garantía de que los empresarios extranjeros vengan a Cuba.

Todas las variables negativas que Cuba debiera solucionar hoy en su situación como país, se concentran en su política interna. En las medidas que se deben llevar adelante para

---

[138] Gaceta Oficial (2014, Abr. 16). Texto de la Ley No. 118 de la Inversión Extranjera. Periódico *Granma,* 11:48:27. Tomado de http://www.granma.cu/cuba/2014-04-16/asamblea-nacional-del-poder-popular [N. del E.].

que la economía avance y al mismo tiempo, solucionar el cumulo de problemas de eficiencia, organizativos, sociales, morales, éticos que hoy está padeciendo la Isla.

Basta remitirse a los discursos del Compañero Presidente Raúl Castro, en particular, al del 26 de julio último, para tener una idea de cuáles son los asuntos a superar dentro de la sociedad Cubana actual. Problemas que en última instancia giran todos alrededor de la necesidad de responder con organización, eficiencia y sólida cultura ciudadana, ante las dificultades que se han acrecentado durante estos años.

Pues a pesar de todos los esfuerzos que se vienen realizando, yo diría de manera más coherente, decidida y con mayor claridad de objetivos de todos modos no logramos avanzar lo necesario y como ya advirtió Fidel Castro en su Discurso del 2005 en La Universidad de La Habana, podríamos ser los propios Cubanos los que demos al traste con el derrumbe de la Revolución. Es cierto, como ya hemos dicho en varias ocasiones, que los principales y más peligrosos enemigos los tenemos dentro de Cuba.

La economía continua aun desenvolviéndose dentro de un "círculo vicioso", dentro del cual, el trabajo no paga las necesidades que el salario debiera solucionar; ello repercute sobre la eficiencia empresarial, estatal fundamentalmente, fuente de la mayoría de los empleos, lo que trae la existencia de mecanismo colaterales, no económicos, para tratar de compensar las necesidades que el salario no soluciona, produciendo como resultado un continuo incremento de la corrupción, las ilegalidades y el consecuente deterioro moral y ético dentro de la sociedad. Junto a ello, muchos, demasiados ya, de los que administran los bienes, tratan de incrementar sus ingresos robándole al estado y este último no termina de desplegar la capacidad para detener la ola delincuencial que amenaza con cubrirnos a todos.

Toda la sociedad se ve envuelta entonces en medio de unos mecanismos que corrompen de manera creciente el edificio social, sin que se hayan adoptado aun las medidas más drásticas para contener la situación. Se continúa insistiendo en el trabajo de la Contraloría General, que sin embargo, no ha logrado detener la corrupción y el delito económico. Cuando es evidente, que en ningún lugar los mecanismo burocráticos, estatales y gubernamentales, han logrado luchar con éxito contra la corrupción.

No todos los burócratas son corruptos, pero la burocracia es corrupta por su propia naturaleza y no está en capacidad de detener la corrupción que ella misma genera. Puede no ser, como si lo es en otros lugares, que los más altos niveles de la burocracia generen corrupción; pero la burocracia es muy amplia, como administradora de los bienes sociales y en algún nivel genera corrupción, colaborando en la contaminación de todo el aparato estatal y de gobierno. Nosotros en Cuba hemos tenido corruptos a todos los niveles[139].

Y cuando los hemos descubierto ya ha sido demasiado tarde para lograr salvar la estructura. Además, no debemos olvidar que la burocracia ostenta los cargos en los altos niveles de dirección, por lo que dispone de mucho poder para obstruir la justicia, tergiversarla y protegerse de posibles acusaciones. Tampoco es posible soslayar la importancia del oportunismo, el *clientismo*, la cobardía, así como la tendencia a nombrar personas en los cargos que no pocas veces actúan pagando deudas con quienes lo nombraron y desplegando un espíritu de protección hacia los niveles que lo favorecieron. Tomando en consideración que quien ostentar un cargo recibe siempre un nivel de privilegios del que no disfruta el común de los trabajadores. Además, ha sido parte de nuestra idiosincrasia revolucionaria nombrar en los cargos a aquellos que no pueden ser tildados de "conflictivos". O de donde viene esa terrible palabra del "incondicional ".Yo recuerdo que en los años 70 decirle a alguien que era un "incondicional " era hacerlo objeto de una de las mayores ofensas, porque ello quería decir que era un basura, que no era capaz de oponerse a nadie ni de discutir con nadie y mucho menos con un jefe. Cualidades que ahora tanto necesitamos.

Sin embargo, es fácil, viendo como ha avanzado el nivel de la crítica, entre nosotros,   observar la cantidad de basura que

---

[139] Ver hoy mismo el Periódico Granma, junio 30 del 2014, p. 2. Porque el periódico no divulga as fotos de los corruptos. Creo que eso responde a la absurda y débil creencia de que algún día se reivindicaran a esa concepción Judea–cristiana del perdón [Nota del Autor].

nos hemos quitado de encima; cuando el dogmatismo, el mecanicismo y la ausencia de democracia, nos impedía desplegar una actitud crítica hacia los problemas. Ya por lo menos se puede escribir, hace poco tiempo una parte de nuestra burocracia no admitía la crítica, hasta que el Compañero Raúl Castro llamo a criticar todo lo mal hecho y le dio un "tapaboca" a todos aquellos que querían anular la crítica. Diciendo que la crítica es necesaria, saludable y efectiva, si se hace el momento, lugar y forma adecuada.

Cuanto tiempo político ha pasado, desde que un simple artículo criticando la corrupción, le costaba la militancia del partido a cualquiera. O desde que la página Web de *La Joven Cuba* fue suspendida porque publicaba sobre asuntos incómodos para quienes se sentían protegidos por su poder y no estaban dispuestos a rendir cuenta de nada. Cuanta ignorancia, falta de democracia, y ordeno y mando hemos superado desde entonces. Aunque todavía esa batalla no ha terminado. Respecto a lo cual, nuestra prensa, no pocas veces, aún se da el lujo de taparse los oídos o de practicar cierta sordera.

A nuestro entender, solo queda un recurso para actuar. Si los problemas que afectan a la sociedad Cubana han adoptado ya los niveles de deterioro que presentan, tiene que ser la propia sociedad la que se movilice para trabajar contra ellos. Solo las masas organizadas, en su parte más consciente y aún no deteriorada, debe actuar de manera organizada y radical para atacar los problemas que nos afectan. De lo contario, nuestra propia realidad interna, echara por tierra las ventajas que en el orden internacional se presentan a Cuba para ayudarla a avanzar.

Paradójicamente, si observamos detenidamente la situación interna de Cuba, en el orden ideológico podremos apreciar que nunca habíamos contado con tantos factores que pudieran desempeñar un papel positivo en la lucha que debemos librar contra las lacras que nos atacan.

1- La sociedad Cubana, en el orden cultural, no ha avanzado todo lo que debiera haber logrado para solucionar sus problemas internos. En nuestra opinión ello se debe a que se ha producido un desequilibrio entre lo que hemos logrado avanzar en educación, salud, protección social y conciencia ciudadana, de lo que debimos avanzar económicamente para hacer sostenibles esos logros alcanzados en el orden social y educacional. Somos mucho mas instruidos que cultos. Por lo que entonces esas ventajas son aprovechadas por muchos para vivir sin aportar a la sociedad o arrancando de ella lo que les correspondería y lo que no. Tenemos ladrones, corruptos y delincuentes preparados. Los hemos capacitado para exigir su cuota de los bienes sociales que creamos, pero con un desequilibrio respecto a la economía dentro de la cual no obtienen lo que debieran de acuerdo al nivel alcanzado y a las expectativas que nosotros mismo les hemos creado. Una sociedad más instruida y más culta exige más en todos los órdenes, pero es la economía quien se lo tiene que dar. Y esa economía es la que aún no tenemos. Por eso muchos se corrompen, otros simplemente roban, otros viven en las fronteras de la ilegalidad, otros emigran y otros simplemente sufren esperando.

2- ¿Dónde está entonces la potencialidad para luchar? Entre aquellos que emigran, los que sufren, los que se conservan honrados a pesar de sentirse defraudados. En los Cubanos que en general quisieran que la sociedad mejorara y largara sus lacras. Recuperando la capacidad moral para vivir de una manera honrada, decente y capacitada para hacerlo todo como se debe. Pero el peligro consiste en que de no solucionarse los problemas que llevan al robo y la corrupción, no quedaría más remedio que nutrir los grupos peores, porque hay que vivir. Limite al cual no debemos llegar, porque desde el no hay retroceso posible.

Hay que entonces preparar a nuestra sociedad civil, organizarla y darle tareas que no están en las agendas de nuestras organizaciones revolucionarias clásicas. Las que "solo son poleas trasmisoras" de las orientaciones partidarias, pero que nunca han tenido la capacidad para movilizarse en función de otros problemas. Porque solo le hemos dicho que se circunscriban a su radio de acción, que no se puede criticar hacia arriba, en fin, que las hemos terminado acostumbrándolas a una política de "cada oveja a su rebaño ". Como me expreso un cuadro municipal del partido, al decirme que mi error político fundamental, al escribir sobre la corrupción, era haber tirado al aire algo que el partido deseaba mantener a discreción. Se ha visto actitud tan absurda, en la concepción de este cuadro, entonces, el partido debía proteger al corrupto. Expresándose así una mezcla de secretismo, con sectarismo y falta de reconocimiento del derecho de cada ciudadano, a criticar lo que ve mal.

Ejemplo clásico que aparece en el documento que recientemente se discutió. Poniendo claramente de manifiesto que no hay claridad en algunos de nuestros aparatos de cómo atacar los problemas que tenemos.

¿Quién dijo que un militante revolucionario debe circunscribirse a atacar solo los problemas de su área de trabajo? ¿Los otros problemas a quien se los dejamos a la burocracia? Si la burocracia, está demostrado, es la que nos crea los problemas, no la que los resuelve.

Insisto en que solo las masas organizadas son las que pueden solucionar nuestros problemas.

1- El sindicato tiene que jugar su papel creando Comisiones Anticorrupción en los centros de trabajo.

2- La prensa tiene que hacerse acompañar de las organizaciones y del pueblo cuando vaya a visitar algún centro de distribución, comercio o supermercado. Crear este tipo de dispositivo en los barrios donde haya supermercados, centros de producción, etc.

3- Los núcleos zonales deben visitar los centros de

producción, mercados y centros de distribución que hay en su radio de acción, haciéndose acompañar de los funcionarios del Poder Popular, la policía y otras autoridades.

4- La policía debe estar presente siempre y actuar de manera expedita cuando se da una situación similar a la que se presentó con los pollos del supermercado *Yumurí* en "Cuba Dice". Hacerse acompañar de las autoridades legales. La prensa debe tener más poder.

5- El partido tiene que nombrar un cuadro visible, que todo el mundo sepa que es al que hay que dirigirse para una denuncia; lo mismo el Sindicato, el CDR, la FMC, la Asociación de Combatientes de la Revolución.

6- Hay que divulgar los nombres de los corruptos y delincuentes, con pelos y señales, de que organismo político o centro estatal son, etc. Porque el pueblo no debe estar "pasando las de Caín" cuando algunos cuadros están viviendo fácil y no pocas veces de manera impune.

7- Al militante del partido que se corrompa, sea ministro, miembro del comité central del partido o diputado, hay que despojarlo de sus credenciales políticas y de sus cargos en su centro de trabajo, en su lugar de residencia, etc.

8- Hay que hacer juicios públicos, invitando a las organizaciones, a los ciudadanos que quieran asistir.

Hay que hacer uso de lo que significa moralmente para cualquiera verse acusado en su centro de trabajo, en su lugar de residencia, en la organización o institución social en la que milita.

El que se alista a robarle los bienes al pueblo debe sufrir las consecuencias. Hay que hacer uso de los mecanismos morales y represivos de que la sociedad civil dispone para defenderse. Y por supuesto, mientras más alto se esté dentro de la estructura social, mayores deben ser las consecuencias de una actuación inmoral, corrupta y delincuencial.

Nuestra sociedad posee gente preparada suficiente para defenderse. Esa fuerza debe ser utilizada, puesta en función de la vigilancia, de producir intelectualmente para combatir lo mal hecho y nuestra prensa debe dar espacio a esa producción.

Nuestra prensa no puede continuar practicando el nivel de sectarismo que pone en práctica. Muchos artículos críticos que circulan en la Web y por los correos electrónicos debieran ser utilizados, también pidiendo la colaboración para atacar los problemas.

Nunca sale la foto de un corrupto en nuestra prensa, no se informa suficientemente sobre cuáles son las medidas que se toman con las barbaridades que a veces salen en la prensa. Todo tiende a quedar en el anonimato y la impunidad. Personalmente, la mayoría de las veces no leo lo que publican, porque lo único que hago es "molestarme" y después no hay respuesta de nada.

Toda la sociedad debe movilizarse, porque el problema es de todos. Nadie tiene derecho, en ningún nivel, a limitar al ciudadano que quiera actuar ante lo mal hecho. Eso se puede decir muchas veces, pero hay que dar capacidad para practicarlo, pues lo contrario es pura demagogia.

Julio 3 del 2014.

¿QUÉ LE OCURRIÓ A ETECSA?

En la reflexión rápida de un "Aprendiz de economista", no es difícil percatarnos de que le ocurrió a ETECSA recientemente.

La empresa, muy embullada, lanzo un grupo de iniciativas, que gustaron, e inmediatamente el público consumidor potencial reacciono, formando largas colas para disfrutar de las pro mociones. Entre ellas, la posibilidad de acceder al Correo Electrónico por vía del teléfono celular.

Como la vida demostró, se trataba de un público desconocido para ETECSA. Esta lanzo sus iniciativas y se sentó a la puerta de la tienda para ver qué pasaba. Pero resulta que lo que paso, no fue el cadáver de su enemigo, sino el cadáver de ETECSA.

Haciéndole poco honor a lo que debe ser una verdadera empresa y más que ello una empresa socialista, ETECSA no hizo ningún estudio de mercado para lo que estaba ofertando, ni siquiera de potencial demanda de los que podrían ser sus usuarios. La demanda, desconocida por ETECSA, reacciono y el servicio telefónico celular de ETECSA y hasta el no celular, colapso.

También se puso de manifiesto que no tuvieron empleados lo suficientemente preparados para hacer las correspondientes adaptaciones técnicas del servicio a miles de teléfonos celulares diferentes. ¿ETECSA no sabe que hay miles de teléfonos celulares en Cuba que no vienen del mercado nacional?

¿Alguien en ETECSA pago por este error elemental? Porque es elemental, que cualquier empresa que se respete, lo primero que debe es conocer su entorno, el mercado en que se mueve. Existen técnicas ya casi ancestrales para hacer el análisis de un potencial mercado, pero ETECSA no aplico ninguna. Simplemente se sentó a esperar, ¿pero a esperar que? ¿Cómo un simple bodeguero a que llegaran los demandantes a sus mostradores?

Si miramos detenidamente, nos damos cuenta, que ETECSA aplico la misma lógica de los que piensan que en Cuba la gente no tiene dinero para invertir. Por eso se sentaron con la esperanza de que alguien viniera a comprar sus ofertas, pero sin la más mínima idea de que la demanda podía hacer colapsar el sistema.

¿Se puede tener confianza en ese tipo de empresa socialista, que ni siquiera conoce el entorno mercantil en que se mueve? ¿A quién sancionaron en ETECSA por tan elemental error? ¿Quién garantiza al público que semejante situación tan molesta no vuelva a ocurrir?

Mayo 31 del 2014.

ENTREVISTA A ESTEBAN MORALES: AL FILO DE LA ENCRUCIJADA[140]

¿En qué estado se encuentra el debate racial en Cuba?
A diferencia de lo que ocurría 3 o 4 años atrás, ahora el debate se encuentra en una posición bastante buena, estamos inmersos en debatir y hacer muchas cosas por la lucha contra la discriminación racial. Estos avances son tanto por parte de la Comisión Aponte de la UNEAC, intelectuales individualmente, como desde una perspectiva más oficial en los debates que están teniendo lugar en las provincias del país y que son muy positivos.

El tema va tomando el espacio que merece en la vida nacional. Aún nos falta mucho pero avanzamos. Se han impartidos cursos sobre el tema. Se hacen jornadas culturales sobre la temática. Se ha establecido una conexión muy fructífera con los Ministerios de Educación, Educación Superior y con la Oficina Nacional de Estadísticas. Se ha publicado varios libros, artículos y actualmente se imparte un Curso de Universidad para Todos sobre "Presencia de África en la Cultura Cubana". Se constituyó el ARA (Articulación Regional Afrodescendiente). Está designado un Vicepresidente del Consejo de Estados para atender el tema a nivel nacional y se mantiene muy buena coordinación con la Asamblea Nacional del Poder Popular. Avanzan, por medio de la UNEAC, las coordinaciones en provincia. Se observa que el debate crece y cada vez la participación es mayor. Pronto terminarán las primeras audiencias en provincia sobre el tema y se coordina la realización de una Conferencia Nacional sobre "La Impronta de África en la Cultura Cubana".

¿Qué opinión le merece lo acontecido recientemente con Roberto Zurbano?
Creo que forma parte del propio debate racial, Zurbano tenía

---

[140] Parte 2. *La Joven Cuba* - junio 13, 2013. Por Harold Cárdenas Lema. Continuación de la primera parte: "tuve que luchar por mi militancia" [Nota del Autor].

todo su derecho a decir lo que dijo y la manera en que lo hizo, lamentablemente se presentó esa situación con el *New York Times* en que él discute que le cambiaron el título. A mí personalmente el título no me gustaba pero sí comulgo con las cosas críticas que se decían en el artículo. Yo también las he dicho. El título me parecía inoportuno, por eso escribí que la "Revolución Cubana comenzó en 1959", creo que el título fue una manipulación y todo parece indicar que él no quería poner ese título. Todo eso ya él lo ha aclarado bastante bien, aunque un poco tarde, me parece.

La vida científica e intelectual tiene determinadas características y cuando se tiene una opinión divergente no hay por qué afectar a esa persona. No debemos tomarnos las críticas en el debate como una cuestión personal, de lo contrario la intelectualidad no existiría y la política mucho menos. Por otro lado, creo que la Casa de las Américas tenía derecho a adoptar una cierta medida con él. Para reclamar derechos hay que respetar derechos, que también tienen las instituciones, él tenía una responsabilidad alta ahí y lamentablemente todavía vivimos cierto oficialismo en el cual si tienes una responsabilidad, no eres totalmente independiente. Entre nosotros el off the record no existe. Dicho eso, reafirmo que tenemos que defender a ultranza que la gente tenga derecho a dar su opinión, porque el debate es lo único que nos puede enriquecer. Pero eso siempre es una responsabilidad netamente personal, por la cual hay que asumir las consecuencias que pueda tener.

¿En qué momento se encuentra el proyecto político Cubano?

En una encrucijada, la más difícil de la historia de la Revolución, en una intención de cambio que se debe concretar más en cambios reales y aumentar todo lo posible su velocidad. El proyecto debe romper con todo aquello que pueda frenar la disposición y el interés colectivo de discutir los problemas. La Revolución no le pertenece a nadie en particular, ningún dirigente ni nadie en particular, es de todos los que la hicimos y estamos haciendo, y si nos mantenemos fieles a ella debemos tener derecho a defenderla. Debemos tener la facilidad y la capacidad para esa defensa.

Si se estudian los discursos del compañero Raúl Castro en los últimos años, es fácil deducir que no tenemos mucho tiempo, es limitado y sumamente valioso. Hay que desarrollar cambios de impacto velozmente, es importante que el pueblo sienta que aun cuando haya que ser cuidadosos y serios en ese proceso, los cambios se van a ir produciendo uno detrás de otro. La gente es capaz de aceptar más los errores que se cometen por andar rápido, que por dejar de hacer, o por tibieza, como dicen los militares. En mi opinión las transformaciones no son suficientes, sobre todo en la economía, en la que históricamente hemos sido bastante erráticos; tomamos caminos que luego no obliga a retroceder. Cada vez que escarbamos en algo, no damos cuenta que las medidas no son suficientes, ejemplo la agricultura. Creo que eso es lo que teme Raúl, él quisiera avanzar con pasos firmes y no retroceder más.

Insisto en que la velocidad debe tratarse de aumentar, porque la gente espera los cambios con mucha más velocidad y siempre que podamos agilizar ese proceso, debemos hacerlo. La burocracia hace mucho daño, miren las 66 máquinas de riego, esperando porque le pongan precio y los campesinos esperando; ya llevan 6 meses en esa noria. Miren las empresas que teniendo tierras ociosas no acaban de entregarlas. Esas actitudes para mí son francamente contrarrevolucionarias en un momento como este, en que los precios de los productos agropecuarios no bajan. ¿Quién sufre todo eso? Liborio[141]. A ese tipo de gente hay que tomarlas por el cuello, sino queda más remedio.

El hecho de que la gente "espere los cambios" acuña un modelo social de comportamiento y de toma de decisiones bastante vertical. ¿Cómo puede el pueblo ser gestor de los cambios?

Menciono que la gente espera los cambios porque es lo más común aunque no debería ser así, eso forma parte de la vieja mentalidad a superar, las personas deberían producir los cambios e impulsarlos pero para eso hay que incrementar el debate interno sobre este proceso de cambios. Darle más potestad a los que sufren los problemas en la base, para que actúen con

---

[141] Personaje creado por el caricaturista Ricardo de la Torriente, basado en personajes del folclore cubano de finales del siglo XIX, particularmente el carácter del guajiro descendiente de isleño (nativo de las Islas Canarias) [N. del E.]

más autoridad, contra esa burocracia que nos frena. En la URSS, esas tierras pasaron a ser propiedad después, de los mismos que la controlaban. Las retenían para quedarse con ellas. No debemos ser ingenuos pensando que eso aquí no podría pasar.

¿Cuánto considera que hemos avanzado estos últimos años en la lucha contra la corrupción como fenómeno que se manifiesta a todos los niveles de la sociedad?

Hemos presentado batalla en la solución del problema, no creo que hayamos avanzado tanto como debemos. Siempre he dicho que cuando a una persona se le vaya a dar un cargo determinado, debe hacérsele una declaración de sus bienes, y en su responsabilidad debe ser sometida continuamente al escrutinio y la inspección. El dinero corrompe fácilmente, sobre todo en medio de nuestra situación, debe existir fuerte observación y control sobre las personas, empresas y organismos que tienen responsabilidades y manejan recursos. Es una batalla que debemos librar con mucha fuerza y sin contemplaciones, dándole gran participación a las masas organizadas. Tarea muy compleja, que nadie, por mucha autoridad que tenga desde arriba, puede cumplir solo.

Son las masas organizadas, aforadas y dolientes directas, las que deben tener en sus manos la tarea fundamental de vigilar cómo se utilizan los recursos que le pertenecen. Porque que yo sepa lo de que el pueblo es el propietario de los bienes no puede ser mero discurso. Entonces, es el pueblo organizado el que tiene que controlar, fiscalizar y hasta sancionar si es necesario. Yo formaría "grupos anticorrupción" a todos los niveles del país. Con toda la autoridad para actuar. Si se cometen excesos, rectificarlos. Siempre sería menor el daño.

Creo que se le ha declarado la guerra a la corrupción y se han tomado una serie de medidas pero se debe apelar mucho más a la participación popular. Eso no se resuelve llenando papeles solamente porque es en primer lugar un problema político y debe ser atendido con toda fuerza, sobre todo por el Partido.

Me molestó y preocupó mucho cuando publiqué mi primer artículo sobre la corrupción en el 2010 y en un análisis conmigo, un cuadro, que no era cualquier cuadro, me dice que yo le estaba haciendo daño a la Revolución porque había sacado a la luz un problema que el Partido quería mantener bajo discreción. Eso me pareció increíble, ¿qué quería decir? ¿Qué el Partido iba a proteger a los corruptos? No podía ser que un funcionario pensara así y terminamos teniendo una discusión.

¿Qué opinión le merece la blogosfera Cubana?

Creo que estamos avanzando, veremos qué pasa ahora con la apertura de Internet pero siempre he pensado que la defensa de la Revolución no puede ser una política dogmática, cerrada, teledirigida o realizada única y exclusivamente por determinadas personas. Esa defensa debe realizarse pluridimensionalmente, lo que le corresponde a todos los que deben participar, y se puede hacer desde muchas aristas, que nadie permita que le digan cómo debe ser esa defensa. Eso es lo único que le da fortaleza a nuestro discurso y nuestras posiciones. El trabajo ideológico no puede ser vertical, y aunque estas existan, debe basarse primordialmente en la horizontalidad.

¿Qué papel le toca a los blogueros en la construcción de una sociedad mejor?

Un papel eminentemente crítico, de asumir nuestras realidades que siempre ameritan ser mejoradas y cambiadas. Que entiendan que siempre vamos a encontrar personas que no estén de acuerdo con lo que estamos diciendo o ven las cosas de otro modo pero debemos defender nuestras posiciones y no dejar que nadie nos haga nuestra historia, debemos hacerla nosotros mismos. Quien te cuenta cómo fue el pasado, controla el presente y el futuro.

La historia de nuestros problemas debemos hacerla nosotros mismos, la actitud crítica hacia nuestros problemas debemos asumirla nosotros mismos porque si no lo hacemos así, ese secretismo se convierte en armas de ataque hacia nosotros.

¿Se siente más identificado con la Cuba de ahora que con la de unos años atrás?

Me siento más identificado en el sentido de que los problemas que veía en la Cuba de años atrás están tratando de ser abordados en la Cuba de hoy; porque tengo la suficiente edad para conocer todos los errores que hemos cometido y en estos momentos veo bastante voluntad política de asumir las realidades con un sentido crítico de rectificación. Esa va siendo poco a poco la actitud de muchas personas, eso me da esperanza, estos cambios pueden ser mucho más profundos que los anteriores. Ese es el discurso político que hay que defender. Ese es hoy el discurso de la Revolución, aunque algunos se resistan a seguirlo…

Hasta aquí las preguntas más "formales", quisiéramos terminar con el famoso cuestionario que elaborara Bernard Pívot, a ver si nos muestra algo de quién es Esteban Morales. Estas son las preguntas:

¿Cuál es tu palabra favorita? Crítica

¿Cuál es la palabra que menos te gusta? Silencio

¿Qué es lo que te enciende (espiritualmente-emocionalmente)? El dogmatismo y la ignorancia

¿Qué es lo que te desanima? La indolencia ante lo mal hecho

¿Cuál es el sonido o ruido que más placer te produce? Un niño riendo

¿Cuál es el sonido o ruido que aborreces escuchar? Un niño llorar

Aparte de tu profesión ¿qué otra profesión te hubiese gustado ejercer? Pescador y Músico

¿Qué profesión nunca ejercerías? Médico, me aterran.

Si el Cielo existe…y te encontraras a Dios en la puerta ¿Qué te gustaría que Dios te dijera al llegar? Lo hiciste bien. Te felicito.

Gracias por todo Esteban.

Entrevista a Esteban Morales: "Tuve que luchar por mi militancia"[142]

¿Cómo se ve Esteban Morales a sí mismo?
Como un intelectual formado por la Revolución. En la Cuba de antes del 59 no habría tenido esperanzas de serlo; pobre, nacido en el último cuarto de una cuartería de provincia, de padre obrero carpintero y madre ama de casa, negro... ¿Cuál hubiera sido mi oportunidad? Ayudar a mi padre en la carpintería, como lo hice desde los ocho años. Me veo comprometido con la realidad del país y obligado a opinar sobre todos aquello que considero sea importante para mejorarla. Muy comprometido en ayudar a todo el que me lo solicite y con la perenne necesidad de sentirme en el debate ideológico nacional. Muy comprometido con no temer nunca alertar sobre problemas que yo considero importantes, aun cuando lo que yo diga pueda no agradar. La Revolución me salvó a mí, yo tengo el compromiso de participar en salvar a la Revolución.
Esteban, la historia no puede omitirse o escamotearse bajo ningún pretexto, el día de mañana nos juzgarán por nuestros errores y aciertos, mejor que seamos nosotros quienes contemos ambos: cuente qué le ocurrió a usted con su militancia y qué actitud tomó al respecto.
Escribí un artículo sobre la corrupción y de repente me llaman del municipio para discutir mi actitud, no el artículo, que nunca se discutió. Se partió de la base de que mi escrito no congeniaba, no era compatible con mi condición de militante, cosa con la que no estuve de acuerdo y no me lo creí nunca, porque yo estaba convencido de que lo que estaba haciendo era lo que debía hacer. En mi núcleo se discutió nuevamente mi actitud, no el artículo, hubo debilidades en ese momento y yo me quedé solo entonces. Salvo unos pocos compañeros, que estaban muy molestos pero no pudieron lograr nada en mi favor,

---

[142] Parte 1. *La Joven Cuba* [Web Blog].Junio 11, 2013, por: Harold Cárdenas Lema [Nota del Autor].

la mayoría se fue por lo que planteó el organismo superior, el Municipio. Aunque era evidente que el asunto no venía de ese nivel. Por el carácter que le dieron y quienes participaron.

Existía en mi núcleo cierto espíritu de no pedirme una sanción fuerte, aunque algo debía hacer, pues solicitaban sancionarme de todos modos. Mi núcleo entonces plantea una sanción que era la medida más benigna a tomar, pero cuando llega la Comisión que había discutido el problema, comunica que la sanción debía ser separación de las filas del Partido por esa razón. Aquello cayó como una bomba, el asombro fue general, hubo protestas, pero no un debate fuerte acerca de que la sanción era inadecuada en mi caso.

Es difícil describir lo que significa el Partido para mí como militante y revolucionario, con tantos años de militancia política, desde la AJR[143] en 1959, hasta hoy. Cinco décadas, por eso me chocó tanto la sanción que se me ponía. En realidad no lo podía creer. Me costó trabajo recuperarme y poder analizar las cosas más fríamente.

Esta medida asombró a todos, hubo lágrimas y el director del centro afirmó que eso era imposible. Que para él yo seguía siendo militante. Yo lo vi como una sobredimensión, porque no se había discutido mi artículo que no creía hiciera daño alguno o fuera incompatible con algún principio y me preocupó que esa situación le fuera a hacer más daño al Partido que a mí, como ocurrió luego.

Después de quitarme la militancia, continúe escribiendo sobre el tema y di entrevistas sobre el mismo. Ninguno de estos escritos fue discutido conmigo. En realidad lo que vino después de conocerse mi sanción fue una avalancha de críticas a la decisión del partido, llamadas, hubo embajadas nuestras que tuvieron que dar explicaciones. Muchos amigos de varios lugares y en particular de Estados Unidos, que me llamaron preocupados y molestos; todos decían que ese artículo, en lugar de hacer daño fortalecía a la Revolución. Durante meses y aun hoy, hay personas conocidas y no conocidas por mí que me paran en la calle para hablar del problema, preguntándome de si ya se solucionó.

---

[143] Asociación de Jóvenes Rebeldes [N. del E.].

Nunca nadie me ha dicho que yo estaba equivocado, ni me ha dicho que esté en desacuerdo conmigo. Todo lo contrario, me embargaba una sensación como de dolor muscular, angustia de sentir que denostaban del Partido, de mi partido y yo tenía que aceptar honestamente que creía que el partido se había equivocado, o alguien dentro del partido, para salvar mejor el momento. En el transcurso de todo el proceso, que duró un año, nunca manejé las conclusiones negativas intermedias que me dieron, solo la sanción y la devolución de la militancia. No quería hacer más agudo el proceso, por la actitud siempre crítica hacia el partido que observaba. Además, porque tenía la esperanza de que todo se resolvería.

Para mí fue algo muy asombroso, darme cuenta de cuánta gente me seguía, sabía de mí, me leía, me reconocían y se habían hecho una opinión sobre mi persona. No pocas gentes me abordaban en la guagua, mujeres que se levantaron para darme el asiento, en un gesto de respeto y de solidaridad y me hacían señas desde lejos, yo en cambio, me sentía muy mal por todo lo que estaba pasando. Los que me conocen saben cómo yo soy, sentía la solidaridad, pero me molestaba tener que escuchar las críticas al Partido.

Los procedimientos no *decursaron* como debió ser, con una discusión en mi núcleo partidista, un proceso natural, un debate del artículo (teniendo en cuenta que estaba en un medio académico), una serie de métodos correctos que no hubo. Sencillamente se me dijo que el artículo no estaba acorde a mi condición de militante y se me retiró el carnet. Cuando llego a casa y le digo a mi esposa lo que me había ocurrido, ella tuvo que sentarse y no paraba de repetir que no era posible. Militante fundadora del Partido, no podía entender aquello. Yo tuve que convencerla de que si era posible, pero también de que lucharía y no tanto por mí.

Lamentablemente ocurrió y fue muy negativo desde el punto de vista político, por eso creo que debo responder a la pregunta con toda franqueza, para no provocar fantasmas o demonios que en el futuro nos persigan, no fueron demonios los que me sancionaron. Fueron personas revolucionarias, por lo cual abordar mi expulsión y posterior reintegro, como expresión de una sociedad con contradicciones como todas las demás, es un deber como haber escrito mis artículos. Una revolución es un proceso muy complejo, algo que debemos repetirnos todos los días. Se trata de un proceso lleno de realizaciones, pero también de las imperfecciones de las personas imperfectas que la hacemos todos los días.

Entre mis compañeros habían algunos que hubieran podido salir en mi defensa, pero todo fue llevado de una manera muy ríspida, muy ácida, infundiendo preocupación y sin tener en cuenta mi historial. Por mantener mi posición y fundamentar mis opiniones no faltaron los que me dijeron autosuficiente y prepotente, algo común cuando los argumentos escasean para atacar a una persona. Hubo un compañero mío de trabajo, que en el contexto de la reunión para sancionarme me dijo que "yo había cagado al centro". Fue muy lamentable, me dieron ese año la evaluación más mala que he recibido como profesor en toda mi vida, en la que se decía que yo había perdido prestigio en la Universidad por ese artículo. Y le firmé esa evaluación a mi director, porque me di cuenta que lo contrario le crearía problemas con la Rectoría; el director nunca me envió mi copia de la evaluación, les dije que ya la vida se encargaría de poner las cosas en su lugar.

Me chocó que me excluyeran inmediatamente de los espacios televisivos en los que participaba. Esto último fue muy mal recibido, porque se tenía una buena opinión pública de mi participación en la televisión, especialmente en la Mesa Redonda, aún la gente me para en la calle, me da su opinión y me pregunta que cuándo voy a volver. Soslayo la pregunta. Los métodos empleados no fueron para nada partidarios, al punto de que en una reunión con un alto funcionario de la Universidad, fue incluso grabada y transcrita mi conversación por él, sin mi consentimiento. En un acto que realmente considero deplorable. Después, tuve la oportunidad de descalificar esa entrevista, en la que prácticamente no me dejaron hablar.

Hubo también una carta que venía de Venezuela de un grupo de profesores allá, en que me calificaban de "disidente oportunista", la enviaron directamente al Comité Central, parece que para congraciarse con el Partido, o en "desagravio" por lo que yo había hecho. Yo me pregunto, "ahora donde meten la lengua". El oportunismo siempre ocupa espacio en tales circunstancias.

Se creó una situación bien complicada, yo sentí mucha solidaridad de compañeros en la calle y en mi centro de trabajo, nunca me encontré a nadie, en la calle o en la Universidad, que me dijera que mi actuación había sido equivocada. Hubo muchas expresiones críticas sobre mi proceso.

Presenté mi apelación en tres ocasiones; Municipio, Provincia y Comité Central, y todas las veces en que lo hice me dijeron que no, hasta que le escribí al compañero Raúl Castro y fue entonces que comenzó a revertirse el proceso. Obviamente en esa circunstancia, alguien se había equivocado, en un momento de exabrupto, y por eso fue que apelé a Raúl. El 29 de junio del 2011, un año exacto después de la sanción de separación, al retornar de una estancia de trabajo en los Estados Unidos, (ya habían insistido varias veces en llamarme estando aun allá) me llamaron a la Comisión de Apelaciones del Comité Central, la misma que había denegado mi última apelación, diciéndome entonces que luego de analizar profundamente el problema y mi actitud después de la sanción, me iban a devolver el carnet del Partido.

Lo sacaron de una gaveta y me lo entregaron. Pregunté si podía hacer pública tal decisión, me dijeron que si, y al llegar a mi casa puse una nota en mi blog. Lo que provocó otra avalancha. Unos me decían que por qué había regresado a esa "basura", refiriéndose al Partido. Les dije que ese era mi partido, que no tenía ni tendría otro nunca. La mayoría se alegraba y me felicitaba. Estos últimos asumían siempre mi modesta victoria como propia.

¿Literalmente lo sacaron de la gaveta?

Sí, eso me sorprendió mucho, porque pensaba que el carnet debía habérmelo devuelto mi núcleo. El proceso fue muy complejo, muy llevado y traído, bastante al margen de lo que yo pienso son los métodos más adecuados.

Después, el mismo compañero Raúl Castro dice en un discurso que la "corrupción es equivalente a la contrarrevolución"[144], casi el título de mi primer artículo; de esa forma tal

---

[144] En el discurso pronunciado durante el III Pleno del Comité Central del Partido Comunista de Cuba (PCC) el 21 de diciembre de 2011 [N. del E.].

vez podría interpretarse que me estaba dando la razón. Indudablemente las personas que tomaron esas decisiones se equivocaron, no lo dirán públicamente nunca, pero con la almohada si lo admitirán. Yo sé quién fue la persona que se equivocó. Por una cuestión de ética, no de política, me reservo su nombre.

Pese al uso de métodos nada ortodoxos, que me hayan devuelto el carnet significó una victoria del sentido común y un fortalecimiento para el propio trabajo del Partido. La gente me decía que esa batalla que yo había librado no era por mí solo sino por muchos revolucionarios más que tienen que enfrentarse a estas contradicciones. Yo terminé comprendiéndolo así, creo que después de ese problema se abrió un momento relativamente nuevo para todos. Me tocó a mí en suerte vivirlo.

La reversión de todo lo que me estaba ocurriendo pienso que estuvo condicionada porque el momento político comenzaba a ser otro y los discursos de Raúl Castro, nuestro presidente, lo expresaban muy bien. Raúl llamaba a la crítica honesta y revolucionaria. Quien me sancionó no comprendió el contexto en que lo hacía; en segundo lugar, porque entonces ya el discurso político tenía suficientes elementos para defenderse en una situación como aquella y finalmente por la propia actitud que yo asumí de luchar por mi militancia, que nadie me había regalado. La suma de estas 3 cosas produjo una circunstancia nueva.

Un coronel me preguntó sobre mí caso para discutirlo en su núcleo y en una fábrica del Cerro también se discutió el asunto; pero en una asamblea del INDER[145] una dirigente de alto nivel, llegó a decir: "ese compañero se equivocó y le pasamos la cuenta", creo que eso no es manera de referirse a un militante, ni a nadie. Tenemos que exigir constantemente que el Partido sea lo que tiene que ser y que nadie se pueda dar el lujo de ser tan chabacano, tan inhumano y poco político al expresarse de otra persona. Sobre todo en un momento como en el que yo me encontraba.

Vivimos un momento de nuestro país en que "quien quiera

---

[145] Instituto Nacional de Deportes y Educación Física [N. del E.].

seguir siendo revolucionario debe tener su propia guerra, librar sus propias batallas y aceptar las consecuencias que le vengan encima". Ahora estamos en un momento mejor que hace 3 años, y el trabajo de ustedes los blogueros nos pone en una mejor situación para que se respeten nuestras opiniones, divergentes o no, y que ese proceso transcurra por cauces normalmente críticos y democráticos, especialmente dentro del Partido.

¿Qué recomendación tiene para aquellos que atraviesen una situación semejante?

Yo estoy casi seguro, que algo como lo que me ocurrió a mí no se va a repetir, la experiencia fue muy dolorosa. Creo que no se va a repetir el error. Eso es lo que hemos ganado todos de mi caso.

Diría, que se mantengan firmes en su actitud, existen muchas formas de defender a la Revolución y nadie puede decirte cómo hacerlo si la defiendes a conciencia. Sobre todo, si ya tienes 70 años como yo. Que no dejen de hacer lo que estaban haciendo, participando siempre críticamente, no como un "jarrón de mesa", críticamente, que es el único punto de vista que puede tener un revolucionario Cubano de hoy. Y le repito lo que dije anteriormente, el que quiera seguir siendo revolucionario, en la Cuba de hoy, debe tener su propia guerra, de lo contrario se tiene que quedar debajo de la cama todos los días porque no podrá salir a la calle.

¿Cómo quisiera que lo recordaran?

Como una persona que trató de ser revolucionario por encima de todas las dificultades y las limitaciones que impone la vida, alguien que siempre fue fiel a su origen y a las ideas en las que se formó.

Sobre el cambio de mentalidad

Considero, sin temor a equivocarme, que de todas las tareas que nos ha conminado a realizar el General Presidente, la del llamado "Cambio de Mentalidad" resulta ser la más difícil y compleja.

Es sin dudas la tarea que más contradicciones puede generar, en todas las esferas de nuestra vida social y a todos los niveles. Nadie ni nada escapa de la intención de objetivos que encierra el cambio de mentalidad, si entendemos a fondo lo que ello significa.

Abarca tanto, como pensamos, la esfera económica, el sistema político, la vida social, así como también, como nos pensamos y vemos nosotros mismos. Dentro de todo ello está implícita también una problemática generacional que resulta ineludible prestarle atención si de verdad queremos cambiar.

Cambiar, para mí, quiere decir, ante todo, en nuestro caso, dejar de hacer muchas cosas como las hemos hecho hasta hoy. Y resulta muy difícil, después de más de 50 años, vernos obligados a dejar de hacer las cosas como las hemos hecho hasta hoy. Más complicado aún si tomamos en consideración que nosotros somos los mismos. Por lo cual, somos los primeros que debemos cambiar.

Dentro de nosotros, los más avanzados, son sin dudas, los que durante años han sometido nuestra realidad a un proceso crítico, sin encontrar oídos receptivos a las críticas .Porque uno de los problemas más serios enfrentados por nuestro país en estos años, ha sido lo poco respetuoso que de manera real hemos sido con la opinión "disidente". Ejemplos, incluso recientes, no faltan. Pareciendo ser un problema que apenas hemos comenzado a superar. Tratándose esta última de lo que yo llamaría una "enfermedad social", histórica, muy compleja y difícil de explicar. Que en el contacto con el resto de los ex países socialistas se exacerbo. Afectando a todo el sistema político generado dentro de la revolución. Al producir la copia de ciertos mecanismos y métodos de trabajo, que no tienen nada que ver con nuestra historia nacional ni con la cultura Cubana.

Particularmente en la economía

Un ejemplo muy claro de ello, reciente por cierto, es que hemos estado diecinueve años para decidirnos a cambiar las UBPC, cuando desde el principio, hubo muchos que dijeron que ese no era el método para hacer más efectiva nuestra agricultura.

Algo similar nos ha ocurrido con la industria azucarera, para pasar de ser la "azucarera del mundo" a producir menos azúcar que a finales del siglo XIX. Pues si queremos un ejemplo, de por qué tenemos que cambiar la mentalidad en el campo de la economía, esos resultan ser dos ejemplos claros de por qué son necesarios los cambios económicos.

Sin hablar de la ganadería, en la que después de 50 años y casi seis millones más de habitantes, tenemos menos cabezas de ganado per cápita que en 1959. Y que en una isla rodeada de mar, por sus cuatro puntos cardinales, apenas hay pescado para el consumo, bastante caro por cierto y que con un clima envidiable, no podemos producir los alimentos que el país necesita, y entonces, importamos arroz, el producto principal en la dieta del Cubano y tenemos que también ahora importar azúcar para satisfacer el consumo nacional.

¿Hasta cuándo vamos a continuar haciendo las cosas que han generado esos resultados?

La política

Pero más que como una necesidad de la economía, el cambio de mentalidad tan ineludible proviene de la urgencia de generar un nuevo dinamismo del sistema político y de la política. Que se concentra, a nuestro entender, en la necesidad de realizar un conjunto de cambios como los siguientes:

Son muchas las necesidades, pero yo me concentraría en las siguientes.

- Si vamos a continuar teniendo un único partido,

este debe cambiar radicalmente sus métodos. Generando una dinámica de relación con el resto del pueblo y dentro de sí mismo, que haga de la discusión abierta y democrática de los problemas el centro de su actividad política. Además de adaptar sus mecanismos de trabajo para una sociedad que ha cambiado mucho dentro de los últimos cincuenta años.

- Generar un sistema de organizaciones políticas y de masas, que no sean, como hasta ahora, simples poleas trasmisoras de las orientaciones que vienen de arriba, sino verdaderos foros de debate, donde la gente simple del pueblo pueda trasmitir sus inquietudes y tener la confianza de que estas son escuchadas y que se vean reflejadas en las rectificaciones de todo cuanto haya que rectificar. Cada organización debe generar un tipo de actividad que sea más representativa de los intereses de aquella parte de la sociedad civil que agrupa.

- Tener una prensa que de verdad sea un mecanismo receptivo de las inquietudes de la gente, las reciba, las trasmita, las divulgue, rinda cuentas y pueda pedir cuentas a todos los niveles de dirección que tienen responsabilidad en los problemas, incluido a las estructuras del partido. Tiene que acabarse la "patente de corso" que ostentan algunos cuadros y dirigentes a todos los niveles, de hacer cosas sobre las cuales no tienen que rendir cuentas a nadie.

- Tener un mecanismo de selección de cuadros a partir del mérito y la preparación para la tarea a realizar. Que respondan incondicionalmente solo a las demandas del pueblo. Para terminar con la incondicionalidad y el oportunismo presente en muchos cuadros.

- Las elecciones tienen que ser cada vez más democráticas, a todos los niveles, generándose lo que pudiéramos llamar un "proceso de campañas morales", donde cada candidato a su nivel, diga lo que tiene para ofrecer al pueblo, para ganarse el derecho a que este lo elija como su representante.

- Cada cuadro de dirección estatal o partidario, que vaya a recibir un cargo de cierta categoría, debe sometérsele a una "Declaración de Bienes", sobre la que debe rendir cuentas una vez que haya cesado en su responsabilidad.

- Todos los órganos políticos, estatales y gubernamentales, deben funcionar sistemáticamente rindiendo cuenta a los ciudadanos de que han hecho y que se proponen hacer, en correspondencia con los problemas que el país debe solucionar. Rindiendo cuentas sistemáticamente de sus actividades por vía de los medios nacionales, provinciales y locales. De modo que la información llegue hasta el último ciudadano.

Tales mecanismos deben contribuir a mejorar las situaciones que aún afectan el cambio de mentalidad, como las siguientes:

Asuntos que afectan el cambio de mentalidad
No existe entre nosotros hábito de debate. Ello apenas comienza a abrirse paso con muchas dificultades aun y poca comprensión por parte de algunos cuadros a todos los niveles. Muchas instancias rechazan aun el cuestionamiento, la pregunta incisiva y la exigencia que el debate de los problemas lleva implícito.

- Estamos excesivamente habituados a que todo venga "masticado desde arriba". Lo que genera un acomodamiento espantoso. También los cuadros, que se consideran a veces en el derecho de normarlo todo y no respetar la libertad individual.

- Nuestros cuadros políticos y administrativos a todos los niveles, están excesivamente habituados a decir siempre la última palabra. Contradecirlos, por lo general, se toma no pocas veces como ignorancia del que lo hace, falta de información, superficialidad y en no pocas ocasiones, como ausencia de espíritu revolucionario.

- Nuestras organizaciones políticas de base: dígase el Partido y la UJC, están casi absolutamente habituadas a obedecer sin discutir las orientaciones. No pocas veces si alguien quiere debatir una orientación se toma como un problema de disciplina o de poca disposición al cumplimiento de las tareas.

- Nuestros cuadros están mucho más habituados a ordenar y ser obedecidos, que a convencer sobre la justeza de sus orientaciones. El temor a perder el cargo y los pequeños privilegios adjuntos, también forman aun parte de la mentalidad de no pocos cuadros.

- Por lo general, no ha sido posible que los niveles inferiores puedan adelantarse en algo, ni siquiera a discutirlo, si ello no ha sido aún decidido en los niveles superiores. Lo cual hace cero las iniciativas de las organizaciones de base de cualquier organización.

- Nuestra prensa, por lo general es bastante apologética, elitista, casi nada autocritica, No está habituada a exigir la información, de asuntos complejos, para trasladarla al pueblo en toda su veracidad. Ni es un instrumento eficaz para mover al ciudadano hacia el debate de los problemas. Recientemente, parecen estar tomando conciencia de ello, pero de manera muy lenta y timoratamente.

- Nuestros niveles superiores en las organizaciones políticas y administrativas apenas responden de manera directa a las preguntas que formulan las bases.

- Lejos de funcionar el centralismo democrático, lo que funciona es más bien una cierta centralización burocrática.

Todo ello tiende a formar en el ciudadano una mentalidad de que no hace falta preocuparse por nada, si acaso alguna que otra vez protestar por algo, pues otros son los que deben preocuparse y ocuparse de todo. Ello contribuye a generar una actitud pasiva, acomodaticia, muy difícil de romper. Pues no pocas veces, quienes han tratado de romperla han tenido que soportar la reprimenda de los organismos superiores.

El cambio de mentalidad respecto al debate y hacia una mentalidad crítica tiene entonces que tocar de lleno a tres procesos íntimamente relacionados.

- Cómo se formulan las políticas.
- Cómo se ejecutan las políticas.
- Cómo éstas son rectificadas.

En los tres momentos es indispensable la participación del individuo, ya sea desde su organización de base, núcleo político, empresa o institución .Además, resulta indispensable que la prensa refleje fielmente el debate y la individualidad de opiniones de modo que puedan expresarse por medio de los mecanismos informativos: la radio, la televisión, la prensa escrita, sobre todo. Si esos mecanismos no funcionan, no es posible superar el ordeno y mando de ciertos cuadros, la impunidad de algunas malas decisiones, ni la arbitrariedad y el espíritu corrupto con que a veces algunos dispositivos de mando se conducen.

Pero lo que aún es peor. Si tales mecanismos del debate critico no funcionan, la gente no llega nunca a sentirse parte y responsable de un proceso que les compete directamente. Por lo cual las masas van quedando a la zaga de los procesos que vive el país, lo cual genera el divorcio entre política y pueblo, que es el fenómeno más negativo que pueda producirse dentro de un proceso de cambios sociales, económicos y políticos como el que Cuba vive hoy.

Durante todo el periodo revolucionario, desde 1959, particularmente Fidel Castro, se preocupó mucho por lograr la participación masiva de los trabajadores en las discusiones de los planes de la economía y el debate de las leyes que se promulgaban. Ello, tendía a formar una mentalidad participativa y a generar la confianza de que no debía decidirse nada sin el concurso de las opiniones de la gente. El pueblo Cubano se habituó a ello y permitir que se genere una situación distinta, solo puede dar la impresión real de retroceso de la democracia política.

Es que en las actuales situaciones que viven el país, se exige más que nunca de que la gente participe en los complejos debates del cambio de modelo económico y de los problemas sociales y políticos que debemos encarar. No por casualidad el Presidente Raúl Castro insiste tanto en ello.

Hace falta que a cada reunión nacional sobre los dispositivos de dirección, Consejo de Ministros, Comité Central del Partido, Buro Político, Asamblea nacional, Plenos de Organizaciones nacionales, la gente pueda percibir que se adoptan medidas concretas para hacer avanzar los cambios que se consideran necesarios, que tales medidas aparezcan a todos los niveles y que los dispositivos correspondientes comienzan a ejecutarlas. Quedando estas sistemáticamente explicadas en la prensa y demás medios. Porque el ciudadano debe percibir que se avanza en las direcciones necesarias, que de manera casi inmediata generan mejorías para la vida del pueblo.

Es que pasado más de cincuenta años, puede producirse el cansancio lógico ante las dificultades y ello hace más necesario que nunca, promover la mentalidad de que la gente participe en la solución de los problemas. Pues no es difícil encontrarnos con personas revolucionarias, que dicen no estar dispuestas a buscarse más problemas por protestar respecto a algo mal hecho.

Esa mentalidad debe ser contrarrestada, como lo hace el Pre-

sidente, dando señales claras de que la crítica no debe ser paralizada y ni siquiera bloqueada.

Eso de "no coger lucha "es algo que se ha venido abriendo
paso, produciendo una situación en extremo negativa, que genera problemas tales como:

- Un proceso de apartamiento voluntario e involuntario
  en cuanto a la participación que el ciudadano debe tener en la conducción de la sociedad con su comportamiento individual.

- Una situación muy negativa es aquella, en la que el
  ciudadano se refugia en la individualidad, se circunscribe a los asuntos de su directo interés y deja
  que todo lo demás trascurra de cualquier modo, sin
  prestarle la más mínima atención. Produciendo un
  nivel de indolencia que se manifiesta de las más disimiles formas.

- Entonces, lo anterior genera de que crezcan sin límites las indisciplinas sociales. Como lo son ahora las
  del no pago del transporte público, los vertederos de
  basura sin control, las construcciones ilegales, la
  marginalidad, el delito, la corrupción, el bajo sentido
  de pertenencia, etc.

- Las organizaciones sociales y de masas de tal modo
  van perdiendo su capacidad de movilización. Y lo más
  peligroso aún: ceden ese espacio a los que estimulan
  financieramente la participación de miembros de la
  sociedad civil, desde una óptica negativa y con propósitos de subversión.

- Pues se trata por los enemigos de crear condiciones
  para comportamientos negativos dentro de la población, que devienen un verdadero peligro para la seguridad del país y de los ciudadanos.

- Las medidas económicas, como el trabajo por cuenta

propia, la pequeña empresa y otras formas de propiedad privada, que pueden parecer y de hecho lo son, estímulos positivos al incremento de la producción, en medio de situaciones como las explicadas más arriba, sirven también para incrementar el individualismo y el "sálvese quien pueda", afectando la perspectiva social de los problemas y sus potenciales soluciones.

Lo que estamos diciendo, es que promover el debate participativo de todos los ciudadanos en los asuntos que deben ser encarados y resueltos; mover todos los mecanismos de que se dispone, para que el ciudadano se sienta parte de un proceso de reconstrucción económica y política que le compete, es preservar ese proceso de las desviaciones negativas que todo cambio puede generar. Al mismo tiempo que se prepara a la gente para dar respuesta a las acciones de subversión sutil por parte del enemigo.

Es decir, la sociedad Cubana debe estar preparada para el proceso que hoy tenemos que encarar, lo cual significa hacer cada día más participativos los mecanismos a utilizar, de manera que el ciudadano sienta que participa en las decisiones y que lo que está ocurriendo les afecta, formando parte de su vida diaria. De lo contario, se desentenderá de lo que ocurre, concentrándose en solucionar las dificultades de su vida cotidiana, individual, que hoy son muchas y agobiantes.

Se trata de que el cambio de Mentalidad debe generar un ambiente político de confianza en la eficacia de la participación ciudadana, el cese del quietismo, la sensación de que los problemas se van solucionando, que la desatención no tiene cabida, que se avanza con un rumbo determinado. De lo contrario, estaríamos ante una consigna más y para recuperarse de una situación como esa ya no habría tiempo.

Octubre 10 del 2012.

EL DEBATE DENTRO DEL CAMBIO DE MENTALIDAD

Una de las cuestiones más complejas, dentro del ineludible cambio de mentalidad que ha señalado el Presidente. Raúl Castro, es la necesidad de abrir y promover el debate respecto a todos aquellos asuntos que son necesarios de cambiar dentro del proceso de construcción del Nuevo modelo Económico. Asunto que no se circunscribe a la economía, sino que toca directamente aspectos de la política y la ideología.

Son varios los problemas e insuficiencias que aún debemos enfrentar. Entre otros los siguientes:

- No existe entre nosotros hábito de debate. Ello apenas comienza a abrirse paso con muchas dificultades aun y poca comprensión por parte de algunos[146].

- Estamos excesivamente habituados a que todo venga "masticado desde arriba". Lo que genera un acomodamiento espantoso.

- Nuestros cuadros políticos y administrativos a todos los niveles, están excesivamente habituados a decir

---

[146] Algunas instituciones han asumido ese debate y hoy lo llevan adelante, tales son: Revista Temas, Espacio Laical, Criterios, UNEAC, Casa de las Américas, Centro Marinello, CIPS, Observatorio Critico, Cofradía de la Negritud, entre otras. Lamentablemente, las Universidades, en particular la de La Habana, que históricamente desempeñaron un importante papel en el debate de ideas, hoy están estancadas, no aportando, como instituciones, prácticamente nada al debate de los problemas nacionales. Es más, se observa dentro de ellas, temor a enfocar algunos temas, como ocurre con la Universidad de La Habana y la de Las Villas, con respecto al tema racial. En lo referido al debate dentro de la vida nacional nuestras universidades mayores se encuentran prácticamente al margen. No así muchos de sus profesores, pero a través de otras instituciones. Pues la estructura adoptada en la Reforma Universitaria de 1962, cincuenta años después, ya no responde a las realidades del debate necesario que debe encarar el país y a la necesaria participación que dentro del mismo deben tener nuestras universidades [Nota del Autor].

siempre la última palabra. Contradecirlos, por lo general, se toma no pocas veces como ignorancia del que lo hace, falta de información, superficialidad y en no pocas ocasiones, como ausencia de espíritu revolucionario[147].

- Nuestras organizaciones políticas de base: dígase el Partido y la UJC, están casi absolutamente habituadas a obedecer sin discutir las orientaciones, aunque puedan parecerles absurdas.

- Nuestros cuadros están mucho más habituados a ordenar que a convencer sobre la justeza de sus orientaciones. El temor a perder el cargo y los pequeños privilegios adjuntos, también forman aun parte de la mentalidad de no pocos cuadros.

- Por lo general no ha sido posible que los niveles inferiores puedan adelantarse en algo, ni siquiera a discutirlo, si ello no ha sido aún decidido en los niveles superiores. Lo cual hace cero las iniciativas de las organizaciones de base.

- Nuestra prensa, por lo general es bastante apologética. No está habituada a exigir la información, de asuntos complejos, para trasladarla al pueblo en toda su veracidad. Ni es un instrumento eficaz para mover el debate. Recientemente, parecen estar tomando conciencia de ello, pero de manera muy lenta y timoratamente[148].

---

[147] Un ejemplo de esto, muy dramático por cierto, me tocó vivirlo personalmente entre abril del 2010 y junio del 2011.Ver Blog de Esteban Morales [Nota del Autor].

[148] El Compañero Raúl Castro se ha referido a este asunto en varias ocasiones, pero la reacción es muy lenta. Hace tiempo que se le viene dando vueltas a que es lo que ha ocurrido con el Cable y aún no tenemos una explicación al respecto. Recientemente los venezolanos (declararon, que algunas preguntas era el gobierno cubano quien debía responderlas). Llueve sobre lo mojado,

- Nuestros niveles superiores en las organizaciones políticas y administrativas apenas responden de manera directa a las preguntas que formulan las bases.

- Lejos de funcionar un centralismo democrático, lo que funciona es más bien una cierta centralización burocrática.

Todo ello tiende a formar en el ciudadano una mentalidad de que no hace falta preocuparse por nada, si acaso alguna que otra vez protestar por algo, pues otros son los que deben preocuparse y ocuparse de todo. Ello genera una actitud pasiva, acomodaticia, muy difícil de romper. Pues no pocas veces, quienes han tratado de romperla han tenido que soportar la reprimenda de los organismos superiores. Dando a entender que lo mejor es permanecer callado y obedecer, para no tener problemas con los niveles superiores.

El cambio de mentalidad respecto al debate, tiene entonces que tocar de lleno a tres procesos íntimamente relacionados.

- Cómo se formulan las políticas.
- Cómo se ejecutan.
- Cómo se rectifican.

En los tres momentos es indispensable la participación del individuo, ya sea desde su organización de base, núcleo político, empresa o institución .Además, resulta indispensable que la prensa refleje fielmente el debate y la individualidad de opiniones que puedan expresarse por medio de los mecanismos informativos: la radio, la televisión, la prensa escrita, sobre todo. Si esos mecanismos no funcionan, no es posible superar el ordeno y mando de ciertos cuadros, la impunidad de algunas malas decisiones, ni la arbitrariedad y el espíritu corrupto con

---

pero no hay explicaciones y ello permite que le gente especule innecesariamente. Recientemente se pretendió hacer un reportaje en la tienda de divisas de la calle Línea y L y los empleados impidieron la entrada de la prensa. ¿Dónde queda el poder de nuestros medios para informar al pueblo? [Nota del Autor].

que a veces algunos dispositivos de mando se conducen[149].

Pero lo que aún es peor. Si tales mecanismos del debate no funcionan, la gente no llega nunca a sentirse parte y responsable de un proceso que les compete directamente.

Durante todo el periodo revolucionario, desde 1959, particularmente Fidel Castro, se preocupó mucho por lograr la participación masiva de los trabajadores en las discusiones de los planes de la economía y el debate de las leyes que se promulgaban. Ello, tendía a formar una mentalidad y a generar la confianza de que no debía decidirse nada sin el concurso de las opiniones de la gente. Pero las actuales situaciones que vive el país, exigen más que nunca de que la gente participe en los complejos debates del cambio de modelo económico y de los problemas sociales y políticos que debemos encarar. No por casualidad el Presidente Raúl Castro insiste tanto en ello.

Pasado más de cincuenta años, puede producirse el cansancio lógico ante las dificultades y ello hace más necesario que nunca, promover la mentalidad de que la gente participe en la solución de los problemas. No es difícil encontrarse con personas revolucionarias, que dicen no estar dispuestas a buscarse más problemas por protestar respecto a algo mal hecho. Esa mentalidad debe ser contrarrestada, como lo hace el Presidente, dando señales claras de que la crítica no debe ser paralizada y ni siquiera bloqueada[150].

Eso de "no coger lucha "es algo que se ha venido abriendo paso, produciendo una situación en extremo negativa, que genera problemas tales como:

- Un proceso de apartamiento voluntario e involuntario

---

[149] Lamentablemente, algunos cuadros a veces manejan las políticas como si se tratara de asuntos formulados para la eternidad. Se siente con relativa facilidad, como hay cuadros que no han superado la mentalidad de la década de los años 70 del siglo XX. Mientras que sabemos, que la mejor política es aquella, que desde su propia formulación, puede comenzar a ser cuestionada. Púes en la medida en que la realidad no se detiene, las políticas tienen que continuamente ser ajustadas para adaptarse a ella [Nota del Autor].

[150] Pero no es difícil observar que hay gente que se cree en el derecho a hacer lo que les da la gana. En el derecho de practicar la impunidad [Nota del Autor].

en cuanto a la participación que el ciudadano debe tener en la conducción de la sociedad con su comportamiento individual[151].

- Una situación muy negativa es aquella, en la que el ciudadano se refugia en la individualidad, se circunscribe a los asuntos de su directo interés y deja que todo lo demás trascurra de cualquier modo, sin prestarle la más mínima atención. Produciendo un nivel de indolencia que se manifiesta de las más disimiles formas.

- Entonces, lo anterior genera de que crezcan sin límites las indisciplinas sociales. Como lo es ahora las del no pago del transporte público, los vertederos de basura sin control, las construcciones ilegales, la marginalidad, el delito, la corrupción, el bajo sentido de pertenencia, etc.

- Las organizaciones sociales y de masas de tal modo van perdiendo su capacidad de movilización. Y lo más peligroso aún: ceden ese espacio a los que estimulan financieramente la participación social, desde una óptica negativa y con propósitos de subversión[152].

- Se trata por los enemigos de crear condiciones para comportamientos negativos dentro de la población, que devienen un verdadero peligro para la seguridad del país y de los ciudadanos.

---

[151] Se observa una gran diferencia entre el nivel educacional alcanzado y la disciplina social .Lo cual indica que instrucción no es cultura, ni siquiera educación. Y que la disciplina social no depende solo de ellas, sino de cómo el individuo se percibe a sí mismo dentro de la sociedad. La pobreza en que vive una parte no despreciable de la población, afecta mucho aun su comportamiento social [Nota del Autor].

[152] Un ejemplo de ello lo tenemos en el tema racial. Donde el debate también es promovido desde posiciones contarías a la revolución. Haciendo al gobierno responsable de las cuestiones aun o resueltas. Tenemos al CIR, una organización que incluso recibe financiamiento del gobierno norteamericano para mantener una página WEB y financiar actividades que les permiten divulgar sus opiniones respecto a las relaciones raciales en Cuba dentro de una perspectiva contrarrevolucionaria [Nota del Autor].

- Las medidas económicas, como el trabajo por cuenta propia, la pequeña empresa y otras formas de propiedad privada, que pueden aparecer y de hecho lo son, estímulos positivos al incremento de la producción, en medio de situaciones como las explicadas más arriba, sirven también para incrementar el individualismo y el sálvese quien pueda, afectando la perspectiva social de los problemas y sus posibles soluciones.

Lo que estamos diciendo, es que promover el debate participativo de todos los ciudadanos en los asuntos que deben ser encarados y resueltos; mover todos los mecanismos de que se dispone, para que el ciudadano se sienta parte de un proceso de reconstrucción económica y política que le compete, es preservar ese proceso de las desviaciones negativas que todo cambio puede generar. Al mismo tiempo que se prepara a la gente para dar respuesta a las acciones de subversión sutil por parte del enemigo.

Es decir, la sociedad Cubana debe estar preparada para el proceso que hoy tenemos que encarar, lo cual significa hacer cada día más participativos los mecanismos a utilizar, de manera que el ciudadano sienta que participa en las decisiones y que lo que está ocurriendo les afecta o mejora, formando parte de su vida diaria. De lo contario, se desentenderá de lo que ocurre, concentrándose en solucionar las dificultades de su vida, individual, que hoy son muchas y agobiantes.

6 de junio del 2012.

¿QUÉ NOS ESTÁ PASANDO?

En estos momentos, mi estado de ánimos es muy parecido al de abril del 2010, cuando alertaba sobre la corrupción, en aquel primer artículo, "Corrupción: la verdadera, contrarrevolución", que a tantos cuadros preocupo, para poco después, venir a ahogarse en las orillas del ridículo.

Ya después de que el General Presidente advirtió que "corrupción es equivalente a contrarrevolución", todos hablamos de ella. Porque ya he dicho que entre nosotros hay topos. Fidel en el 2005 alertaba sobre ellos. Claro, los topos pueden ser voluntarios o involuntarios. Pero "... de buenas intenciones está empedrado el camino del infierno. Fidel advirtió que entre nosotros estaban lo que podían terminar con la Revolucion. Tan dramática declaración no debemos olvidarla nunca, mucho menos ahora.

En estos momentos que vive nuestro País debemos estar muy alertas. Porque pueden ocurrir cosas extrañas. A mí, al menos, hay varias de ellas que me llaman poderosamente la atención. Y conste, que no soy paranoico, ni partidario de la "Teoría de la Conspiración". Pero es cierto que están ocurriendo cosas que no tienen explicaciones lógicas y mucho menos inteligentes.

Durante el último año hemos acumulado una serie de medidas que han resultado bastante impopulares y que a mi juicio no tienen casi nada que ver con las verdaderas que tenemos que adoptar para salir adelante. Se trata, yo diría, de vericuetos, desvíos, distorsiones del camino. Veredas, por las que andamos, sin lograr verdaderos provechos y si ganándonos muchos problemas. Porque todas afectan sobremanera el estado de ánimos de la población. Siendo eso tan importante para que el pueblo nos acompañe.

¿Que explica los astronómicos y hasta ridículos precios de los carros? Yo sé de quien, a pesar del nivel que ocupa, no pudo explicarlo y lo más que hizo fue echarse la culpa. Junto a ello la medida de anular las cartas de autorización, de quienes esperanzados, incluso después de haberse sacrificado en una o más misiones internacionalistas, guardo su dinero para comprar su carrito. Pero sin encomendarse ni a dios ni al diablo le dijeron tranquilamente que esas cartas ya no tenían valor. ¿Acaso alguien piensa que el infinito malestar que esa acción provoco desapareció, o se disolvió? Además, se trataba de gente internacionalista muchos de ellos, revolucionarios, la mayoría gente que lleva años sacrificándose por este país. Creemos que porque no hemos vuelto a hablar del asunto ya la cuestión se resolvió. Al preguntársele al funcionario de marras, si alguien que contaba con el dinero necesario, podía importar su carro, nos respondieron que no y la insistencia termino calificada como una falta de respecto. Apelándose al recurso de la total visión inversa de lo que allí había tenido lugar. ¿Abuso de poder? ¿Impunidad?

Medidas de ese tipo, lo único que hacen es restar confianza en la Direccion del País. Haciéndolos quedar, adicionalmente, como unos tontos. Porque este no es el pueblo de los años sesenta.

Poco después, aplicamos las medidas de suspender las ventas de ropas importadas, que nutrían los comercios de muchos cuentapropistas. Yo tengo el video de una "bella mulata" paseándose desnuda, durante largo rato, por la ciudad de Camagüey en protesta por esa medida. Pero además, ¿Solucionamos Algo? O simplemente lanzamos el comercio hacia el lado oscuro del último cuarto. Porque la gente continúa vendiendo. Dado que medidas impopulares, más que ello absurdas como esas, el pueblo no las respeta y hace todo lo posible por burlarlas. Reacción contra la cual, no hay quien pueda.

Es la misma medida absurda, de cuando cogíamos preso a todo el que cambiaba ilegalmente divisas en la calle; hasta que nos dimos cuenta que un problema económico no se soluciona con medidas represivas o administrativas y tuvimos entonces que despenalizar el dólar, liberar las demás divisas, e implantar las Casas de Cambio. Aunque muchos no quieran reconocerlo, "el mercado ni se crea ni se destruye, solo se transforma". Desde que el hombre lo descubrió llego para quedarse.

Adoptamos una Ley de Inversiones Extranjeras, que su sistema de contratación necesita ser reformado, porque contradice las regulaciones migratorias y en medio de ellas, la defensa del capital humano nacional. Si toda persona calificada tiene la facilidad de fijar su residencia en el exterior, sin perder sus bienes y derechos en Cuba. Retornando al país cuando lo desee, cumpliendo ciertas reglas que son muy flexibles, esa fuerza calificada tiene que ser defendida muy inteligentemente, o de lo contario la estamos regalando. Siendo esta la principal ventaja con que contamos para lograr un proceso inversionista exitoso.

Ahora nos dimos cuenta de cómo está el robo en los supermercados, declarándole la guerra, pero como ya he dicho, el asunto no se va a solucionar hasta que las masas organizadas y activas no tomen participación en ese problema. Porque en ninguna parte del mundo, burocracia alguna lo ha resuelto. Al contrario, es la burocracia la que crea esos problemas.

El más reciente bandazo ha sido el que ha dado la Aduana General de la República; apareciéndose con unas medidas y algunas multas que nada tienen que ver con las duras realidades que vive el país. Subiéndole los precios a muchos de los artículos a importar. Haciendo pagar a justos por pecadores. Botando la palangana con el agua sucia y al niño. Castigando al inocente, para apresar al delincuente. Irrealismo que puede hacerse muy costoso al ciudadano. Pues la gente no tendría necesidad de importar tanto, dejando su dinero afuera, si los productos en Cuba tuvieran precios más racionales y menos abusivos. Pero los "merca- chifleros" estatales, solo piensan en ganar. Y que el ciudadano lo pague todo. Incluida la educación, la salud y la seguridad social, que nos quieren hacer creer que es el estado el que las paga. Cuando en realidad, este último no produce nada, solo administra.

Las únicas medidas realmente inteligentes que hemos adoptado últimamente, entre las que tienen un impacto inmediato en la población, fueron las que tomamos con la cuestión migratoria. Pero somos reincidentes, por lo que después hemos vuelto a caer en los mismos baches. Parecen dos gobiernos diferentes; el que tomo las regulaciones migratorias y el que ahora adopta las medidas aduanales.

Pero además, ¿Porque no acabamos de implantar la Declaración de Bienes, para todo aquel que ostenta un cargo a nivel estatal, gubernamental o en las Organizaciones Políticas y de Masas? ¿Puede alguien en buena ley oponerse a eso, o a quienes realmente queremos proteger? En la reciente Asamblea, de la Octava Legislatura, del Tercer Periodo Ordinario, el Presidente, no le prestó atención a la proposición que hizo una Diputada en esta dirección mencionada. ¿Por qué? ¿Soslayo la proposición, se equivocó, o deliberadamente la desconoció? Por cualquier razón que haya sido, la medida no recibió la atención que merecía. Entonces, ¿Dónde queda la credibilidad de nuestro Parlamento y de quien lo preside, cuando tienen lugar esos incidentes?

Lamentablemente, hasta ahora, muchas de las medidas que se han adoptado, lo que hacen es cerrar cada vez más las iniciativas que encuentra la gente para tratar de sobrevivir. Medidas, que después de la apertura del turismo internacional a los nacionales y la venta de celulares, lo único que hacen es molestar a la gente.

Pero algo que debemos lamentar también es que nuestra primera Ley de Inversiones es de 1982; tenemos ahora La Nueva Ley para Inversiones Extranjeras desde el 2013, antes tuvimos la de 1995, es decir, 32 años después y aun los Ministerios, en medio de nuestras urgentes situaciones, no tienen sus Carteras de Inversiones. Yo comprendo que el trabajo a realizar es arduo y largo, pero tuvimos tiempo y desde la ley inmediata anterior 19 años para hacerlo. Resultando que estamos apurados, yo diría apuradísimos porque vengan las inversiones y aún no sabemos hacia donde pueden venir.

También, el dato sobre tierras ociosas que las empresas no quieren entregar, según cifras dadas en la reciente Asamblea Nacional, es enorme. ¿Habrá que pinchar con una bayoneta por "sálvese sea la parte" a algún director de empresa para que las entregue, o están haciendo tiempo y "esperando" para quedarse con ellas? No olvidemos que los millonarios después de la debacle en la URSS, salieron de los propios directores de empresas y los cuadros del partido.

Como se le dijo a Fidel en su momento, "Raúl sacude la mata", que al parecer, hay quienes están tratando de darte "gato por liebre".

Adicionalmente a todo ello, el dólar no baja, los precios tampoco, más bien tienden a subir, sobre todo en el mercado de divisas, donde además son sospechosamente diferenciados; y la medida de equiparar las monedas, parece haberse ido en disolvencia. Porque mucha gente lo que esperaba no era comprar a precio equivalente en moneda nacional, al mismo precio actual del CUC, sino que su peso Cubano valiera mas. Comprendemos que ese no es un asunto simplemente monetario, sino de productividad. Si es así, entonces no levantemos falsas expectativas.

En medio de la situación interna que estamos atravesando, lo que estamos haciendo con las recientes medidas, es como se dice, "calentar la cazuela". Cuando lo que la gente espera es respirar un poco mejor. Mientras, lo que hacemos es crear molestias adicionales sobre todo en una población que no creo este ya en las mejores condiciones para continuar soportando.

¿Queremos o no darle un espacio al mercado? ¿Queremos o no darle un respiro a la iniciativa individual? Esa tendencia a prohibirlo y limitarlo todo, o casi todo, no puede traer más que consecuencias negativas. Razones por las cuales, la corrupción, las indisciplinas sociales y las ilegalidades aumentan, por lo que parecen estar quedando como las únicas alternativas de supervivencia para muchos del común de la población. Al menos parece que estuviéramos empujando a buena parte de nuestra gente hacia eso. Me pregunto ¿hay solo un camino? El de las prohibiciones, creo que no; las medidas que se han adoptado deben tener algún grado de flexibilización y las que se tomen desde ahora en lo adelante deben ser más cuidadosas y tratar de estar más acorde con la complejidad tan difícil del momento que vivimos.

De lo contrario estaríamos llevando las cosas por una pendiente muy peligrosa, que dentro de un relativo corto plazo se harían incontrolables. Pues no creo que sea difícil percatarnos de que hemos acumulado ya suficiente descontento, sin dar nuevas compensaciones directas a cambio.

TEORÍA

Esteban Morales Domínguez

ABOLICIÓN Y ESCLAVITUD EN LOS ORÍGENES HISTÓRICOS DE CUBA Y ESTADOS UNIDOS.

Introducción

La esclavitud y la trata fueron ambas el crimen más grande de la humanidad, del cual está aún no ha logrado recuperarse. Sobre todo, la inmensa mayoría de los descendientes de los pueblos africanos que las sufrieron. Pero si deseamos solucionar definitivamente sus consecuencias, deberemos entender lo que trajo aparejado, la trata y la esclavitud, en sus contextos concretos.

Por eso hablaremos de ellas, comparativamente, en dos espacios que nos son muy cercanos, Cuba (colonización española) y Estados Unidos (colonización inglesa).

La problemática de las nacionalidades en Cuba y Estados Unidos.

Las diferencias son mucho más que las similitudes en el fenómeno de la esclavitud y la abolición entre Cuba y estados unidos. Aunque solo sea, porque la colonización inglesa presento diferencias importantes respecto a la colonización española.

España, apenas se había liberado de la colonización árabe y casi había unificado el país .Mientras que Inglaterra ya, poco después, devenía una potencia industrial. Que desde principios del siglo XIX buscaba la abolición de la esclavitud en las colonias, bajo la clara intención de que se formara el mercado mundial.

También porque ambos procesos comenzaron en momentos diferentes. La colonización española, abarcando prácticamente todo el Caribe entre finales del siglo XV y principios del xvi; posiciones que perdió con bastante rapidez a favor de otras potencias. Mientras que la colonización inglesa de América del norte lo hizo comenzando el siglo XVII.

Las colonias norteamericanas se fundaron entre 1607 y 1732, cuando ya en Cuba la colonización española estaba bastante adelantada.

En Cuba, al no haber oro, hubo un largo periodo en que la isla quedo casi desierta, viviendo dela ganadería y los frutos menores, hasta que emergió la llamada economía de la flota.

España reunía sus naves en el puerto de la Habana, para trasladar las riquezas americanas hacia España, lo que debían hacer de manera acompañada, para evitar los ataques de los corsarios y piratas, que pululaban por esta aguas.

La Habana debía además, ser una ciudad protegida, en especial su bahía, y surgió la economía de la construcción. Durante finales del XVII y más del XVIII, se construyeron varias edificaciones y la Habana comenzó a amurallarse.

En Cuba los negros comenzaron a llegar tempranamente, lo hicieron primero, acompañando a los españoles, como negros llamados "ladinos", los que no venían directamente de áfrica, sino de España, hablaban español, y aunque muchos de ellos eran propiedad de los españoles, por tanto esclavos, participaron en las economías Cubanas originarias, la de la flota y la de las construcciones, como semi-esclavos. Pues contratados por sus amos a otros, en situación de semi-esclavitud, compartían los salarios con su dueño.

La flota también trajo la posibilidad de un trabajo doméstico realizado por mujeres negras, que lavaban, servían comidas, vendedoras ambulantes, y lograban incluso alquilar habitaciones a los marineros, los que a veces tenían que permanecer meses ella Habana, antes de partir para España. Lo cual reanimo mucho la economía habanera de la época.

- es decir se trataba de esclavos, hombres y mujeres, que lograban reunir cierto dinero y a veces unos pocos bienes. Como desde más o menos 1526 ya el esclavo podía comprar su libertad, en Cuba, relativamente rápido, comenzó a aparecer una población negra y mestiza libre. Cosa que no tuvo lugar en los Estados Unidos tan rápidamente, donde todos los negros permanecieron como esclavos, durante mucho más tiempo.

Además, las colonias americanas se fundaban como empresas a partir del aporte de los bienes de los colonizadores. Pero en Cuba, la colonia siempre fue propiedad de España, como única e integral posesión.

Algunos con la intención de convertirse en colonos americanos, que no tenían capital, llegaban al territorio de América del norte, por medio de un contrato de préstamo, dado por una compañía europea que les pagaba el viaje y les daba un mínimo de mercancías para sobrevivir, mientras se estabilizaban.

Al llegar, trabajaban entonces como siervos, prácticamente esclavos, durante el periodo de tiempo en que pagaban el préstamo recibido y entonces eran liberados. Dándoseles a veces un pedazo de tierra. Formando, así también el grupo de los colonizadores, pero como blancos pobres.

Los negros no tenían esa oportunidad. Llegaban como esclavos y así permanecían. Hasta que lograban ser libres. En Cuba esta variante de servidumbre, o casi esclavitud blanca, no tuvo lugar.

Estos esclavos negros, traídos de Africa bajo las mismas condiciones que los de Cuba, en medio de la colonización inglesa, no podían hablar sus lenguas, adorar sus dioses, tocar sus tambores ni practicar sus costumbres. Debían asimilarse al modo de vida del blanco europeo, pero siempre bajo la condición de esclavos. Aunque, como en Cuba, podían ser esclavos domésticos, o para trabajar en la plantación.

En Cuba, no siempre existía coincidencia geográfica entre la casa del amo y la plantación. Por lo general, la casa del amo estaba en la ciudad y de la plantación cañera se ocupaban otros, los mayorales y contra mayorales, muchas veces alejados geográficamente.

Aunque característico de la producción azucarera, durante la zafra, el dueño poseía una casa en el ingenio, en la que pernoctaba vigilando directamente la producción, auxiliado por los mayorales, que en Cuba, no pocas veces podían ser negros.

En la típica plantación del sur de los Estados Unidos, sobre todo, tendía a haber una mayor coincidencia entre esta y la casa del dueño. Así se hablaba de la hacienda esclavista. Como un todo integrado. Ello obedecía a las características de sus producciones principales: tabaco y algodón. Sin embargo, más allá de cierta servidumbre, no se puede decir que hubiese como tal una vida en común entre hacendado esclavista y sus esclavos.

En Cuba, la convivencia del esclavo con los amos era más alejada para los que trabajaban en la plantación. La cercanía al amo era mas sistemática, sobre todo, para los esclavos domésticos que por lo general, compartían la casa de la familia del hacendado criollo. No pocas veces, tenían algunos la oportunidad de aprender a leer y escribir y desplegar tareas que los dotaban de ciertas habilidades y modales, próximos a cierto refinamiento. No así, los que realizaban el trabajo bruto y agotador de la plantación, bajo el látigo perenne de los mayorales y la continua amenaza del cepo. Este último permanecía también como un castigo potencial para cualquier tipo de esclavo.

Entre los hacendados blancos de las colonias inglesas y sus esclavos, la convivencia entre ellos era bastante diferente a la que existía en Cuba. Existiendo más bien un rechazo a estar cercano al negro, compartir actividades, e incluso la práctica religiosa. El negro no poseía ninguna independencia. Como en Cuba, donde si tenían sus fiestas, prácticas religiosas independientes y aparte del blanco, aunque compartían muchas actividades. Que no pocas veces el blanco compartía también. Lentamente, se notaba cierta interpenetración entre el blanco y el negro esclavo, sobre todo en la casa del amo, como del temor a las prácticas religiosas de los negros, la capacidad de estos para suministrar cierta medicina natural etc.

El hecho de que a Cuba, durante largo tiempo, prácticamente hayan venido hombres solos, creo mayores vínculos entre los blancos, con los indios primero y los negros después. Produciéndose de manera muy frecuente el apareamiento del colonizador con las indias primero y las negras después. Lo cual en Estados Unidos no era un fenómeno común Mientras en Cuba sí. Lo que trajo de manera inmediata el mestizaje entre los grupos raciales que desde el principio componían la población Cubana.

Después llegaron los chinos, también bajo la práctica condición de esclavos; con estos tampoco venían mujeres, lo que provoco un mestizaje aún mayor en la población de la isla.

Así en Cuba, la población comenzó a mestizarse rápidamente, no así en los Estados Unidos. Donde no existía el mulato como tal. Ni la mescla con el indio nativo (asunto muy raro). Produciéndose el fenómeno de la línea de la sangre, a diferencia de Cuba, en que predomino la llamada línea del color.

Por lo que decimos que en Cuba, "con una gota de sangre blanca, se puede ser blanco, mientras en los Estados unidos con una gota de sangre negra se es negro".

Tales diferencias, en los Estados Unidos, entre otras, hacen que la separación racial, la *racializada* acumulación de la riqueza, la posición social hegemónica, las diferencias sociales, el racismo y la discriminación racial, sean fenómenos, que se aprecian hasta hoy como muy difíciles, prácticamente imposibles, de solucionar. Tampoco la violencia física contra los negros, que aún no ha desaparecido. Mientras que en Cuba sí. Siendo un asunto que prácticamente fue eliminado entrada la república.

Es decir, en Cuba, desde temprano, resulto muy importante la participación del negro en la cultura que emergió en la isla. No así en los Estados Unidos, donde el negro quedo apartado, viéndose obligado a crear su propio mundo, aparte del blanco. No pudiendo acceder a los mismos espacios que los blancos. Siendo típica la segregación del negro.

Sin embargo, Inglaterra presiono mucho y durante largo tiempo para abolir la esclavitud. Como resultado de su interés de formar el mercado consumidor. Aunque, ante ese interés practico por la abolición, emergía entonces con fuerza, el racismo como fenómeno biológico, apareciendo las teorías de la separación de las razas por criterios de inferioridad biológica; el negro lo era, e incluso esclavo, por ser inferior no solo por ser negro.

Estados Unidos, resultado de las múltiples inmigraciones devino entonces en un país de minorías etno-raciales, mientras que Cuba no lo fue nunca. Se trata del dominio de una tendencia al movimiento centripeto.es decir, la tendencia a sentirse más seguro entre sus iguales y rechazar a los desiguales, en cuanto al color, la religión, la nacionalidad de procedencia, las costumbres y otras diferencias. En lo que el proceso de asimilación de los inmigrantes a la sociedad norteamericana, tuvo una importancia determinante.

En Cuba se fue produciendo la mescla de todos los grupos étnicos que participaron en su formación como nación. Produciéndose un arcoíris de colores, rasgos físicos, costumbres, que trajo como resultado una sociedad uni-étnica y multicolor. Una idiosincrasia común. Cuba resulta ser entonces una sola nación, a diferencia de Estados Unidos, que es una especie de agrupamiento razas y etnias de diferentes procedencias, bastante separadas entre sí, formando más bien un conglomerado de pueblos. Con ciertos peligros de desmembramiento que aún persisten.

Mientras, Cuba avanzaba continuamente hacia la integración racial, no solo porque la población sea cada día mas mestiza, sino por el grado de integración con que la sociedad Cubana fue emergiendo; en los Estados Unidos ese "ajiaco" que nos va caracterizando a los Cubanos, ha resultado cada día más difícil de lograr para el norteamericano. Dado que la sociedad norteamericana avanza en sentido prácticamente inverso a la sociedad Cubana. En sentido inverso al "melting pot"[153], al que algunos pensaron pudo arribar la sociedad norteamericana al principio.

Estas diferencias señaladas para Cuba y Estados Unidos, hacen que en Cuba haya surgido un ciudadano único, el Cubano. Donde los negros se encuentran entrelazados, formando parte de toda la sociedad. Mientras en los Estados Unidos, los negros se llaman así mismo afronorteamericanos, como reclamo de su procedencia étnica, pero también como reclamo de la sociedad en que viven y a la que pertenecen. En Cuba eso no resulta necesario porque todos somos Cubanos, de diferentes etnias, rasgos y colores. Pero todos individuos que viniendo de diferentes lugares, terminaron ya por fundirse en una sola sociedad, con una única nacionalidad[154].

---

[153] Crisol de razas, es una expresión sobre la forma en que las sociedades heterogéneas se transforman gradualmente en sociedades homogéneas, donde las gentes de diferentes culturas, razas y religiones se combinan –idealmente– para formar una sociedad multiétnica [N. del E.]

[154] Para ampliar ver: Jesús Guanche, "Componentes Étnicos de la Nación Cubana". Colección Fuente Viva, La Habana, 1996 [Nota del Autor].

II- El arribo de Colon a las Américas. El impacto de la colonización de los pueblos originarios.

Cuando Cristóbal Colon y sus marineros desembarcaron en la primera tierra que encontraron, portando espadas y hablando de forma "rara", los nativos arahuacos corrieron a darles la bienvenida, a llevarles alimentos, agua y obsequios.

Al enseñarles una espada la cogió por la hoja y se cortaron, al no saber de qué se trataba. No tenían hierro. Sus lanzas eran de caña. Serán criados magníficos, dijo Colon.

Con 50 hombres los subyugarían a todos y podrían hacer de ellos lo que quisieran. Su hospitalidad, su entrega a la hora de compartir. Estos eran rasgos que no estaban en auge en la Europa renacentista. Dominada por la religión de los papas, el gobierno de los reyes y la obsesión por el dinero, que caracterizaba la civilización occidental y a su primer emisario a las Américas, Cristóbal Colon.

La cuestión que más acuciaba a Colon era donde estaba el oro. Los indios arahuacos le habían dado una grata bienvenida. Estos no tenían caballos, ni animales de labranza. No tenían hierro, pero llevaban diminutos ornamentos de oro en las orejas. Hecho que traería dramáticas consecuencias, porque colon apreso a varios de ellos y les hizo embarcar, insistiendo en que le guiaran hacia el origen del oro.

Luego navego hacia Cuba y más tarde hacia La Española. La isla que hoy forman Haití y República Dominicana. Allí, los destellos de oro visible en los ríos y la máscara de oro que un jefe indígena local le ofreció a Colon, provocaron visiones delirantes de oro sin fin. Y así comenzó la tragedia del exterminio de los nativos de las primeras islas con que Colon se encontró.

A causa del exagerado informe de Colón, y las múltiples promesas que hizo, le fueron entregadas 17 naves y 1200 hombres, para su segunda expedición. El objetivo era muy claro, obtener oro y esclavos.

Colon envió varias expediciones hacia el interior, después de haber encontrado muertos a los marineros que habían dejado. En 1495 hicieron una gran incursión en busca de oro y esclavos. Pero la voz se corría entre los nativos y la tarea se hacía muy difícil. Por fin capturaron a 1500 hombres, mujeres y niños, reteniéndolos en corrales para escoger los 500 mejores. De ellos 200 murieron en la travesía. El resto llego con vida a

España y fueron puestos a la venta.

Fueron las llamadas encomiendas, las que en la práctica establecieron en Cuba la esclavitud del Indígena. Los que no resistieron. Pues se trataba de una población débil físicamente y muy propensa a adquirir las enfermedades que traían los españoles. Cuba, además, tenía muy poca capacidad para hacer resistencia a los españoles. No así en -el territorio al que llegaron los colonizadores de América del norte, donde sí se encontraron con una población indígena mas fuerte y preparada. Con una adaptación a la ruda naturaleza, que eran los colonizadores los que no contaban con hábitos para de inmediato sobrevivir.

- De todos modos, en Cuba, el exterminio indígena no resulto tan rápido como es posible imaginarlo, dándole posibilidad de que indios y negros se apalancaran juntos en Cuba.

- En Estados Unidos, la población indígena sobrevivió en condiciones precarias, pero no pudieron ser exterminados totalmente.

1- A los hombres que colonizaron el territorio norteamericano comprendido por las trece colonias que se formaron en América del Norte, entre 1607 y 1732, no les resulto tan fácil con los nativos.

2- En el caso de Cuba, la cuestión indígena se dirimió con relativa rapidez a favor de los españoles que prácticamente exterminaron a los nativos, sometiéndolos al trabajo esclavo en lo lavaderos de los ríos, buscando el incipiente oro. Incluso exportando al principio algunos hacia España, sometiéndolos al más brutal trabajo esclavo, haciéndolos víctimas de las enfermedades importadas de Europa, cazándolos y asesinándolos, amparados en el régimen de las Encomiendas.

En el caso de Estados Unidos, el proceso fue más

complejo, pues los colonizadores se enfrentaban a un tipo de indígena más fuerte, más ligado a una naturaleza salvaje, difícil, llena de peligros y de los rigores del invierno, frente a un relativo mayor desarrollo intelectual y social que el indígena del Caribe y de Cuba, en particular. Incluso muchas tribus en Norteamérica formaron las confederaciones de tribus para luchar contra los colonizadores y no pocas veces hicieron alianzas con los ingleses y con los franceses para luchar contra los colonizadores.

- Dispusieron de armas y pertrechos para hacerlo, cosa que no se dio en el caso de las islas. Luego, aunque fueron bárbara y criminalmente casi exterminados, los indios americanos, pudieron hacer mayor resistencia. Los indígenas norteamericanos, incluso llegaron a disponer de armamento considerado moderno para su época. Suministrado por los ingleses y franceses. Pues la corona inglesa, no pocas veces, de manera oportunista, los apoyaba para lanzarlos contra los colonizadores. Utilizándolos de cuña para ejercer sus presión sobre las colonias americanas.

3- La resistencia del indígena norteamericano duro mucho e incluso se expandió y pudiera decirse que también se fortaleció, cuando los colonos comenzaron a desplazarse hacia el oeste, a robarle a la población autóctona sus cotos de caza y territorios de supervivencia.

Los indígenas de Cuba apenas pudieron hacer resistencia, los nativos americanos no, la diferencia entre ambos eran muy grandes a la hora de oponerse a la colonización.

4- De todos modos el ejercicio de la esclavitud, no tuvo que esperar por la presencia de los negros, en ninguno de los dos territorios. Comenzó, prácticamente, sobre la población nativa, en ambos: en Cuba, desde que los españoles hicieron acto de presencia; en el territorio de América del Norte, también, cuando, aunque un poco más tarde, cuando comenzaron a fundarse las colonias, entre 1607 y 1732. Tratándose de un proceso más tardío para América del Norte por cuanto cuando los europeos, comenzaron a llegar a los territorios de América del Norte ya hacía poco menos de un siglo que los españoles habían llegado a Cuba. Por lo cual, incluso la esclavitud del negro comenzó en nuestra isla mucho antes.

Por ello, en cuanto a la esclavitud y el abolicionismo Cuba y Estados Unidos son dos realidades históricas bastante diferentes.

III-Veamos como transcurrió el fenómeno para la llamada Revolución o Guerra de Independencia Americana contra Gran Bretaña.

1- La Revolución Americana dio comienzo a un amplio proceso revolucionario denominado atlántico u occidental. Pues afecto tanto a Europa como a América, entre 1770 y 1850 aproximadamente.

Se trató de la primera experiencia anticolonialista, si bien con la salvedad de que fueron los elementos europeos-los colonos y no los nativos-los que lucharon contra la metrópoli. Esto tuvo como consecuencia la creación de la primera nación europea fuera de Europa.

Tuvo como consecuencia la creación paradójica, la puesta en práctica, de ciertos principios ideológicos y políticos que resultaban utópicos para el viejo mundo.

Tenemos en primera línea la formación del gobierno más democrático conocido hasta entonces, o para ser más exactos, la consolidación de una forma de gobierno constitucional que sería modelo para el futuro.

Conviene además destacar el carácter moderado interno del

proceso. Por lo que fue más bien una revuelta dirigida por privilegiados, que después ocuparon el poder más de medio siglo, y por tanto una revolución victoriosa que no conoció contrarrevolución ni anarquía.

Conviene recordar su carácter burgués y el peso aplastante que tuvieron las clases medias, las cuales pugnaron por defender unos intereses económicos y políticos atacados por la corona y el parlamento británico.

Conviene además llamar la atención sobre la importancia inusitada que adquirieron los fenómenos de opinión pública y, en general, los de propaganda política.

Por lo cual, es posible decir, que se trató de la fundación de una sociedad moderna para su época. Que no era otra que la que llenaba las aspiraciones de los que habían venido como emigrantes de una Europa en la que apenas comenzaban a emerger las ideas de una sociedad nueva. Que encontró su realización con la fundación de las 13 colonias en América del Norte. Lo cual se alcanzó a través de una revolución.

Una serie de causas y condicionamientos de la revolución nos hablan de los siguientes aspectos:

- Estructurales del movimiento independentista que se abrió entre 1763-1783, en que existía, en primer lugar, un territorio colonial muy compacto. El de las 13 colonias primigenias: new Hampshire. Massachusetts, Rhode Island, Connecticut (Nueva Inglaterra), New York, New Jersey, Pennsylvania, Delaware, (Centro), Maryland, Virginia, las Dos Carolinas y Georgia (Sur).

Todas estas colonias tenían tasa maltusiana de crecimiento por la alta natalidad y la gran cantidad de inmigrantes europeos y negros, muy superior a la Metrópoli.

Todo ello propiciaba la expansión económica y producía una gran presión sobre las fronteras.

Lo que fue provocando una progresiva divergencia económica respecto a la Gran Bretaña. Resultado de:

- Aplicación de actas de navegación inglesas que favorecían a la metrópoli; déficit de exportaciones e importaciones, contradictoria escisión con el área del Caribe, recurso al contrabando con las colonias ibéricas, e individualismo económico por la mentalidad de frontera.

Por lo demás, las colonias americanas poseían una considerable movilidad social, aunque con un cierto contraste entre un Norte más igualitario y moderno y un Sur más señorial y esclavista.

Las colonias americanas disfrutaban de una considerable autonomía y costumbre en el ejercicio político, gracias a la existencia de constituciones o cartas y asambleas legislativas de propietarios elegidos por sufragio, en donde se pudo forjar una política

Muy imbuida ideológicamente de los principios emanados de la teoría política del pacto social. A pesar de que nada de eso era dominante en la metrópoli inglesa.

También debemos contar con el progresivo distanciamiento político y cultural de las colonias norteamericanas de origen francés: el Canadá británico también que desde 1763 desarrollo su historia prácticamente a espaldas de sus vecinas, las Trece Colonias Norteamericanas.

IV-Comienza el conflicto con la Metrópoli Británica.

Apareció entonces el conflicto económico con la metrópoli británica, deseosa de aumentar sus ingresos para sufragar los gastos imperiales de defensa de las fronteras, debido al costoso estacionamiento de sus fuerzas permanentes en la región.

Así, comenzaron a surgir regulaciones inglesas para evitar la vulneración de reglamentaciones concernientes al comercio de contrabando, controlar el comercio del oeste y las relaciones con los indios. En medio de lo cual se afectaban las expectativas de las colonias norteamericanas.

Gran Bretaña se reservó el comercio con los indios y la facultad de distribuir tierras occidentales a los colonos canadienses.

Emergió también el control fiscal por medio de tarifas aduaneras sobre productos básicos del comercio y del consumo, tales como: melazas, vinos, café, índigo, ron; leyes de la moneda; leyes del azúcar y leyes del timbre, produciéndose entonces gran descontento dentro de las colonias americanas.

El ambiente político se iba caldeando y los colonos americanos fueron tomando conciencia de sus diferencias con la metrópoli, organizando entonces, de manera más efectiva, su oposición, a través de una hábil manipulación de la opinión pública.

El detonante de tal situación fue la promulgación en 1773 del "Acta del Té", que concedió en la práctica a la Compañía de las Indias Orientales el monopolio del suministro de té a las colonias.

Esta amenaza de los colonos comerciantes con un monopolio presionándolos y a los contrabandistas con hacerlos improductivos, fue la gota que colmó la copa.

Como respuesta se recurrió al boicot. Y al desafío público y directo de la llamada Boston Tea Party. Como respuesta inglesa se recurrió al acta de Quebec, de 1774, que los colonos americanos interpretaron como una medida represiva contra ellos. Pues a los franceses de Canadá se les habían adjudicado todas las tierras del norte de Ohio y los Grandes Lagos a expensas de Virginia.

En 1774 se celebraría el Primer Congreso Continental en Filadelfia. Para afrontar la situación se fueron conformando dos partidos: "uno moderado –conservador liderado por J. Galoway y otro radical-federalista (con personajes señeros como S. Adams, P. Henry, B. Franklin, J. Adams y T. Jefferson, entre otros"[155].

Se proclamó lealtad al Rey y decreto un nuevo boicot absoluto al comercio que fue más eficaz.

Para que diera principio una rebelión armada el motivo fue el tiroteo en Lexington y Concord, cerca de Boston. Después los americanos citarían a Boston y vinieron varios ejércitos británicos.

El Segundo Congreso Continental se reunió en 1775 en el cual se solicitó al rey una especie de carta magna americana

---

[155] Un Siglo de España 1898-1998, Ed, Universidad Castilla La Mancha, 1998, cord. José G. Cayuela Fernández, Cuenca, España, p.386 [Nota del Autor].

.La llamada Petición de "La rama de Olivo". Si Gran Bretaña renunciaba al derecho de fijar impuestos, las colonias omitirían la regulación de su comercio y aumentarían su contribución al reino, si se les permitía comerciar libremente. Pero el rey Jorge III no aceptó el proyecto.

El rechazo del gobierno inglés hizo que los colonos decidieran la formación de un ejército continental, nombrando al virginiano George Washington como general en jefe.

Así se entró en el decisivo año de 1776. Con el III Congreso Continental en que, con predominio de los radicales, se recomendó producir una constitución independiente para cada colonia .El congreso entonces el 4 de julio de 1776 proclamo la Unión de las Trece Colonias y voto la Declaración de Independencia, elaborada por Th. Jefferson. Sé abrió entonces un largo periodo de guerra que duro entre 1776 y 1781, harto complicada por la delicada situación militar de los contendientes.

- Por fin, en una acción combinada franco-americana los británicos sufrieron una estrepitosa derrota en Yorktown en 1781. Asi prácticamente concluyo la guerra, aunque continuo un poco más en las Antillas. Inglaterra entonces resolvió reconocer la independencia de las 13 colonias, incluso haciéndoles grandes concesiones territoriales, acuerdo que se consolidaría mas tarde en el tratado de Paris de1783.Gran Bretaña estrictamente no había perdido la guerra pero no había logrado someter a las Trece Colonias. Los que salieron beneficiados fueron los Estados Unidos. Los cuales además de obtener su emancipación, más que duplicaron su territorio.

Firmada la paz en 1783, aún quedaban pendientes graves problemas por solucionar.

- Respecto a la esclavitud, algunos negros que habían logrado luchar en la contienda, obtuvieron su libertad. Pero la esclavitud como tal continúo existiendo.

O sea, que a diferencia de lo ocurrido en Cuba, en que la abolición estuvo imbricada en su guerra de independencia, la guerra de independencia de las 13 colonias, no representó como tal un cambio sustancial para el régimen de esclavitud salvo en el norte.

-   La esclavitud continúo sobre todo en el sur. Se producía la tirantez de 13 colonias independientes de Gran Bretaña, pero diferentes en cuanto al régimen político. Esto produciría la disyuntiva con que Abraham Lincoln[156] se las tendría que ver más adelante y que sería la que en 1861 haría estallar la llamada Guerra Civil o de Secesión. Una sola nación con dos regímenes sociales diferentes. Uno señorial y esclavista en el sur. Otro más avanzado políticamente, en el norte, aunque también con rastros de esclavitud aun. O más bien de fuerte discriminación racial y racismo.

V-Como transcurrieron los acontecimientos en Cuba.

El temor a que España cediera y aboliera la esclavitud, hizo coincidir a un sector de los hacendados Cubanos, con las aspiraciones expansionistas de un sector de la joven unión norteamericana (especialmente del sur). Ambos se fundieron en el proyecto anexionista. Que tuvo no pocos seguidores entre los traficantes de esclavos y los hacendados esclavistas Cubanos; era "el modelo perfecto", la independencia de España, preservando la esclavitud. Hoy puede parecernos uno utopía, pero hace un siglo y medio no lo era, se pensó en ello y actuó para conseguirlo.

Los dos intentos de Narciso López de iniciar un movimiento contra el dominio colonial español en Cuba (1850 y 1851), con el apoyo y respaldo de importantes sectores y líderes políticos y económicos del sur de los estados unidos, partidarios de la preservación del sistema esclavista en la isla y la unión de

---

[156] Abraham Lincoln (1809-1965). XIV Presidente de los EEUU y primero del Partido Republicano. Abolió la esclavitud en los EEUU, luego de ser electo presidente a finales de 1860. Ayudó a preservar a los EEUU por la derrota de los secesionistas en la Guerra Civil Estadounidense [N. del E.]

Cuba al sur de los Estados Unidos, resultaron rotundos fracasos. Cercana la guerra civil el proyecto se detuvo y Narciso López pago con su vida el intento de realizarlo.

- Fueron algunos hacendados fundamentalmente medianos y pequeños (con sus esclavos), campesinos y profesionales blancos de oriente y el Camagüey, los que iniciaron, apoyaron y dirigieron desde los primeros momentos el levantamiento del 10 de octubre de 1868, al que rápidamente se sumaron negros libertos y mulatos.

- La Declaración del 10 de Octubre[157], contrario a lo que creen una mayoría de los Cubanos, no proclamo la abolición de la esclavitud, porque los líderes del movimiento aspiraban a lograr el apoyo de los grandes hacendados (sacarocracia) Cubanos de la Habana y Matanzas, que era donde se concentraba la gran producción azucarera en el siglo XIX y la gran masa de esclavos de origen africano. El gesto de Céspedes de dar la libertad a sus esclavos para luchar por la independencia fue de un simbolismo patriótico extraordinario, pero en principio, único. Habría que bregar más adelante con el problema de la abolición de la esclavitud.

- El sector más poderoso de la llamada burguesía Cubana, nació de la trata y la esclavitud, enriquecida con el sudor y la sangre de los esclavos, pero en realidad, como clase, nunca apoyaron las luchas independentistas, por el contrario, financiaron la guerra contra los patriotas Cubanos. La

---

[157] La Guerra de los Diez Años, también conocida como la Guerra Grande (1868-1878), fue la primera guerra de independencia cubana contra el colonialismo español y comenzó con el Grito de Yara, en la noche del 9 al 10 de octubre de 1868, en la finca La Demajagua, en Manzanillo, la cual pertenecía a Carlos Manuel de Céspedes, el Padre de la Patria cubana [N. del E.]

"burguesía Cubana", como clase, nunca ha sido revolucionaria ni patriótica, ni en el siglo XIX ni en el XX, siempre estuvo al lado de España y de Estados Unidos con sus intereses egoístas, controlaban la situación, aunque no faltaron, algunos burgueses adinerados Cubanos que hayan tenido un destacado papel en las luchas revolucionarias del pueblo.

Carlos Manuel de Céspedes, el más destacado de los revolucionarios que iniciaron la guerra de 1868-1878 y los lideres blancos que lo siguieron, sabían que necesitaban el apoyo de los negros y mulatos y a la larga el de los esclavos, sin los cuales era imposible derrotar a España, pero por otro lado, sabían también que la incorporación de estos no sería bien vista por los que se beneficiaban de la trata y la esclavitud, por lo cual la esclavitud no fue abolida radicalmente desde el primer momento. La declaración leída por Céspedes en la Damajagua, señalaba que la "emancipación debía ser gradualmente y con indemnización"[158].

La contradicción en el seno del movimiento en torno a la cuestión racial, en la medida en que avanzaba la lucha, se hacía más evidente. Pues este asunto último estaba muy ligado a la posibilidad o no de la abolición. No debemos de olvidar, que muchos que se habían ido a la manigua lo hicieron como última posibilidad, al fracasar la alternativa reformista. Después del descalabro de la llamada Junta de Información.

Si los dueños ordenaban a sus esclavos incorporarse al Ejército Libertador, se les entregaba un certificado de propiedad, para que fueran compensados una vez obtenida la independencia; los esclavos en estos casos eran libres, aunque también hubo una disposición en la cual a los esclavos, a pesar de estar luchando, no se les reconocía la libertad. A los esclavos, propiedad de españoles o Cubanos, contrarios al movimiento separatista, se les daba la libertad de inmediato.

---

[158] Céspedes, Carlos Manuel de. "Decreto de Carlos Manuel de Céspedes sobre la esclavitud". En: Hortensia Pichardo. Documentos para la historia de Cuba. Tomo 1. La Habana, Cuba: Editorial de Ciencias Sociales. 198. págs. 370-373 [N. del E.]

En la Constitución de Guáimaro[159], se establece que todos los habitantes de la República son enteramente libres, pero poco después se redactó un llamado "Reglamento de Libertos", que limitaba lo que había sido proclamado por la constitución.

España por su parte, para ganar las simpatías de los esclavos y negros libertos, que no estaban de acuerdo con el reglamento de libertos, promulgó la "ley de vientres libres "concediéndole libertad a los nacidos de madres esclavas después del 5 de julio de 1870; la libertad para los esclavos que combatieran a favor de España y otras medidas similares. Se desplegaba por parte de España una larga lucha, propagandística y en términos de leyes y regulaciones, para tratar de mantener la esclavitud, la que en Cuba duraría oficialmente hasta 1886. Así España trabajo para retrasar un proceso que ya venía implícito en la dinámica de la llamada Guerra Grande.

Fueron esas las razones que aceleraron la promulgación en diciembre de 1870 del decreto de la "abolición de la esclavitud" y la anulación del "reglamento de liberto". Hasta entonces, no se permitió a los esclavos que escapaban, unirse a las fuerzas revolucionarias sin la autorización de sus amos. Aunque muchos lo hacían.

Fue una práctica usual a lo largo de la Guerra de los Diez Años (1868-1878) y después en la Guerra de Independencia (1895-1898), que los blancos que se incorporaban al Ejército Libertador lo hacían automáticamente como oficiales y muchos de ellos entraron a la guerra con los grados de general. Todos los oficiales negros entraron de soldados y ganaron sus grados en combate; ni en la Cámara de Representantes, ni en el gobierno de la República en Armas había negros ni mulatos, para no inquietar a la "Sacarocracia Cubana".

El Pacto del Zanjón que dio fin a la Guerra de los Diez Años (1868-1878), se produce cuando las principales figuras del liderazgo blanco Cubano de la guerra, firman el acuerdo de paz con España. Entre otras razones estaba el temor al ascenso de

---

[159] La Asamblea Constituyente de la localidad de Guáimaro (Camagüey) se reunió el 10 de abril de 1869, donde se redactó la primera Constitución cubana, aprobada el mismo día [N. del E.]

los líderes militares negros y mulatos, representados en primer término por los hermanos Antonio y José Maceo.

La mayor parte de la historiografía Cubana contemporánea hasta fecha reciente, ha guardado celoso silencio sobre los nombres de los líderes Cubanos que firmaron el Pacto del Zanjón y por supuesto de raza y color casi ni se habla. El ala más conservadora y racista del liderazgo blanco traicionó a la revolución y al pueblo; preferían muchos, el colonialismo español a la posibilidad de tener que compartir el gobierno de una Cuba independiente con el liderazgo Cubano negro de la revolución en condiciones de igualdad. Aunque hay que decir que hubo numerosos oficiales blancos del Ejército Libertador que también rechazaron el Pacto del Zanjón. Y que tampoco comulgaban con las ideas racistas presentes en esos momentos. Pero no eran factor dominante ni nunca lograron imponerse para una república, como había proclamado Jose Martí, "con todos y para el bien de todos"[160].

Tampoco todos los negros y mulatos Cubanos apoyaron la independencia y lucharon por ella; aunque la mayoría si lo hizo. No obstante, hubo una minoría negra y mestiza Cubana, que fue organizada en las llamadas guerrillas por el gobierno colonial, que se caracterizaron por su fidelidad a España y sus crímenes contra los prisioneros y la población. Fueron tan sangrientos y odiosos, que el general Antonio Maceo decretó que "...al negro que se capturase con boina o cinta roja se le ejecutara en el acto"[161].

Estas verdades no restan ningún mérito a los heroicos revolucionarios blancos Cubanos del siglo XIX: hacendados, profesionales, campesinos, pequeños comerciantes, funcionarios públicos, estudiantes, intelectuales, etc., que se levantaron en armas con poca o ninguna experiencia militar, con escasos arma-

---

[160] En discurso pronunciado por José Martí en el Liceo Cubano de Tampa (La Florida, EEUU) el 26 de noviembre de 1891. En Martí-Pérez, J. J. (2001, Nov. 7). *Obras completas*. Edición Digital de las Obras Completas de José Martí. Centro de Estudios Martianos, Karisma Digital. Versión de los 27 volúmenes de la Segunda Edición de las Obras Completas publicada por la Editorial de Ciencias Sociales, en La Habana, Cuba, 1975, Tomo 4, página 267 [N. del E.],
[161] Se refiere a los criollos colaboradores del ejército colonialista español durante la Guerra de Independencia [N. del E.]

mentos, ni recursos para adquirirlos, contra una de las grandes potencias europeas de la época, que concentró contra ellos todo su poderío en el conflicto bélico más prolongado y sangriento de la historia americana.

Ellos perdieron sus propiedades y con frecuencia sus familias y su vida en esta contienda; no los amedrentó el temor de irse a la manigua con una ejército compuesto mayoritariamente por negros y mulatos, en un país donde existía la esclavitud, un profundo racismo y un gran temor a la supuesta naturaleza violenta y salvaje de los negros y mulatos. A pesar del llamado "miedo al negro" combatieron a su lado y ofrendaron muchas veces la vida por igual.

Me resisto a creer que las contradicciones económicas solas pueden explicar ese nivel de sacrificio y heroísmo. Pues odiaban profundamente al colonialismo español que los humillaba y los oprimía y rechazaban el abominable y bárbaro régimen esclavista, aunque algunos de ellos no pudieran aceptar a los negros y mulatos como iguales. Ellos eran hombres y mujeres de su tiempo y lucharon y cayeron heroicamente por una patria a la que amaban y en el proceso, negro y blanco criollo, africano, español, mulatos y chinos, se conocieron y se fueron fundiendo en la nación Cubana. Las guerras de independencia como ningún otro proceso en la historia de Cuba aceleraron la formación de la nación. Es una historia dramática, épica y compleja, solo posible en un momento trascendente en la historia de un pueblo, como lo fue la lucha por la conquista de la independencia de España.

Perduraron muchos de los prejuicios y la discriminación en un país sometido al régimen esclavista, que no era solo una forma de producción, sino una cultura, que en el mejor de los casos situaba al negro como inferior, cuando no discutía incluso su humanidad. Los blancos ascendieron más rápido que los negros y mulatos a los puestos de mando, los negros fueron sancionados más fácilmente y con mayor rigor, muchos blancos se negaban a combatir bajo el mando de negros y mulatos, la propaganda española aprovecho los prejuicios para estimular "el miedo al negro" y tratar de dividir a las fuerzas revolucionarias y a veces lo logró.

En ese complejo y doloroso proceso se fue conformando la nación Cubana, para todos, negros y blancos, se hizo cada vez más claro que el triunfo solo era posible con la participación de todos, y ya en la guerra de independencia de 1895, aunque persisten los prejuicios y la discriminación, estos seguían perdiendo terreno a favor de la formación de la nación multirracial.

Antonio Maceo no es solo un héroe de los negros Cubanos, sino de todo el pueblo, bajo su mando combatieron orgullosos oficiales blancos, algunos dieron la vida por él. Máximo Gómez[162] no es un héroe de los blancos Cubanos, sino del pueblo Cubano, ellos son solo las figuras cimeras entre otras muchas en el nacimiento de una nación, la nación Cubana fue forjada por el sacrificio y la sangre derramada por los patriotas negros y blancos caídos por la libertad de Cuba.

El genio político de José Martí, le permitió resumir todas las razones nacionales e internacionales que habían llevado al fracaso de las gestas y conspiraciones independentistas Cubanas anteriores, era necesario unir en una amplia alianza a todos los que estuvieran dispuestos a luchar contra el colonialismo español dentro y fuera de Cuba, con independencia de su raza, color o fortuna, independentistas, reformistas o anexionistas, siempre que la coyuntura los hubiera hecho llegar a la conclusión de la necesidad de la "guerra necesaria"[163], púes había que

---

[162] Máximo Gómez Báez (1836-1905) Combatió en la Guerra de los Diez Años y fue el General en Jefe de las tropas revolucionarias en la Guerra del 95. Dominicano de nacimiento dedicó la mayor parte de su vida a su "querida y sufrida Cuba". Su brillante estrategia militar y su estilo de mando, célebre por su severidad, le posibilitaron llevar a cabo campañas (la Invasión y posteriores campañas) sin precedentes históricos por la disparidad de sus fuerzas, en hombres y técnica militar. Nunca pretendió protagonismo en la vida política civil de Cuba después de la independencia, a la que en realidad tenía derecho por sus extraordinarios méritos. De los grandes patriotas cubanos, se cita la trilogía de hombres fundamentales de la Guerra de Independencia, Máximo Gómez está junto a José Martí y Antonio Maceo [N. del E.]

[163] O *Guerra del 95*. Acción armada organizada por José Martí para lograr la definitiva independencia de Cuba. Desde la emigración y como conductor del Partido Revolucionario Cubano, había organizado la insurrección en Oriente, al igual que en el resto del país. Para alcanzar sus objetivos independentistas, Martí se apoyó en las figuras más cimeras de la gesta anterior, y logró vertebrar un movimiento que respondió a sus órdenes sin vacilaciones. El estallido independentista ocurrió el 24 de febrero de 1895 [N. del E.].

hacerla rápido para impedir que los Estados Unidos se apoderasen de Cuba o tratara de interferir en la guerra.

Para ello creó el Partido Revolucionario Cubano[164] y desarrolló la conciencia de la necesidad de una república democrática, donde todos los Cubanos tuvieran igualdad de derechos y lo plasmó en el programa de la revolución, superando los límites programáticos y teóricos del proyecto revolucionario del 68. También en las nuevas condiciones, ya abolida la esclavitud en 1886.

Por tanto el hecho de que durante la lucha y sobre todo después de la muerte de Martí y especialmente durante la ocupación norteamericana, aflorasen muchas contradicciones y diferencias, no resulta sorprendente; la burguesía blanca (nunca hubo burguesía negra en Cuba), aliada como clase al gobierno y los poderosos intereses económicos norteamericanos, aprovecharon la complejidad de las alianzas de la acción martiana, para legitimar a figuras y organizaciones de ideas conservadoras y racistas y reescribir en este contexto la historia de Cuba. En los años que median entre la guerra de los 10 años y la guerra de independencia, de independencia del 95, las campañas de una parte del ala blanca e incluso algunos mulatos, entre los conspiradores, aprovechaban cada ocasión para intrigar contra los Maceo, tratando de desacreditarlos.

En la Guerra de Independencia (1895-1898), la posición de Antonio Maceo como Lugarteniente General del Ejército Libertador y el lugar de otros destacados jefes militares negros y mulatos, fue siempre visto con reservas por un amplio sector de la oficialidad blanca del Ejército Libertador y sobre todo, dentro del gobierno de la República en Armas.

El apoyo de que gozaban los hermanos Maceo en la tropa

---

[164] El Partido Revolucionario Cubano (PRC). Organización política para la independencia de Cuba, creada por José Martí el 10 de abril de 1892. El día 3 de enero de 1892, en el Club San Carlos de Cayo Hueso (Key West), José Martí dio a conocer a José Francisco Lamadrid, José Dolores Poyo Estenoz y al Coronel Fernando Figueredo Socarrás, su idea de fundar el Partido Revolucionario Cubano (PRC), conocido también como el Partido Revolucionario Cubano-Puertorriqueño. En una reunión presidida por José Martí en Nueva York, se discuten y aprueban las Bases y Estatutos del Partido Revolucionario Cubano, el 5 de enero del mismo año [N. del E.]

mambisa y la población, era tal, que esas expresiones de racismo tenían que ser más sutiles y encubiertas, además el Mayor General Máximo Gómez, jefe del Ejército Libertador, tenía absoluta confianza en ellos al igual que muchos oficiales blancos, pero los Maceo tenían grandes adversarios entre algunos de los principales jefes blancos y en menor medida mulatos, entre sus más conocidos adversarios en las filas revolucionarias, estuvieron: Salvador Cisneros Betancourt marqués de santa lucia, Vicente García, Calixto García, Tomas Estrada Palma, etc. Hacia fines de 1896, las victorias y hazañas de los Maceo, asustaban a sus adversarios dentro de las filas revolucionarias y las medidas para limitar su influencia se hicieron más evidentes.

El general Antonio Maceo cae en combate en Punta Brava en 1896, a la entrada de la ciudad de la Habana, sin haber recibido los refuerzos y el armamento acordados con Martí y Gómez en el histórico encuentro de La Mejorana, donde se aprobó el plan de la invasión a occidente; las armas fueron desviadas, por Tomas Estada Palma, entonces el Delegado del Partido Revolucionario Cubano, después de la muerte de Martí, el contingente *Vueltabajero*[165] nunca fue enviado a Pinar del Río para unirse a las tropas de Maceo, la principal razón argüidas por Estrada Palma, fue la preocupación por el impacto que podía tener las acciones de los insurrectos en el occidente del país sobre la industria azucarera.

Es conocido que el entonces Delegado hacia gestiones para propiciar la intervención militar norteamericana en Cuba, lo que era rechazado por Maceo y que dejara refrendado en su carta, en que concluye:

"De España jamás esperé nada; siempre nos ha despreciado y sería indigno que se pensase en otra cosa… tampoco espero nada de los americanos; todo debemos fiarlo a nuestros esfuerzos; mejor es subir o caer sin ayuda que contraer deudas de gratitud con un vecino tan poderoso"[166]

---

[165] Quiere decir "de Pinar del Río" o de "Vuelta Abajo" [N. del E.].
[166] Carta al Coronel Federico Pérez Carbó del 14 de Julio de 1896 (En Selser, G. (1997). *Cronología de las intervenciones extranjeras en América Latina:*

Esos recursos que Estrada Palma le negó, le hubieran permitido al General Maceo hostigar y eventualmente atacar la ciudad de la Habana abriendo la posibilidad de que fuese el actor del soñado "Ayacucho Cubano", logrando la independencia de Cuba.

Una vez más un sector del liderazgo blanco sacrificó al pueblo y la revolución para evitar que el líder negro pudiera entrar victorioso en la Habana y sin dudas, tal vez, llegase a ser el primer Presidente de la República independiente; circunstancias todas que favorecieron la intervención norteamericana en Cuba en 1898.

VI-Estados Unidos la última etapa de la contienda.

En Cuba, la esclavitud y la lucha por la abolición, estuvieron ligadas a las guerras de independencia, posterior a unas largas batallas de los esclavos por su libertad, que dieron lugar a decenas de conspiraciones abolicionistas. Siempre masacradas por las autoridades españolas.

En el caso de Estados unidos de América, la lucha por la abolición de la esclavitud, tuvo un comportamiento más complejo, y muy difícil de explicar, por varias razones.

-   La esclavitud del negro fue mucho más sangrienta, por las características asumidas por esta dentro de la colonización inglesa.

-   Funcionaba una separación mayor entre los negros esclavos y los colonizadores que en Cuba, parece que España, por la influencia árabe, era un poco menos intolerante al color diferente.

-   Además, entre los colonizadores de América del Norte, venían muchos hombres solos, pero en lo fundamental familias completas, aunque, mientras más avanzaba la colonización más mujeres

1849-1898.Tomo 2, p. 280. Cuadernos de CEIICH-UNAM, Universidad Nacional Autónoma de México, México [N. del E.]

venían. A diferencia de Cuba, que al principio sobre todo   venían hombres y en general,   hasta
bien entrada la colonización no fue que venían
muchas mujeres. El apareamiento entre grupos
raciales distintos no fue lo típico como en Cuba.

El negro, en Estados Unidos, mezclado con otras tribus, hombres y mujeres, adquirió rápida conciencia de que su mundo no
volvería jamás.

Que los esclavos negros se sometieron pasivamente es un
mito. No hay registro de la resistencia que hicieron, pero se
sabe que fue mucha. Hacia 1687, 1720 y 1739, con la revuelta
de Charleston en Carolina del Norte, se sabe que hubo muchas
rebeliones. Tampoco las revueltas se limitaban a las colonias
del sur.

Así en las rebeliones en el territorio norteamericano, se mes-
claban tres tipos de choques.

- La lucha por los derechos políticos de las colonias contra el sistema colonial inglés.
-
- La lucha de los blancos pobres, que habían salido del
  tipo de fundación de las colonias con siervos.
-
- la lucha de los negros, que no pocas veces se mezclaba
  con la de los blancos pobres contra los colonos ricos.

Después de 1763, la lucha contra la política británica se hizo
más aguda a causa de la conquista por Francia del Canadá.

La revolución norteamericana está considerada como uno de
los grandes momentos liberadores y progresistas de la humanidad. En realidad fue una exitosa lucha anticolonial.

Pero desde el principio los prejuicios raciales permearon la
vida de la nación. Además, la política genocida hacia los indios,
la brutal esclavitud del negro y el mito de la supremacía
blanca, envenenaron a muchos norteamericanos blancos con
las ideas de la superioridad racial .Basada en el derecho de gobernar los destinos de los demás.

La esclavitud fue parte integrante del modo de vida. Aunque
en el terreno moral, hubo también oposición a la esclavitud

desde el comienzo del establecimiento de las colonias. Un ejemplo de ello lo fue el de los Cuáqueros Alemanes de Pennsylvania, que declararon la esclavitud como contraria a los principios cristianos. Estos legislaron sacando de la sexta a los que importaran esclavos.

La filosofía de los derechos naturales, ideología predominante de la revolución democrática burguesa, declaraba a todos los hombres como iguales. Entonces, para justificar la esclavitud, ciertos pensadores, crearon el mito de la supremacía blanca, a los que dios les había asignado la tarea de civilizar y democratizar América del Norte.

En 1774 el congreso continental revolucionario había aprobado una resolución prohibiendo la importación de esclavos.

También en 1775 los cuáqueros organizaron la Primera Sociedad Antiesclavista de América.

Thomas Jefferson, por su parte, había incluido en su borrador de la Declaración de Independencia un fuerte ataque a la esclavitud de los negros. Muchos votaron en contra de este pensamiento. Y este fue eliminado. Poniendo en evidencia, que el derecho a la vida, la libertad y la felicidad, de que hablaba el histórico documento, no se refiere a los negros.

Luego, es observable que durante la revolución norteamericana creció mucho el sentimiento antiesclavista. Se fundaron muchas sociedades antiesclavistas, de las cuales, Benjamín Franklin fue su precursor con la primera de Filadelfia en 1775.

Thomas Jefferson, Thomas Paine y George Washington, representantes del pensamiento demócrata burgués de la época, se pronunciaron en contra de la esclavitud y la trata de esclavos.

Otros, como Alexander Hamilton, consideraban a la esclavitud como un freno al desarrollo industrial. Para este se trataba de un asunto totalmente práctico. Considerando a la esclavitud como improductiva.

Los hombres que componían la Convención Constituyente de 1787, eran casi todos ciudadanos blancos pudientes. Nadie representaba los intereses del pequeño agricultor, o del artesano. Mucho menos del esclavo y había una sola mujer.

De los 55 delegados: 40 eran propietarios de valores públicos; 14 especuladores en bienes raíces y 15 eran propietarios de esclavos.

La mayoría sentía desconfianza de las masas. Solo un puñado eran demócratas burgueses avanzados y la inmensa mayoría apoyaba la esclavitud como algo concedido por dios.

En la propia constitución se evita cuidadosamente la palaba esclavitud y a los esclavos se les llama personas. Se habla de las personas libres y de las 3 quintas partes de las personas. Es decir, el esclavo representaba menos que una persona completa.

Entonces, el sistema estaba organizado para bloquear cualquier medida contra la esclavitud. Poder ejecutivo, poder legislativo, poder judicial. Y un tipo de gobierno federal, que divide el poder entre el poder federal y el estadual. Cualquiera así podía bloquear una medida.

La estructura gubernamental y la constitución, ambas protegían la esclavitud.

La revolución haitiana a finales del siglo XVIII también despertó de nuevo el inquieto espíritu de rebeldía de los esclavos norteamericanos.

Ya en 1800 la población negra había sobrepasado el millón, casi la quinta parte de la población total. La mayor parte en el sur estaba esclavizada.

El retorno a áfrica: Liberia
Ya en 1776 Jefferson y otros habían propuesto un plan para enviar negros norteamericanos a África. Lo que se conoció como "Movimiento de Colonización Africana".

En 1817 el plan adquirió popularidad y su primera propulsora fue la *esclavocracia* del sur.

El número de negros libres había aumentado de 60,000 en 1790 a 235,000 en 1820.

Un grupo de organizaciones apoyaba el plan y pedían dinero del gobierno. En el sur habían unas 100 de estas llamadas "Sociedades de Emancipación".

El congreso entonces aprobó 100,000 dólares para el plan y surgió Liberia, con 1400 negros en 1813 que ya eran 8,000 en 1852.

Pero el grueso de la población negra se oponía a la emigración, pues para ellos la solución estaba en poner fin a la esclavitud y establecer la igualdad entre la población negra y blanca. El gran abolicionista negro Frederick Douglas denomino al plan "hermano gemelo de la esclavitud".

Durante todo el periodo entre finales del siglo XVIII y mediados del siglo XIX, el abolicionismo militante creció mucho. Y muchos mantuvieron la lucha por la abolición de la esclavitud.

Sin dudas, Liberia, era una forma de aliviar las presiones de la esclavitud, devolviendo a todos los negros que fuera posible a África.

Pero las divisiones políticas entre el norte y el sur y la intención de este último por mantener la esclavitud, afectaron seriamente la formación de la unión.

La guerra civil o de secesión.

El partido republicano representativo de los intereses de clase, formada por un conglomerado de capitalistas, comerciantes, intelectuales, agricultores y obreros, gano las elecciones en 1860 con su candidato Abraham Lincoln.

Por lo general en Cuba, tendemos a pensar que Lincoln era un abolicionista a ultranza. Pero la plataforma política de su partido no se oponía a la existencia de la esclavitud en los estados donde ya estaba establecida., sino más bien su expansión a los nuevos territorios y estados.

En realidad la posición de Lincoln ante la esclavitud, en medio de la situación de las divisiones que vivía el país, era muy compleja, correspondiéndose con esa situación.

En los momentos en que Lincoln aspiraba, la campaña electoral hubo una lucha dramática entre la esclavitud y el mantenimiento de la Unión Federal.

La dicotomía del momento político para Lincoln, no era entre esclavitud y abolición, sino entre unión de la nación y abolición.

Las fuerzas esclavistas del sur, agrupadas en el partido demócrata, amenazaron sin ambages, que si ganaban sus opositores y aplicaban su plataforma, se separarían de la Unión.

Durante las elecciones el país se dividió en dos facciones pro y anti esclavistas.

Lincoln gano la presidencia sobre su cercano oponente Stephen A. Douglas.

Lincoln planteo que no apoyaría la secesión de los estados sureños de la unión. Pues concebía que su tarea fundamental era garantizar la integridad de la unión, más que poner fin al sistema esclavista.

En carta dirigida al *New York Tribune* decía: "mi objetivo supremo en esta lucha es salvar esta unión, no salvar o destruir la esclavitud"[167].

Aunque Lincoln se oponía moralmente a la esclavitud, creía firmemente, que el gobierno federal no tenía derecho legal a prohibirla.

Tenía en definitiva la esperanza de que la esclavitud terminaría espontáneamente. Su objetivo era salvar la Unión.

Y ya la esclavitud, por incompatible con los pequeños agricultores y al prohibir su expansión a los nuevos territorios se acabaría.

Entonces, los llamados estados rebeldes establecieron un gobierno independiente con poderes de presidente, cámara y senado totalmente controlado por la *esclavocracia*.

La llamada Confederación Sureña se negó a retractarse y el conflicto de la guerra civil estallo el 12 de abril de 1861.

Los estados que pasaban a constituir Estados Unidos de América eran entonces 23, con una población de 22 millones de habitantes.

Los llamados estados confederados eran 11 con una población de 9 millones, de las cuales 3 millones eran esclavos, y 500,000 negros libres.

El sur se basaba en la producción algodonera por mano esclava y la aristocracia blanca esclavista moldeaba la opinión pública de los blancos del sur.

---

[167] Lincoln, A. (1862) Unión y Libertad. Sobre los objetivos de la Guerra Civil. Carta a Horace Greeley, Washingon 22 de Agosto de 1862, p. 39. Impreso en México: Talleres gráficos de la nación. Digitalizado por la Universidad de Illinois Urbana-Champaign. Tomado de https://archive.org/stream/uninylibertad00linc/uninylibertad00linc_djvu.txt [N. del E.]

- Poseían para enfrentar la guerra menos de la tercera parte del capital financiero de la nación y unas pocas manufacturas. Unos cuantos barcos, limitados obreros calificados. Aunque ventajas militares, por tener muchos oficiales entrenados que combatirían en su territorio.

- El norte tenía millones de obreros calificados y el control de casi toda la industria metalúrgica, textil el comercio, aunque la clase capitalista estaba dividida ideológicamente ante la esclavitud y la guerra civil. Para estos últimos el sueño era conquistar el sur y dominarlo económica y políticamente para quitarle la posición favorable de que gozaba con Inglaterra y su industria textil. Además el sur tenía muchas deudas con el norte.

- Había otros capitalistas de capital financiero, navieros, que estaban ligados a los dueños de plantaciones en el sur, que argumentaban que el norte se había vuelto poderoso por medio de las relaciones con el sur y que no tenían nada que temer al sistema esclavista.

Estos últimos decían que el peligro real estaba en los fanáticos antiesclavistas que provocaron que el sur proclamase su independencia de la unión federal, despojando al norte de su principal fuente de riquezas.

La ruptura con el sur repercutió en el norte, porque los sureños tenían una deuda de 300,000,000 millones de dólares con los banqueros y comerciantes norteños. Durante el primer año de la guerra civil más de 12,000 negocios norteños quebraron.

Dentro de la coalición de fuerzas que luchaban contra la *esclavocracia* sureña, existían grandes diferencias de conceptos y fines. Algunos hubieran estado de acuerdo con una paz de status quo, otros con el lema de Lincoln de que la nación no podía dividirse en mitad esclava mitad libre.

Dentro de esa complejidad en que se dio la guerra civil y que permaneció después del triunfo de los norteños, fue que se mantuvo la problemática de la esclavitud.

Esta complejidad se expresaba muy claro en el pensamiento de Lincoln, cuando decía:

"Si pudiera salvar la unión sin liberar a ningún esclavo lo haría; si pudiera salvarla liberando a todos los esclavos lo haría; y si pudiera salvarla liberando a algunos y dejando estar a otros, también lo haría. Lo que hago por la esclavitud y la raza de color, lo hago porque creo que ayuda a salvar la unión"[168].

Esa misma posición equidistante, manteniendo para algunos más recalcitrantes, el peligro de eliminar la esclavitud, fue la que le costó la vida al presidente.

Seis días después de la rendición de las fuerzas sureñas fue asesinado el presidente Abraham Lincoln por un simpatizante del sur, llamado John Wilkes Booth (1865).

VII-La nueva presidencia que siguió a la de Lincoln.

El nuevo presidente, Andrew Johnson, asumió una postura en extremo conservadora, en relación con los derechos políticos de la población negra del sur .Pero se vio desafiado con efectividad por un importante sector del partido republicano llamados "republicanos radicales."

El 29 de mayo de 1865, Johnson publicó una amnistía que declaraba, que con ciertas excepciones, se restituirían los derechos y propiedades de todas las personas que habían participado en la rebelión contra Estados Unidos. Eliminando así el efecto más importante de la victoria del norte en la guerra contra el sur.

Este decreto, es claro que, garantizaba la continuidad del dominio en el sur de los mismos elementos blancos que habían constituido y apoyado la creación de los estados confederados. Garantizando el poder a la minoría oligárquica que siempre había gobernado el sur y que eran dueños de las mejores tierras.

En el mismo día, el presidente Johnson, proclamo al nuevo

---

[168] Richard O!relly. "El pueblo negro de Estados Unidos: raíces históricas de su lucha actual". Ediciones Políticas, La Habana, p.110 [Nota del Autor].

estado de Carolina del Norte basado en el voto de los ciudadanos blancos. En los próximos dos meses hizo lo mismo con la
reincorporación de 6 estados pendientes.

Poderosos sectores tanto en el sur como en el norte apoyaban
a Johnson, porque ponía en manos de la oligarquía blanca del
sur todo el poder. Dentro de esa situación.

- Algunos solo estaban interesados en recuperar una
  economía del sur bajo su control.

- Otros solo eran racistas que creían que el negro no
  debía tener poder alguno.

- Otros pretendían suavizar las pasiones y los odios que
  habían aumentado durante la guerra civil entre el
  norte y el sur.

- Además existían los llamados "copperheads" (ser-
  piente venenosa). Llamados así por los norteños partidarios del sur.

- Otros querían tomar venganza contra la *esclavocracia* sureña por todos los crímenes y vejaciones que habían cometido.

El presidente Johnson, en la práctica, reducía a polvo lo que
se podía haber obtenido con la victoria sobre el sur.

En medio de esa situación, ya para fines de 1865, estaba
claro que se inCubaba un gran enfrentamiento entre el poder
ejecutivo del gobierno representado por Johnson y el poder legislativo dentro del cual los "republicanos radicales" tenían un
gran poder.

Los debates comenzaron el 18 de diciembre de 1865.

Donde se destacaron algunos como Thaddeus Steven, un viejo
congresista blanco de Pensilvania. Muchos negros se hicieron
partícipes de sus sentimientos y lo apoyaban, pues decía:

"...que este es un gobierno de hombres blancos, decir eso

constituye una blasfemia, pues viola los principios fundamentales de nuestra libertad. Este es el gobierno del hombre, el gobierno de todos los hombres por igual"[169].

Se reconocía claramente, que los negros liberados del sur, nunca habían ejercido el poder político, ni habían poseído una casa, o tierra, o animales e implementos agrícolas, ni habían podido ir al mercado a vender sus productos.

La situación política era muy tensa, pues cuando comenzaron los debates del congreso, ya los blancos, apoyándose en el decreto de Johnson, habían establecido gobierno en la mayoría de los estados sureños.

Además, como si fuera poco, aprobando una serie de "códigos negros" que restringían severamente las libertados civiles a la población negra.

Una vez complementados los principios de Johnson, los estados sureños solicitaron la readmisión a la unión y el reconocimiento de sus gobiernos estaduales en el congreso federal. Así entonces, se agrupaba todo lo reaccionario y de derecha que había ocupado posiciones cimeras en el gobierno confederado del sur. Estos eran:

- El entonces antiguo presidente confederado.
- 6 miembros de gabinete.
- 58 congresistas.
- 4 generales.
- otros dirigentes políticos y oficiales del ejército.

Proceso que no daba espacio a ningún negro ni a ninguna mujer.

Parecía haberse logrado la unidad de la nación, pero esta volvía a renacer envenenada por las mismas profundas diferencias que habían traído la guerra civil.

La reacción de confrontación de los "republicanos radicales no se hizo esperar. Entonces el gobierno federal se enfrentaba a una serie de tareas revolucionarias, propuestas por los radicales, tales como:

---

[169] Ob. Pág. 119 [Nota del Autor].

1- Creación de una vasta organización de ayuda que se ocupase de las necesidades económicas inmediatas de los esclavos libres.

2- Confiscación de las haciendas de los terratenientes y su distribución entre los negros y blancos pobres.

3- Concesión a los negros de una total igualdad económica, política, educacional y social.

4- Concesión de tierra y derechos políticos totales a los blancos pobres.

5- Reorganización de la vida política de los estados secesionistas derrotados, en forma tal, que asegurara un control político por parte de los negros y las masas democráticas blancas, que hiciera imposible el regreso al poder político de la clase terrateniente contrarrevolucionaria. Formada tanto por elementos del sur como del norte.

Estas eran tareas históricas, que hubieran transformado la victoria militar del norte en la guerra civil, en una segunda revolución democrática burguesa en los Estados Unidos. Que se necesitaba mucho, sobre todo, para la mejoría de los negros y blancos pobres. Porque estos últimos, sobre todo los negros, a pesar de la abolición de la esclavitud, y del triunfo de los norteños en la guerra civil, habían quedado en muy desventajosas condiciones.

Pero ello no era posible. Las diferencias eran muy profundas y no se circunscribían a las divisiones entre el norte y el sur. A los ricos y poderosos, fueran de un lado o del otro, lo que les interesaban eran sus negocios y privilegios.

Para la inmensa mayoría, ser blanco y poderoso estaba por encima de los potenciales intereses de la Nacion. El dinero y la supremacía racial estaban por encima de todo.

En las oligarquías dominantes, lo mismo en el sur que en el

norte, el racismo anti negro tenía mucho más fuerza que cualquier principio patriótico.

El negro, para estas gentes, no merecía cuota de poder alguno. Aunque muchos negros se la habían ganado dando su sangre en la guerra revolucionaria y después en la guerra civil.

IIX-la lucha que no terminaba ni ha terminado.

Con esta etapa comenzaba una larga lucha, en la que el negro fue ganando muy lentamente espacio social económico y político. Pero aún se trata de un asunto no concluido. Y que en los últimos años tiende a empeorar.

Todo lo cual, se pone claramente de manifiesto en que   un noventa por ciento de la población negra vive aún por debajo del nivel de pobreza, continúan siendo discriminados en todos los aspectos de la vida norteamericana. Aun el racismo continua siendo una realidad aplastante y de casi nada les ha valido tener un presidente negro.

Obama, llego a la presidencia, aprovechando una coyuntura del país, en la que no dejo que el tema racial entrara en su campaña presidencial.

Cuando la Clinton[170], utilizando a la Sra. Ferraro, trato de decirle que él, Obama, durante la campaña, que gozaba de las ventajas de ser negro; y cuando su pastor Wright[171] utilizó algunos argumentos antirracistas, Obama renuncio a la amistad de este último y lo aparto de manera inmediata. Tampoco le prestó atención a la Ferraro, criticándola tan fuertemente, de modo que la Clinton tuvo que sacarla de su equipo de campaña.

Lo cual es expresión de que Obama sabía, que si se presentaba como un candidato que beneficiaría a los negros, nunca hubiera podido ganar la presidencia.

Hasta hoy su actitud es timorata y demasiado contemporizadora, cuando de defender a los negros se trata.

La situación actual de la inmensa mayoría de los negros en los Estados Unidos, provino que todas las contiendas por la abolición y contra el racismo, dentro del proceso histórico de la

---

[170] Se refiere a la entonces Secretaria de Estado norteamericana, Hillary Clinton [N. del E.].

[171] Jeremiah Alvesta Wright, Jr., Pastor de la Trinity United Church of Christ de Chicago (Illinois) con una congregación de unos 6,000 miembros [N. del E.].

sociedad norteamericana, siempre terminaron mal para ellos. Los negros nunca pudieron alcanzar el poder y las consideraciones que merecían, que merecían por haber sido los más explotados y haber tomado parte en la formación de la nación.

La diferencias sustanciales en los procesos de abolición y esclavitud, respecto a Cuba y Estados Unidos, es que la situación norteamericana genero un status para los negros, que les impidió realmente formar parte de la Nacion. Los espacios que ganaron, lo hicieron a través de grandes batallas, como fueron las que tuvieron luchar durante la lucha por los derechos civiles en los años 60.

Hoy existe en los Estados Unidos una pequeña y poderosa clase media negra, pero la inmensa mayoría de los negros continúan sufriendo la pobreza en un noventa por ciento de su población y continúan siendo víctimas de la criminalidad policial, la desventaja educacional, en los servicios de salud y víctimas de la violencia racial.

Para el caso de Cuba, los negros, desde el principio, no se pudo evitar por los colonizadores, que se fueran integrando a la sociedad Cubana. El racismo y la discriminación en Cuba, a diferencia de lo ocurrido en los Estados Unidos, no pudieron funcionar con efectos de apartheid.

El mestizaje, desde el principio funciono con mucha fuerza y las libertades de que gozaban los negros en Cuba, para hablar sus lenguas nativas, tocar sus tambores, adorar a sus deidades, así como mantener sus costumbres, les permitió arribar a ser componente insoslayable de una cultura mestiza.

El negro además, en Cuba, tuvo la oportunidad de poder comprar su libertad muy tempranamente. Acceder a muchas actividades laborales, que los españoles consideraban como indignas de su posición

Dentro de la sociedad Cubana. Ello les permitió entonces a los negros emerger como artesanos, peluqueros, músicos y a un conjunto de oficios, que les permitían, en las ciudades, ser parte de una cierta clase media, que no llego a fructificar en toda su extensión, pero que les permitía sobrevivir con relativa independencia como grupo social.

Razones por las cuales, a diferencia de lo que ocurrió en los

Estados Unidos, el negro en Cuba, pudo llegar a formar parte de una sociedad, que aunque no elimino nunca el racismo y la discriminación, no obstante trajo aparejado para el negro un nivel de integración social, que para Norteamérica fue imposible de alcanzar. desde el `principio; además, el negro pudo luchar en las guerras de independencia, dentro de las cuales ganaron méritos, prestigio y un nivel del autoestima considerable, casi inconcebible, para una población que había arribado como esclava a la Isla. Siendo estas las diferencias sustanciales, provenientes de la colonización española, a diferencia de la colonización inglesa, en la que el negro vivió siempre segregado del resto de la sociedad norteamericana. Sufriendo medidas sociales y un tratamiento político, que siempre les ha impedido poder sentirse íntegramente parte de la sociedad donde han vivido. Proclamándose como afro norteamericanos.

Diciembre 20 del 2013.

LA CIENCIA (Y LA EDUCACIÓN)
COMO FORMAS DE EJERCICIO DEL PODER

Las ciencias, las sociales y humanísticas, en particular, pertenecen a un tipo de actividad diferente de la política, aunque se encuentran en estrecha y objetiva interacción con ella. Lo cual se nos hace más complejo, cuando no entendemos que, en determinadas circunstancias, la ciencia puede traer aparejado también (de hecho lo es) una forma de ejercicio del poder[172].

La ciencia es, en sí misma, una forma de poder, por lo cual su ejercicio, dirección y control, no debe ser puesto en manos de la burocracia, sino de aquella parte de la sociedad civil que despliega el trabajo dentro de ella, quienes deben velar por conducirla a la generación de sus resultados para la sociedad.

Si la ciencia no está en manos de quienes la desarrollan, existe siempre el peligro de que algún burócrata se preocupe más por hacer "carrera política", que por los verdaderos intereses del trabajo científico. No es nada difícil padecer esos males, cuando al frente de una institución científica no ponemos a un cuadro científico, sino a un burócrata, a un simple administrador. Lo cual no permitiría que fuera la sociedad la que ejerza el poder de la ciencia, en función de sus verdaderos intereses.

Sería tonto imaginar, además, que se puede ejercer el poder oponiéndose a la ciencia, o situándose siempre frente a ella para validar el ejercicio político; lo cual solo podría hacerse sometiendo al científico a las presiones y designios del poder político. Combate que la ciencia estará siempre en posibilidades de ganar, porque sus triunfos brotarían de una posición igno-

---

[172] No se trata solo de desarrollar la ciencia como tal, sino también, dentro de la estructura de poder, ponerla en manos de quien debe estar. Que por supuesto no es de una burocracia administrativa. Ver del Autor: "Ciencia y Política un Dúo Complejo" [Nota del Autor].

rante de la política, sobre cuál es el verdadero papel de la ciencia y sus potencialidades para cumplirlo.

Quienes poseen la base científica y los instrumentos para su práctica, estarán siempre en ventaja frente a los que pretenden hacer política ignorando la ciencia .Pues estos últimos se encontraran, a cada paso, ante una fuerza desconocida que no les permite actuar por la senda del simple pragmatismo o de la consecución de sus intereses burocráticos e individuales.

Por tanto, el verdadero ejercicio del poder, sin el concurso de la ciencia, genera contradicciones que solo tienen el camino de su solución por la vía de que las ciencias y en particular las sociales y humanísticas, puedan desenvolverse dentro de un marco democrático, que las reconozca y les ofrezca el más amplio espacio para su desenvolvimiento y desarrollo. No pudiendo además olvidar, que las ciencias sociales y humanísticas también abarcan el entorno social y político dentro del cual se desarrollan ellas mismas y todas las demás ciencias.

No ha sido difícil entre nosotros, observar a veces un *tecnocratismo* que olvida lo anterior. Por lo que la orientación metodológica de la política científica ha tenido que sufrir, no pocas veces, tener a científicos de un campo (ingenieros, matemáticos) orientando metodológicamente el trabajo de las ciencias sociales, para lo cual, por supuesto, no están preparados. Lo que, con frecuencia, ha tenido lugar a nivel de la Educación Superior. Situación, por suerte, ya superada.

Lo antes dicho encierra múltiples implicaciones que abarcan las direcciones siguientes:

1- Si las ciencias sociales y humanísticas no se despliegan dentro de un ambiente democrático, es decir, en los marcos de un sistema político que las reconozca y les permita desempeñar el lugar que estas tienen dentro de la política, las contradicciones que se generan no tienen nada que ver con las relaciones entre política y ciencia dentro de una sociedad como la que Cuba se ha propuesto lograr: de predominio de la propiedad social, modelo económico propio, colaborativa, solidaria y de "hombres de ciencia".

2- En particular, las ciencias sociales y humanísticas y los medios masivos, deben colaborar estrechamente entre sí, para entregar a la población un nivel informativo transparente, científicamente sólido, realista y socializado, que permita a la sociedad civil desempeñar su papel de librar la lucha por el perfeccionamiento crítico de la economía, la sociedad, la cultura y el individuo[173].

3- La sociedad debe garantizar que la ciencia sea liderada por los científicos más prominentes, e identificados con las tareas que estas deben cumplir dentro del desarrollo social. Por lo cual, la democracia en el tratamiento de la ciencia debe llegar hasta la aplicación del carácter electivo de aquellos que desempeñan las tareas de dirección dentro de la ciencia. Evitando los mecanismos burocráticos, de dedo, que desde arriba designan a los cuadros de dirección.

4- Ello quiere decir, que un cuadro de la ciencia debería ser elegido a partir del ejercicio democrático electivo, por las masas de aquellas instituciones en las que van desempeñar su labor de dirección. Es cierto que un cuadro de dirección científica es al mismo tiempo un cuadro político, pero ello no quiere decir que por eso, tenga que ser designado desde afuera por la supra estructura burocrático-política. Lo cual es válido para cualquier nivel de la estructura científica. Es decir, un dirigente científico debe ser elegido dentro de su institución, por aquellos a los cuales va a dirigir[174].

---

[173] De un proceso [Nota del Autor].

[174] No pocas veces el cuadro de dirección es traído de fuera de la institución a la que va a dirigir. Aplicándose una política que no corresponde racionalmente, para lo que sería dirigir una institución científica [Nota del Autor].

5-   Las instituciones científicas deben también tener la capacidad de diseñar su propia política científica, dentro de los principios más generales que reflejen las necesidades de la ciencia para el país. Pero en relación directa con el techo de sus potencialidades científicas. Lo cual no es un proceso burocrático, sino esencialmente científico a todos los niveles y de manera diferenciada, según las potencialidades de cada institución en cuestión. Pues líneas de investigación científicas bajadas centralmente, desde arriba, lo que hacen es forzar a uniformar instituciones que no deberían ni podrían ser uniformadas. Existiendo no pocas veces la tendencia, más a tratar de uniformar a las instituciones científicas, que a reconocer y aprovechar las potencialidades específicas de cada una[175]. Lo cual es de hecho una tendencia a la burocratización de la ciencia.

Por otro lado ciencia y educación no se pueden desligar. Teniendo que existir canales comunicantes entre ellas. Aún más, es que existe una relación objetiva de dependencia mutua entre ellas.

Sin la educación, la ciencia no podría recibir la materia prima fundamental de su existencia y desarrollo: el científico. A su vez, la educación sin la ciencia se estancaría y hasta podría desaparecer, al no disponer de la fuente nutricia de su continuo desarrollo y perfeccionamiento. Por ello, el problema tantas veces confrontado con la introducción de los resultados de la ciencia a la vida social, no es un simple asunto de reconocimiento del trabajo científico, sino una cuestión de supervivencia de la educación y de la propia ciencia.

Aún puede ser peor, como nos está ocurriendo hoy con la

---

[175] Ver: Documento sobre el Ranking de las Instituciones Universitarias de Iberoamérica y los lugares que las cubanas ocupan dentro del mismo...Para percatarnos de que no son uniformes, porque no presentan las mismas potencialidades. Por lo que resulta absurdo pensar que líneas de investigación bajadas centralmente pudieran ser desplegadas de manera igual por cada institución [Nota del Autor].

temática racial, la que apenas forma parte del currículo académico de nuestras universidades y presenta todavía un bajo reconocimiento en los planes de investigación de la política científica a nivel nacional[176].

Los estudios en la universidad y la educación en general, no parecen estar en correspondencia con las necesidades que plantea el estudio de un tema tan ligado a la discriminación, la desigualdad y la pobreza. Fenómenos que agreden hoy con fuerza a la sociedad Cubana, convirtiéndose en un problema político que puede acarrear serias consecuencias. Siendo también aún insuficiente el trabajo que se realiza para desterrar el occidentalismo de nuestra enseñanza.

Durante el periodo 1989-1994, la crisis, esencialmente económica, afecto a la población más pobre, a la negra y mestiza en particular, poniéndolas en una condición de precariedad social que aún no ha podido ser superada, sino que se ha agravado. Hoy vuelven a proliferar las llamadas cuarterías, los barrios marginales y condiciones precarias de vida, que amenazan con devenir en focos de explosividad política.

Observándose con claridad en tales escenarios sociales, la precariedad en la vida diaria, la ausencia de auto estima, la tendencia al delito, la ética precaria o inexistente, la convivencia con la corrupción, el mercado negro y otros males que nos afectan. Provocando fenómenos de retroceso de los niveles sociales que la nación Cubana había logrado alcanzar en los años de Revolución.

Pero ciencia y educación, vistas más allá de sus mutuas interrelaciones, representan momentos específicos del proceso del conocimiento, que llevan implícito exigencias concretas del desenvolvimiento de su actividad.

La ciencia y la educación, vistas como parte de la cultura, se

---

[176] El tema racial no forma parte del currículo académico en nuestras universidades. Presentando a su vez un muy limitado reconocimiento dentro de la política científica nacional. De qué modo se puede desconocer una temática sin la cual Cuba no podría ser explicada ni entendida .Las temáticas de raza y genero aparecen dentro de un acápite común para ambas, que por supuesto, resta importancia a la primera, que tendría personalidad en sí misma para ser jerarquizada dentro de la política científica. Permitiendo continuar jerarquizando el tema de género y restarle espacio al tema racial [Nota del Autor].

intervinculan con otros sectores de la vida social, entre los cuales, a nuestro entender, los más importantes son los siguientes[177]:

1- La información
2- La economía.
3- La tecnología.
4- las artes.
5- la política.
6- El pensamiento social en todos los campos.
7- Las creencias y la religiosidad.
8- El entorno natural que rodea el hombre.
9- El entorno internacional en el que el país se desenvuelve.

Es decir, como parte del perfeccionamiento de la democracia que hoy lleva adelante el país, la democracia también debe entrar en el campo de la ciencia y la educación, fortaleciendo aquellas estructuras y métodos de dirección, dentro del trabajo científico y académico, que permitan una dirección más colegiada y menos burocrática. Dado que una ciencia y una educación, no verdaderamente democratizadas, chocaran continuamente con el peligro de su burocratización, que no quiere decir otra cosa, que ponemos a la ciencia y a la educación en manos de quienes no las manejarían realmente en función de los intereses de la sociedad como un todo[178].
Abril 26 del 2012.

---

[177] Para ampliar sobre el concepto de cultura, ver: revista Catauro, No. 23 del 2011, pp.123-142.Donde es posible tomar conocimiento con el manejo que nuestro sabio Don Fernando Ortiz, hizo de este complejo concepto [Nota del Autor].

[178] Recientemente, en La Universidad de La Habana, se celebró un Seminario sobre la Reforma Universitaria de 1962. Pienso que a lo que más apuntan las discusiones que se tuvieron es a la necesidad de hacer una nueva reforma universitaria, que sitúe más a la educación superior y a las universidades en particular, en correspondencia con las exigencias del momento actual que vive el país. Una Reforma Universitaria, que ya tiene con 50 años, no cuenta con posibilidades para tratar con los problemas que hoy debe enfrentar la educación superior. Sobre todo si de lo que hoy se trata, es de modificar el Modelo Económico de la sociedad cubana. La sociedad cubana, en los últimos 30 años, ha cambiado mucho, para imaginar que una reforma que data de 50años, pueda servirnos para lo que ahora se necesita [Nota del Autor].

ALGUNOS DESAFÍOS DE LAS CIENCIAS SOCIALES CUBANAS

Las ciencias sociales y humanísticas Cubanas, arrastran ciertos desafíos que no son exclusivamente nuestros, y otros, que sí parecen tener sello de ciudadanía. Algunos de esos retos tienen que ver con asuntos tales como: las relaciones entre política y ciencias sociales; las ciencias sociales y la cultura política, la coyuntura y el largo plazo en el análisis de las ciencias sociales.

Pero a esos asuntos nos referiremos en otros trabajos, en éste abordaremos lo relativo al vínculo entre las ciencias sociales y las llamadas ciencias naturales y exactas, especialmente con las matemáticas.

¿Cuántos de los que ejercen su actividad en el campo de las ciencias sociales y humanísticas, lo han seleccionado huyéndole a las llamadas ciencias naturales y exactas, en particular a las Matemáticas?

Si se trata de un profesor en ejercicio, trasmitirá esta herencia a sus alumnos, con la consiguiente reproducción en los mismos de la separación entre las ciencias y de otros prejuicios que nos aquejan. No poco de lo que hoy sufrimos, viene de esos orígenes, así como también, de considerar a las ciencias naturales y exactas, como las ciencias "duras", por lo que el resto serían entonces las "blandas".

Resulta del todo imposible hacer esa clasificación, nada científica y bastante peyorativa, por cierto. Pero no creo necesario emplear tiempo introduciéndonos a fondo en una polémica sobre la validez o no de esta clasificación, aunque creemos que en general no es válida. Sin embargo, de lo que sí estamos seguros, es de qué ciencias como la Historia, la Economía Política, la Psicología o la Sociología, para sólo mencionar algunas de las más representativas y básicas, son más difíciles de asimilar profundamente, que algunas de las ciencias naturales y exactas.

Entre otras importantes razones, porque se trata de ciencias más jóvenes, cuyo cuerpo sistémico de conocimientos se estructuró hace apenas 200 años; además, por no disponer éstas de un laboratorio construible de manera artificial, que les permita comprobar a escalas menores sus experimentos; por tener una gran conexión con los problemas relativos a la conciencia y la subjetividad, como también un vínculo muy estrecho con la política, así como exigir de una acumulación de conocimientos, investigaciones y comprobaciones múltiples, antes de producir un resultado que sea científicamente aceptable.

Por el contrario, las ciencias naturales y exactas trabajan más directamente con la realidad objetiva. Aunque ésta pueda no ser apreciable a simple vista. Es posible con relativa facilidad dentro de un laboratorio, reproducir a escala sus actividades y recopilar una información estadística, que les permita adelantar los posibles resultados de sus experimentos, antes de que éstos sean llevados a la práctica en escalas mayores.

Es por eso que estas ciencias reciben el calificativo de exactas. Su capacidad de pronosticar los resultados a obtener en sus investigaciones es muy alta, algo muy diferente a lo que ocurre con las ciencias sociales y humanísticas. No quiere decir lo anterior, que las ciencias sociales y humanísticas, no puedan también construir sus laboratorios (planes pilotos, experimentos de terreno) pero se trataría de una muestra o segmento seleccionado de la realidad misma y ello resulta mucho más complejo, en lo que no es posible continuar profundizando en el limitado espacio con que ahora contamos.

La responsabilidad exigida por ambos campos de la ciencia es igual de grande, pero la connotación de sus posibles errores, es muy diferente. No hay dudas de que si a un ingeniero se le cae un puente o a un físico nuclear le falla un experimento, se podrían producir pérdidas irreparables. Sin embargo, si un científico social comete errores al asesorar una política, la escala de sus consecuencias negativas no sería tal vez inmediata ni tan evidente, aunque es altamente probable que puedan sentirse por un periodo de tiempo mucho más prolongado.

La ciencia en su desarrollo impone retos nuevos de manera continua. Tanto al campo de las ciencias como totalidad como a la sociedad. Ahora, el desarrollo de la llamada Nanotecnología[179], nos permite conocer que no es lo mismo observar en el macro que en el Micromundo.

Ahora sabemos que un componente cualquiera de la "Tabla de Mendeléyev"[180], puede variar sus propiedades, según se le estudie en la medida macro o en la nano, lo cual es un descubrimiento que tiende ya a revolucionar la ciencia, pero que también resulta un reto importante a enfrentar, no sólo científica, sino también socialmente. Sobre todo, si tomamos en consideración lo que eso representa, entre otros potenciales impactos, para los productores de materias primas de origen natural.

Una de las manifestaciones de las diferencias en los distintos campos de la ciencia, es que, por ejemplo, un físico con un descubrimiento importante, puede obtener el grado de doctor a los 25 años; sin embargo, a un científico social ello le resulta prácticamente imposible. Tal situación no puede ser equilibrada solo a partir de la capacidad individual, sino que tendrá que ser resuelta tomando como base el desarrollo de las propias ciencias sociales, sus instrumentos de análisis y la velocidad a la que viaja la información; aspecto en el cual, con el desarrollo de la informática, se ha avanzado considerablemente.

Todas las ciencias han logrado avanzar mucho en el campo de la obtención y procesamiento de la información, pero para las ciencias sociales y humanísticas, dado el carácter de su objeto de estudio, las ciencias informáticas han significado una verdadera revolución de sus posibilidades. Sin que podamos decir aunque hayamos alcanzado todo el potencial de aprovechamiento que estas ciencias posibilitan a las ciencias sociales y humanísticas.

Por otra parte, nuestras ciencias sociales enfrentan también el reto de prestar mucho más atención a sus cuerpos científicos

---

[179] Manipulación de la materia a escala atómica, molecular y supramolecular [N. del E.]
[180] La tabla periódica de Dmitri Ivanovich Mendeléyev (1834-1907) publicada en el año 1869, se basa en la hipótesis de que las propiedades de los elementos son función periódica de sus pesos atómicos [N. del E.]

básicos, como la historia y la economía política, entre otras, tomando ejemplo de las ciencias naturales y exactas, que tienen una interconexión mucho mayor con sus ciencias básicas; las matemáticas, la física, la química y la biología.

No existe entre estas últimas y el resto de las ciencias naturales y exactas, la desconexión con que frecuentemente nos tropezamos dentro de las ciencias sociales y humanísticas, con sus ciencias básicas, a pesar de que en éstas últimas el tratamiento holístico, multidisciplinario, interdisciplinario y *transdisciplinario*, resulta más necesario y hasta se podría decir que es ineludible.

Es más fácil encontrar entre nosotros a un "científico social" que desconozca la Economía Política, e incluso sienta temor de acercarse al contenido de esta ciencia, que a un "científico natural" que soslaye a las matemáticas u otras de su campo básico. Al parecer, esto tiene que ver con que un científico natural no puede sobrevivir, por ejemplo, sin las Matemáticas, mientras que un científico social cree que puede arreglárselas sin la Economía Política.

También a que cada ciencia social aporta un campo del conocimiento, que aunque parcial, nos dota de la capacidad de apreciar una parte de la realidad, aunque ello no sea suficiente para pensar en términos de soluciones políticas que necesitan ser más integrales.

Pero de todos modos, podemos decir, que hay una mayor conciencia de la conexión que existe entre ciencias básicas y el resto de las ciencias en el campo de las ciencias naturales y exactas, que la que existe en el de las ciencias sociales y humanísticas, lo cual representa un reto de consideración estratégica, porque descuidar a las ciencias básicas, en cualquier campo, es como descuidar la piedra angular del edificio de las ciencias y más que ello, su necesaria retroalimentación con los procesos dialécticos de integración y desintegración del conocimiento científico, la producción y la aplicación de la ciencia.

Las ciencias básicas, ya sea dentro de las ciencias naturales y exactas o dentro de las sociales y humanísticas, tienen que ser alimentadas continuamente por el conocimiento que aportan las ciencias particulares.

Dice el filósofo ruso A. Meliujin[181], que la ciencia avanza vertical y horizontalmente en un proceso dialéctico indetenible. No es posible entonces, avanzar en el conocimiento científico, si este no es retroalimentando continuamente por los campos básicos de la ciencia, las que a su vez reaccionarán produciendo nuevos conocimientos fundamentales. Además, porque estos campos básicos o llamadas ciencias básicas, constituyen la piedra angular de la formación científica de aquellos que después, al arribar a las universidades y los centros de investigación, se dedicarán al trabajo científico; será aquí entonces donde broten las deficiencias en la formación básica, evitando avanzar en el campo concreto de investigación seleccionado.

Salta a la vista por lo tanto, la importancia de la correlación entre investigaciones fundamentales y aplicadas, cosa ésta que comprenden muy bien los científicos de las ciencias naturales y exactas, pero aun insuficientemente los de las ciencias sociales y humanísticas.

Esta comprensión, antes mencionada, se complica aún más, debido a que hasta hace poco tiempo, se cometían con frecuencia, en nuestra política científica, dos errores básicos: realizar en el campo de las Ciencias Sociales y Humanísticas sólo investigaciones aplicadas, o en ocasiones, poner a estas últimas sólo como simples complementos de las investigaciones a realizar en otros campos de la ciencia, ignorando que en las ciencias sociales y humanísticas, también se hace indispensable una adecuada correlación entre las investigaciones fundamentales y las aplicadas.

Y que las ciencias sociales y humanísticas pueden complementar los resultados obtenidos por otras ciencias, sólo si ellas mismas participan, desde el principio, en la concepción y planeamiento de las investigaciones. Es que las ciencias sociales y humanísticas poseen tanta personalidad como las otras ciencias, para concebir y desarrollar sus propias investigaciones, básicas o aplicadas.

Un aspecto específico dentro del cual se ponen de manifiesto, con especial agudeza, los fenómenos arriba mencionados, es en

---

[181] Serafim Timofeievich **Meliujin** [N. del E.].

el de las insuficientes relaciones existentes aun entre las ciencias matemáticas y las ciencias sociales y humanísticas, lo que es una de las razones por las cuales, por ejemplo, la modelación política, la lingüística matemática, las relaciones internacionales y otras disciplinas, en las que las ciencias sociales y humanísticas utilizan hace ya mucho tiempo a las ciencias matemáticas, presentan tan poco desarrollo en nuestro país.

Ello tiene aún no poca relación con los prejuicios que se desarrollaron en los ex países socialistas, la URSS en particular, donde las aplicaciones matemáticas a las ciencias sociales, durante mucho tiempo, no gozaron de aceptación ni simpatía; particularmente, la Modelación Económico-Matemática, que se consideraba un mero intento por introducir el análisis marginal neoclásico en el campo de la Economía.

Similar prejuicio existía con la Sociología, que fue considerada durante mucho tiempo, como una simple respuesta burguesa al materialismo histórico. Estas situaciones, por suerte, ya han sido superadas en nuestro país, pues trajeron como resultado, entre otros, un modo de abordar los problemas sociales en Cuba, a partir de modelos de análisis con muy poca o ninguna relación con nuestras realidades nacionales.

No puede olvidarse que el socialismo es concreto, por lo que no admite el traslado de modelos analíticos, que nada tienen que ver con la sociedad específica que se desea construir en nuestro país. Por otra parte, durante mucho tiempo, en Cuba no fuimos partidarios de investigar fenómenos de nuestra realidad que, según criterios prevalecientes, no tenían cabida en nuestra sociedad, tales como prostitución, racismo, sexualidad, etc.

La crisis económica de finales de los ochenta y principios de los años noventa, contribuyó mucho a esclarecer estos criterios tanto a científicos como a políticos.

De modo que las Ciencias Matemáticas tienen ya hoy en Cuba una amplia utilización, aunque sólo en ciencias como la Economía, la Sociología, la Psicología la Demografía y la Geografía, entre otras. Mientras que en la Historia, las Ciencias Jurídicas, la Filosofía y las Relaciones Políticas Internacionales, apenas se aplican.

Se hace necesario, por lo tanto, para valorar el desarrollo de las ciencias sociales y humanísticas hoy en Cuba, no sólo hacerlo por sus resultados, sino también por el desarrollo de sus capacidades para apropiarse de los adelantos científico-técnicos que se hayan obtenido en otros campos de la ciencia, poniéndolos al servicio de la investigación de la sociedad Cubana.

En particular, también por su capacidad para utilizar a las Ciencias Matemáticas, como instrumentos de prolongación de las capacidades analíticas de las ciencias sociales y humanísticas. En este campo es mucho lo que debemos aprender aún de las llamadas ciencias sociales burguesas, amén del carácter a veces un poco árido y superficial que adoptan en las mismas sus aplicaciones matemáticas.

Ese criterio que tienen los físicos -aunque no son los únicos- de que todos los análisis debe terminar en un número, en una cantidad, puede ser muy válido para esa ciencia, e incluso, para el resto de las ciencias naturales y exactas, pero no necesariamente para las ciencias sociales y humanísticas, en las que las matemáticas, presentan todavía un muy limitado campo de aplicación, al menos en nuestro país.

Le atribuyen a ese genio mundial, que respondía al nombre de Albert Einstein[182] decir que "... no todo lo que cuenta puede ser cuantificado, ni todo lo cuantificable cuenta..."[183]: aunque es cierto que la cantidad es lo que cuestiona y transforma la calidad, trocándola a veces en su contrario y por eso la cuantificación es tan importante.

Sin embargo, ello no quiere decir que esa sola (cuantificar) sea la función de las Matemáticas, ya que ellas no tienen que ver sólo con la cantidad y pueden jugar un papel fundamental como instrumento de análisis de las ciencias sociales y humanísticas. Las ciencias matemáticas ofrecen una capacidad analógica y de organicidad de la información, que no puede ser despreciada por las ciencias sociales y humanísticas, ni por

---

[182] Albert Einstein (1879-1955), físico alemán de origen judío, nacionalizado después suizo y estadounidense. Se le considera el científico más conocido y popular del siglo XX [N. del E.]
[183] Varios autores consideran esta como una mención del sociólogo William Bruce Cameron en su libro publicado en 1963 "Informal Sociology: A Casual Introduction to Sociological Thinking" (Sociología informal: Una introducción informal al pensamiento sociológico) [N. del E.]

ninguna otra ciencia.

No basta, ni es conveniente, utilizar a las Matemáticas como simples "pinceles" de pura ilustración gráfica y cuantitativa, sino que, sobre la base del conocimiento a fondo del objeto de investigación y con una formación matemática mínima adecuada, le es posible al investigador detectar aquellos algoritmos, conexiones, isomorfismos e interrelaciones, biunívocas o no, etc., dentro del objeto de estudio, que le permiten determinar en qué momentos o planos del análisis ésta ciencia puede desempeñar un papel importante como instrumento de prolongación de las capacidades analíticas de las ciencias sociales y humanísticas.

La abstracción es, y será aún, el método por excelencia de las ciencias sociales y humanísticas, y yo diría también, que de toda la ciencia, pero auxiliándose de las Matemáticas, para las ciencias sociales y humanísticas, es posible descubrir conexiones dentro de los fenómenos estudiados que nos pueden aportar mucho para lograr resultados, que sólo un análisis cualitativo puro no aportaría. Se trata de la relación dialéctica entre lo cuantitativo y lo cualitativo, que se expresa aquí con particular fuerza.

El comportamiento de la relación entre cantidad y la calidad, en las ciencias sociales y humanísticas, está determinado por el campo específico de su aplicación. El potencial cuantitativo no absolutizado del análisis deviene en un instrumento que sirve para descubrir nuevas cualidades. Se trata de la ley de la transformación de la cantidad en calidad y viceversa, o llamada ley de los cambios cualitativos y cuantitativos.

Las propias leyes matemáticas toman sus expresiones particulares en el campo de las ciencias sociales y humanísticas. Ningún instrumento lo es por sí mismo, sino por el campo de su aplicación; es el campo concreto de aplicación, lo que hace del instrumento lo que es, y así se comportan las Ciencias Matemáticas dentro de las ciencias sociales y humanísticas.

No hace mucho discutíamos con los físicos en nuestra Universidad sobre estos problemas y se ponía de manifiesto la limitación de que para ellos el análisis matemático significa que todo debe terminar en una cantidad, en un número.

Algunos matemáticos y físicos con los que hemos hablado,

comprenden esto bien, pero otros tienden a pensar que las leyes matemáticas y sus principios, por ser "simplemente" universales, no pueden sufrir ninguna modificación en sus formas de expresión.

Es cierto que se trata de principios universales, pero esa universalidad es sumamente compleja, teniendo variados campos específicos de manifestación. Además, porque dialécticamente hablando, la cantidad se niega reafirmándose y se reafirma negándose, pues el universo es uno, pero extraordinariamente diverso y complejo al mismo tiempo.

En cuanto a la morfología, las ciencias matemáticas, cuando son aplicadas a otros campos del conocimiento tan diferente al de las ciencias naturales y exactas, como lo son los del campo de las ciencias sociales y humanísticas, estas producen fenómenos, formas de manifestación de sus leyes y de sus principios generales, que en el campo de las ciencias naturales y exactas, a veces, no tendrían sentido, pues se trata de formas de expresión, cuyo significado solo podría hallárselo un científico del campo concreto de investigación en que están siendo aplicadas.

No es algo posible de discutir a fondo, en el breve espacio de este artículo, pero defendemos la tesis de que las ciencias sociales y humanísticas en Cuba tienen mucho que decir aún en el campo de la aplicación de las Ciencias Matemáticas a sus objetos de investigación; que van desde el hecho que las relaciones económicas no están situadas exclusivamente en el primer cuadrante del eje de coordenadas, hasta el que una variable -dependiente e independiente al mismo tiempo- puede reaccionar sobre sí misma, lo que visto de manera puramente matemática podría parecer un absurdo, pero que, por ejemplo, en el campo de la Modelación Política, tendría total sentido.

Pueden surgir aportes a las propias Ciencias Matemáticas, cuando éstas son aplicadas a los fenómenos sociales. Lo cual no hace sino poner de manifiesto, que en definitiva, la ciencia es una sola -y diversa al mismo tiempo-, por cuanto todo el resultado de la ciencia va a dar al mismo lugar: el hombre, su entorno natural y social y el campo de su subjetividad, reafirmando que si el universo es uno solo, la ciencia también lo es;

pues las ciencias particulares y sus múltiples interpenetracio-
nes, no son mas que planos del conocimiento de la realidad y
de la subjetividad que siempre le acompañan.

Son muchos los retos que aún enfrentamos, pero con lo dicho
hasta aquí, creo que se hace necesario reaccionar sobre los cu-
rrículos de nuestros procesos de formación académica, para comenzar a resolverlos. Asunto al cual nos referiremos en el contexto de un próximo artículo.
Enero del 2011.

La llamada crisis del Marxismo y las Ciencias Sociales

A modo de introducción:

Sin lugar a dudas, vivimos un periodo histórico, que comenzó a desarrollarse a partir de la segunda mitad de los años ochenta, que tendrá consecuencias determinantes para la lucha por el socialismo hacia el futuro y que ya las tiene en el presente[184].

Las lecciones a extraer en estos años son de vital importancia para la formulación de una estrategia política, que necesariamente tiene que construirse sobre la base de la más profunda evaluación critica de todos los errores cometidos y de toda la riqueza de lo acontecido dentro del movimiento comunista y revolucionario en general durante estos años[185].

En su artículo, *Que Marxismo esté en Crisis*, Jorge Luis Acanda señala lo siguiente:

"...la permanencia del estancamiento, nos obliga a buscar sus causas. Son estas tanto de carácter interno (es decir,

---

[184] Para el autor de este artículo, el llamado proceso de derrumbe del socialismo europeo no es un asunto concluido. En el plano teórico, porque se ha pretendido por los enemigos del socialismo, imponer una lectura, un modo de comprensión de tal fenómeno, que requiere de un discurso alternativo .En el sentido práctico, porque el deterioro progresivo en unos casos, o ciertos procesos de recuperación en otros, nos dicen que el llamado fenómeno del derrumbe puede aún reservarnos algunas sorpresas para el futuro [Nota del Autor].

[185] Aunque se han hecho algunos esfuerzos, en realidad una evaluación critica integral y a fondo de tales procesos, al menos en Cuba, públicamente esta aun por hacer. Entre otros trabajos que tratan de hacer esa evaluación se halla, "El Derrumbe del Modelo Euro-Soviético. Visión desde Cuba, Colectivo de Autores, Editorial Felix Varela, La Habana, 1996.Tercera Edición. ISBN 959-07-0115-9.Tambien es posible encontrar valoraciones críticas importantes en la Revista del *Centro de Estudios Europeos*, La Habana, Cuba. Tal valoración crítica, es indispensable, por cuanto " quien controla el pasado, controla el futuro" y no debemos permitir que otros extraigan por nosotros conclusiones de ese pasado [Nota del Autor].

teóricas) como externo. Las causas externas se relacionan con la vinculación del marxismo, en tanto ideología, con la política y los intereses de grupos de poder, que han intentado conformar esta teoría a imagen y semejanza de sus aspiraciones y deseos...''[186]

El presente ensayo, tiene precisamente como objetivo fundamental abordar ese aspecto que se considera parte de las causas externas de la llamada crisis del marxismo leninismo. Es decir, en que medida, los partidos comunistas y obreros en el poder y las cúspides gobernantes de los ex países socialistas europeos y la URSS en particular, fueron degenerando hacia una política de deformación del marxismo leninismo como ciencia e instrumento de construcción de la nueva sociedad, produciéndose de este modo un divorcio entre ciencia, política, ideología y poder, que contribuyo al inmovilismo social que acelero a los procesos de derrumbe de los regímenes socialistas mencionados.

Algunos antecedentes

Todo parece indicar, que fueron dos los instrumentos fundamentales de los cuales se valieron los partidarios de los intereses de la burguesía y los enemigos del socialismo, para erosionar a los Modelos Socialistas Europeos que se derrumbaron: Revolución Científico - Técnica y Democracia.

Ello significa entonces, que hacia el futuro, sin desarrollo científico - técnico y sin democracia no podrá sobrevivir el socialismo. Algunos proyectos hacia el socialismo podrán resistirse, pero al final, se impondrá el interés de la gente de vivir mejor materialmente y en plena libertad del uso de sus derechos y realización de sus aspiraciones.

El socialismo tendrá que ser entonces una sociedad, que al mismo tiempo, que deberá garantizar un nivel más amplio de satisfacción de las necesidades básicas de las masas, tendrá también que ofrecer una participación cada vez más amplia de estas en la conducción de sus destinos.

Sin lugar a dudas el socialismo en Europa no llegó nunca a

---

[186] Para ampliar sobre este asunto, ver: Revista *Debates Americanos*, No. 1, enero - junio de 1995, La Habana, p. 64 [Nota del Autor].

consolidarse económicamente como sistema y por tanto no fue finalmente sólido y por tanto irreversible. Ni mucho menos logro resolver el problema del ejercicio del poder, lo que a mi entender en el socialismo, tiene que expresarse en la más amplia y creciente participación de las masas trabajadoras en el proceso de formulación y ejecución de la política nacional.

Por ello, todos los regímenes socialistas que se derrumbaron en Europa, no cayeron principalmente bajo el empuje de fuerzas exógenas, sino esencialmente bajo el peso de las contradicciones internas que los hicieron estallar, es decir "implosionaron". Pues lo contrario sería conceder a la política de subversión del imperialismo una eficiencia que no tiene y a las fuerzas internas anti-socialistas un papel que no desempeñaron por sí solas.

Entre otros fenómenos, en particular la corrupción en las más altas esferas del poder en estos países, además de una herencia insuperada, en particular en la URSS, fue el resultado más inmediato de un régimen que se vino paulatinamente asentando sobre el *unipersonalismo* y la autocracia, alejándose crecientemente de los más legítimos intereses y aspiraciones del pueblo trabajador.

> "Este fenómeno de la corrupción llegó a tomar tales proporciones que en la Rusia de hoy, las personas provenientes de la antigua dirección soviética representan el 75% del entorno presidencial: en la esfera empresarial son el 61%, los líderes de partidos provienen en un 57% de la antigua dirección política de la URSS y un elevado 82,3% conforman además la actual elite regional de similar procedencia. Mientras el gobierno está compuesto por un 74,3% de personas procedentes de los viejos aparatos"[187].

Por supuesto, este proceso no tuvo lugar de la noche a la mañana, sino que se trató de un paulatino y finalmente acelerado

---

[187] Para ampliar sobre este asunto, ver: Barbara Sarabia Martínez, "La transición al capitalismo en Rusia, los nuevos centros de poder", Revista Estudios Europeos, Abril - Junio de 1997, La Habana, Cuba, pp. 53-57 [Nota del Autor].

deterioro de la moral de los cuadros, quienes terminaron desarrollando un proceso de privatización, que en la práctica, resulto ser un proceso de apropiación privada de la infraestructura económica del país por parte de sus propios dirigentes políticos.

Cuanto se deterioró el proyecto socialista, desde que V. I. Lenin[188] sometía a la descarnada crítica la propia gestión de la dirigencia comunista.

Sin embargo, durante su propia corta vida, al frente del país, se fue gestando una burocracia estatal, que paulatinamente tomaba fuerza y se atrincheraba en las nuevas estructuras del poder soviético.

El estalinismo, terminó de darle forma a este fenómeno, al encarnar la voluntad y el poder de esa burocracia estatal, que con posterioridad a la muerte de Lenin, ya tuvo el camino casi expedito para adueñarse del país.

La corrupción entonces, provino también de un modelo económico de excesiva centralización y descontrol al mismo tiempo, sin una verdadera participación de las masas en la fiscalización de la utilización de los recursos. Así como de una confusión, al parecer no tan involuntaria, entre propiedad estatal y propiedad social, que trajo como consecuencia un mecanismo de usufructo de los bienes públicos como si estos fuesen propiedad de una elite dirigente.

Por la vía de los privilegios especiales de atención a las "necesidades de los cuadros" (hospitales, clubes, casa de descanso, etc.), gastos de representación y la más burda desviación y desperdicio de los recursos, junto a la ausencia de una verdadera participación de las masas trabajadoras y de las organizaciones de base del partido en el control de la economía nacional.

Esos procesos someramente descritos, aportan muchas experiencias que deben ser aprovechadas, pues está demostrado, que entre otros fenómenos negativos, y errores cometidos, el socialismo en Europa fracasó, porque se fue adueñando del poder en los ex países socialistas una elite que implanto un régimen que impuso serias limitaciones al verdadero interés de las masas trabajadoras y del individuo común, mientras que ella como elite gobernante no se privaba de nada.

---

[188] Vladimir Ilich Lenin [N. del E.].

Es decir, que de un modo u otro en general, la elite gobernante sufría poco los problemas que formaban parte del cumulo de privaciones y dificultades que imponía el esfuerzo por la construcción de la nueva sociedad.

En tales procesos se combinaron múltiples factores, incluidos los de índole histórica, en términos de las peculiaridades de surgimiento del socialismo en estos países, pero factores todos, que objetiva y subjetivamente se combinaron, expresándose finalmente en un creciente descontento de las masas. Pues estas últimas habían conquistado el poder político, pero no pocos de sus representantes lo convirtieron en el asunto de un grupo dirigente que devino en élite.

En definitiva, una élite de poder que devino de grupo político de avanzada en grupúsculo privilegiado, dentro del cual no pocos se creían en el derecho de interpretar lo que era mejor para los demás y sobre todo lo que era mejor para sí mismos.

Ante lo descrito, no es difícil comprender, que en realidad, no fueron las masas ni mucho menos los comunistas de base, los que finalmente perdieron la batalla frente a la contrarrevolución, la subversión del régimen político y el desencanto del socialismo.

No, fueron los mismos partidos comunistas y obreros en sus niveles más altos de dirección, pues la carencia de democracia dentro de las organizaciones políticas de base, termino por virarse contra sus propios ejecutores. Como resultado de un tipo de mecanismo organizativo en el que se logró encasillar a los verdaderos comunistas, por medio de una política de "cada oveja a su rebaño", que les privaba de la participación más directa y amplia en el control del aparato estatal, la alta dirección del partido y en fin, en la inmensa mayoría de los asuntos más importantes de interés nacional.

La burocracia, estatal, pero sobre todo partidaria, que se había adueñado del poder, gestó así un régimen de conducción política que privaba a los comunistas de base de participar en las decisiones del poder, y una sociedad diseñada de tal modo que les limitaba su capacidad de escoger como resolver realmente los problemas para vivir mejor, por cuanto ello amenazaba el poder de la elite dirigente corrupta.

Todo a título de las promesas de un bienestar futuro, que no se diferenciaba casi nada del *Modelo de Bienestar* vendido por la propaganda burguesa. Ante ello, muchos optaron, cansados ya de esperar, por tomar el camino que parecía más corto y directo hacia el modelo de bienestar, tantas veces prometido, bajo el eslogan del comunismo primero (Nikita Kruschev[189]) y del "socialismo desarrollado" (Brezhnev[190]) después.

Sin embargo:

"... no es posible desconocer que los ex países socialistas de Europa del Este y la URSS en particular, a pesar de todos los errores cometidos, mostraron un desarrollo económico y social acelerado, que las propias estadísticas de las Naciones Unidas (ONU) recogían, caracterizando a esta región como una de las regiones económicas de mayor dinamismo"[191].

En particular, la URSS, había logrado sobrevivir a los duros años de la Segunda Guerra Mundial[192] a costa de inmensos sacrificios levantar nuevamente la economía y lograr importantes avances en el campo aeroespacial, con resultados de los

---

[189] Nikita Serguéyevich Jrushchov (1894-1971), fue Primer Secretario del Partido Comunista de la Unión Soviética entre 1953 y 1964, y Presidente del Consejo de Ministros, de 1958 a 1964. Responsable de la des-estalinización parcial de la URSS, respaldó el programa espacial soviético y reformas en materia de política interna. Sus colegas del partido lo retiraron del poder en 1964, reemplazándolo Leonid Brézhnev como Primer Secretario y Alekséi Kosygin como Presidente del Consejo de Ministros [N. del E.].

[190] Leonid Ilich Brézhnev (1906-1982), Secretario General del Comité Central del Partido Comunista de la Unión Soviética desde 1964 hasta su muerte en 1982, uno de los más largos (18 años), sólo superado por el de Iósif Stalin. Durante su Gobierno la influencia global de la URSS creció, en parte debido a la expansión militar, pero ha el estancamiento económico, el cual condujo a la disolución de la Unión Soviética en 1991 [N. del E.].

[191] Ver: "El Derrumbe del Modelo Euro soviético: Visión desde Cuba", Colectivo de Autores, Editorial *Félix Varela,* Tercera Edición, 1996, La Habana, p.82 [Nota del Autor].

[192] La fortaleza moral que el pueblo soviético mostró durante la guerra, así como las reservas productivas, organizativas, técnicas y políticas que se pusieron en evidencia durante la contienda, pudieron haber sido una fuente inagotable de fuerzas para rectificar el rumbo. Pero la muerte de Stalin al finalizar la guerra y el XX Congreso del PCUS, no fueron suficientes y a pesar de los logros posteriores, el régimen socialista soviético continuo avanzando hacia su bancarrota [Nota del Autor].

que aún hoy día no se puede prescindir.

"Además, tampoco se puede ignorar, que más allá de las acusaciones de tergiversar o manipular las estadísticas oficiales, el desarrollo económico en estos, en el papel del sector individual, electrificación de la economía, desarrollo de la industria pesada, así como el real nivel de vida alcanzado por la población, fueron el resultado de poco mas de 40 años de desarrollo (en la URSS, unos 70 contando los periodos de Guerra Civil[193] y Gran Guerra Patria[194]), mientras los países capitalistas más desarrollados necesitaron entre 70 y 120 años, en particular a costa del saqueo de gran parte del mundo"[195].

Además, los niveles alcanzados en los marcos del desarrollo social, en esferas tan importantes como salud, educación, empleo, estabilidad de precios y otros, fueron logros todos que evidenciaron las potencialidades del nuevo régimen social que estaba emergiendo.

Pero, visto a grandes rasgos, si una experiencia abarcadora aportan estos procesos descritos, es que un régimen político que se sustente sobre la existencia de la propiedad social sobre los medios de producción, un partido único o predominante y una sola ideología, tiene que necesariamente avanzar, al mismo tiempo, hacia un continuo perfeccionamiento de la democracia.

Entonces, al momento de producirse el proceso de derrumbe, existía en los llamados países socialistas europeos y la URSS, el socialismo, o de hecho el resultado de un proceso paulatino

---

[193] La Guerra Civil Rusa tuvo lugar entre 1917 y 1923 en el territorio del disuelto Imperio ruso, entre los bolcheviques y su Ejército Rojo, en el poder desde la Revolución de Octubre de 1917, y los militares del ex ejército zarista, conjuntamente con los opositores al bolchevismo, agrupados en el denominado Movimiento Blanco [N. del E.].

[194] Gran Guerra Patria le dicen los soviéticos a la guerra contra la Alemania nazi durante la Segunda Guerra Mundial. El término surge en el periódico moscovita *Pravda* (Verdad) el 23 de junio de 1941. En el conflicto perecieron 27 millones de personas, desde la invasión nazi a la URSS el 22 de junio de 1941, hasta la derrota del nazismo con la caída de Berlín el 3 de mayo de 1945 [N. del E.].

[195] Ob. p. 82

de deformaciones del régimen social y del marxismo leninismo como guía conductora: ¿qué los llevo paulatinamente a un serio apartamiento de los objetivos de la construcción socialista? Si no fue así, de lo contrario, como es posible explicar, que para el caso particular de la URSS, apenas comenzadas la *glasnost*[196] y la perestroika[197], brotaran tantas tendencias y fuerzas políticas anti socialistas, deseosas de abandonar el sistema y trocar el internacionalismo proletario en un nacionalismo chovinista.

No puede existir la menor duda, de que la implosión que se produjo, tanto en Europa del Este[198], como en la URSS, respondieron a un paulatino proceso de deterioro político, económico y moral, del proceso de construcción socialista, que tuvo como punto de partida, en el caso específico de la URSS, los años posteriores a la muerte de V.I. Lenin.

Sin embargo, las razones que un día hicieron a las masas abrazar las ideas del socialismo continúan existiendo. Sobre todo en los países del llamado tercer mundo, e incluso en los ex países socialistas europeos y en los propios territorios de la antigua URSS, donde la transición hacia el capitalismo está resultando una verdadera agonía en los planos económicos, políticos y sociales.

Proceso dentro del cual, las masas trabajadoras están colisionando fuertemente con las realidades de una sociedad que va emergiendo y en la que eficiencia económica y riqueza tienen muy poco o nada que ver con justicia social.

---

[196] Significa en ruso 'apertura', 'transparencia' o 'franqueza', se conoce como una política que llevó a cabo –conjuntamente con la perestroika- el líder soviético Mijaíl Gorbachov, desde 1985 hasta 1991. La glásnost se concentraba en liberalizar el sistema político, con mayores libertades para los medios de comunicación [N. del E.].

[197] Significa 'reestructuración' y fue una reforma violenta de la economía interna de la URSS por Mijaíl Gorbachov, iniciada un mes después de tomar el poder, con la visión de reorganizar el sistema socialista para conservarlo, lo cual condujo a la caída de la URSS y los gobiernos comunistas de Europa [N. del E.]

[198] Europa Oriental o Europa del Este constituye la región oriental del continente europeo. Durante gran parte del siglo XX, se consideraban parte de esa integración los Estados socialistas alineados con la antigua Unión Soviética, como el caso de los hoy estados independientes: Hungría, Polonia, Estonia, Letonia, Lituania, Albania, Bielorrusia, Bulgaria, Eslovaquia, Moldavia, República Checa, Rumanía, Rusia y Ucrania, además de Armenia, Azerbaiyán, Georgia, Kazajistán, Bosnia-Herzegovina, Croacia, Eslovenia, Montenegro, República de Macedonia, Grecia y Serbia [N. del E.].

Se viven las tensiones brutales de la transición hacia una denominada economía de mercado, sin saberse aún con exactitud con cuál de sus variantes de esta economía se tendrán que enfrentar[199].

Toda la inconformidad ya acumulada, se ha manifestado también, en un cierto movimiento político diríamos casi pendular, dentro del cual, en algunos ex países socialistas, incluido la Rusia actual, como principal heredera de la URSS, las fuerzas socialistas comienzan a tomar nuevos aires, se reorganizan y hasta pasan a ocupar determinadas posiciones dentro de las estructuras poder.

Por todo ello, el que ahora el socialismo, bajo la forma de un modelo histórico seguido en los ex países socialistas europeos y la URSS haya sido derrotado, no quiere decir que no pueda resurgir del propio retroceso, sobre todo en términos de justicia social, a que se ven sometidas las masas trabajadoras en estos países.

Aunque también, el hecho de que el socialismo, concebido como una sociedad profundamente democrática y de la más amplia justicia social sea una necesidad no quiere decir que ello no pueda devenir en una utopía, como resultado de que la sociedad no esté aún lo suficientemente madura para alcanzarlo.

No obstante, el socialismo, combatiendo contra las adversidades, continúa existiendo y se fortalece con las experiencias de los experimentos fallidos.

La llamada crisis del Marxismo Leninismo

Cuando nos referimos a este fenómeno, lo hacemos como ya expresamos, en el sentido externo.

Es decir, en cuanto a la relación que la crisis mencionada tiene con la política, la ideología y los intereses de grupos de

---

[199] Son muy claros los resultados obtenidos de una investigación social realizada en Rusia. Mientras en 1992 un año después del derrumbe de la URSS como Estado Multinacional, solo el 33% de los entrevistados lamentaba la desaparición de la URSS, ahora el 61% de 1500 entrevistados lamenta ese acontecimiento: contra solo 13% y un 26% que no supo contestar, respectivamente. Agencia Interfax, Fondo Ruso de Opinión Social. Diciembre 1997, Moscú [Nota del Autor].

poder, que en los ex países socialistas que se derrumbaron, intentaron conformar al marxismo leninismo a imagen y semejanza de sus aspiraciones y deseos[200].

Es decir, que las causas más profundas conque aún se enfrenta el Marxismo, tenemos que buscarlas en la crisis del llamado socialismo real en los ex países de Europa del Este y la URSS.

Las pérdidas fueron incalculables, para el carácter científico de la ideología de la clase obrera y del marxismo leninismo como base metodológica y científico - teórica de la construcción socialista.

Todo ello como resultado de que vanguardias dirigentes, se transformaron en grupúsculos, que lograron hacerse del poder, produciendo una interpretación dogmática y voluntarista del marxismo leninismo, que apoyándose en un extremadamente represivo y centralizado régimen político, limitaron la acción de las masas y de los verdaderos comunistas, y terminaron desprestigiando la teoría revolucionaria y facilitando el aplastamiento de las bases políticas, ideológicas y morales del poder revolucionario.

Fue surgiendo un régimen político, donde el marxismo leninismo, de ciencia guía para la conducción y construcción de la nueva sociedad, devino en "ideología oficial", impuesta dogmáticamente como modo de pensar para todos por igual, lo que trajo como resultado un aplastamiento de las tradiciones cualesquiera que estas fuesen y de la riqueza moral y espiritual heredada por cada pueblo. Tendiendo dentro de ello, a hacer del pensamiento progresivo y del respeto hacia otros aspectos importantes de la cultura universal, algo "subversivo" y "contrarrevolucionario"[201].

Entonces, es cierto que esta crisis del Marxismo Leninismo tiene también un ángulo interno (teórico), que debe ser salvado con nuevos desarrollos, que doten a la teoría de las capacidades

---

[200] Ver: ob. Debates Americanos, p.64 [Nota del Autor].

[201] Un ejemplo muy claro de ello lo tenemos en las varias Historias del PCUS, las valoraciones superficiales sobre León Trotsky, La negativa a la aceptación de la investigación Sociológica Concreta, las negativas a la aceptación del pensamiento sobre la "Modelación Económico - Matemática "etc. Como si fuera poco la negativa en la aceptación de desarrollos del Marxismo Leninismo que no proviniesen de los propios ex países socialistas [Nota del Autor].

necesarias para interpretar los nuevos fenómenos del desarrollo social, pero en todo ello, no podemos negar la lucha paralela que aún debemos librar contra el dogmatismo y el oportunismo que nos siguen acompañando.

Es que también, resulta vital terminar de rescatar al marxismo leninismo de las manos de quienes no supieron o no quisieron utilizarlos en función de los verdaderos intereses para los que sus fundadores y tantos después lo desarrollaron. Entregándolo a las masas y a sus verdaderos dirigentes. Un marxismo leninismo revitalizado y descomprometido de interpretaciones, dogmáticas, voluntaristas y oportunistas.

Única garantía de ese proceso: que las masas tengan siempre la capacidad de decidir quiénes son sus verdaderos representantes y que los comunistas cuenten siempre con todos los resortes para hacer que la verdadera democracia proletaria rija dentro de las organizaciones de base del partido y a todos los niveles.

El fenómeno del derrumbe del socialismo, se ha reflejado en que muchos renuncian al marxismo leninismo como base científica para el análisis de la realidad y conducción de los procesos sociales. ¿Pero a qué marxismo leninismo renuncian? Yo diría, al marxismo leninismo castrado por el prisma estalinista, lleno de interpretaciones voluntaristas. Al marxismo leninismo plagado de experiencias nacionales vendidas como teorías universales[202].

A mi entender, el marxismo leninismo verdadero no es más que un conjunto de teorías e indicaciones metodológicas básicas, cuyo valor fundamental es el de ser una guía científica para la interpretación de la realidad social, que cada cultura debe enriquecer con sus aportes y experiencias propias. De lo contrario, las deformaciones que se producen son política e ideológicamente negativas y contrarias a la cultura de cada pueblo.

---

[202] Como dice Jorge Acanda, afirmación que comparto plenamente: "...lo que ha entrado en crisis no es el marxismo, sino una cierta interpretación, una lectura del marxismo, lo que ha entrado en crisis es el marxismo dogmático..." Revista *Debates Americanos*, No, 1 enero - junio de 1995,La Habana, p.62 [Nota del Autor].

Una actitud dogmática ante el marxismo leninismo, termina por afectar el pensamiento sobre la realidad propia y por esa vía a la identidad nacional. Por ello, el dogmatismo y el oportunismo han hecho mucho daño al marxismo leninismo. De tal modo que frecuentemente es posible encontrar interpretaciones marxistas de la realidad, en la producción intelectual burguesa, o marxista de países no socialistas, que en ocasiones no fueron aprovechadas por los teóricos marxistas en los ex países socialistas[203].

Sin embargo, todo parece indicar, que la burguesía como clase y sus ideólogos no han estado inactivos, en cuanto a servirse del marxismo leninismo, en términos de utilizarlo para interpretar la realidad y tratar de ajustarla a sus intereses de clase[204].

Lo contrario sería pensar que el marxismo leninismo como creación científica es exclusivamente nuestro, o que los ideólogos del capitalismo disponen de una base teórica - metodológica única para la interpretación de la realidad social.

Pero no es así, sino que la burguesía como clase, ha tratado de asimilar la experiencia teórico - práctica del socialismo, mientras que los marxistas, sobre todo de los países socialistas, a veces hemos tendido más bien a cerrar el camino a la producción intelectual burguesa.

En nombre de una supuesta defensa de la "pureza ideológica del marxismo", que las más de las veces nos ha aislado del avance científico universal y de la realidad, de que solo la confrontación de ideas produce el verdadero conocimiento en el

---

[203] En mi opinión personal, esto también es un síntoma de que a pesar de todo, el método marxista de análisis o diferentes aproximaciones al mismo se ha ido imponiendo [Nota del Autor].

[204] Durante muchos años, se han hecho, por parte de los ideólogos burgueses, análisis crítico acerca de la realidad socialista sobre todo, que los ideólogos y teóricos marxistas de los países socialistas se han negado a aceptar críticamente. En esa literatura había muchas críticas que hubieran podido alertar acerca de realidades a tomar en consideración o de políticas a rectificar, pero tales críticas generalmente fueron tomadas como simples ataques ideológicos del enemigo. Por supuesto, esto fue resultado también de cómo la política y el poder en los ex países socialistas, lograron imponer ciertas reglas al trabajo científico de las ciencias sociales [Nota del Autor].

campo de las ciencias sociales. En síntesis, que hemos terminado muchas veces, en nombre de una supuesta defensa del marxismo, no siendo marxistas.

No se le rinde honor a Carlos Marx, si nos olvidamos de que sin capitalismo no hubiese existido el marxismo leninismo. Por lo que el mismo es, como nació, inseparable de la experiencia intelectual burguesa y de la sociedad burguesa como tal.

Sin producción intelectual burguesa no habría marxismo leninismo. Pues este nació básicamente de su reelaboración crítica. Sin explotación capitalista el socialismo no sería necesario ni posible. De lo contrario consúltese la historia de la producción intelectual de Marx, Engels[205] y Lenin.

Este cierto aislamiento, tanto teórico - conceptual, como social, funciono de base originaria para lo que sobrevino después: el atraso en la interpretación de los nuevos fenómenos y la asimilación acrítica, entre otras, por la vía del deslumbramiento de la sociedad de consumo. Como tuvo lugar, particularmente en la URSS, donde al decir de algunos, "no conocieron al Pato Donald y el día que lo vieron los cautivó"[206].

Mostrándonos claramente que aislarse es perecer y no precisamente por hambre física, sino intelectual que es peor y sobre todo duradero en sus consecuencias.

Por ello, este cierto aislamiento y a veces asimilación acrítica, considero que resulta un buen punto de partida, entre otros, a la hora de explicarnos el fenómeno ideológico en la URSS y el resto de los ex países socialistas del este europeo.

En estos últimos, el anti-sovietismo fue una reacción lógica que acompaño el carácter bastante dependiente de los liderazgos políticos de estos países respecto de la URSS. Lo cual contribuyó a que el proceso de asimilación acrítica fuese más fuerte.

Por tanto, no fue nada casual, que comenzada la *perestroika* y la *glasnost*, inmediatamente se manifestasen las ansias de

---

[205] Federico Engels [N. del E.].

[206] La historia de la URSS, antes del derrumbe y poco después, está llena de esos fenómenos de "deslumbramiento con la sociedad de consumo": Aún es posible recordar a un Gorbachov con su nieta anunciando la *Pizza Hut* [Nota del Autor].

independencia que existía en estos países y brotaran fuerzas políticas contrarias y hasta liderazgos alternativos que encontraron espacio dentro del proceso de deterioro de los modelos socialistas que habían funcionado (o mal funcionado) hasta entonces.

Es verdad que el imperialismo siempre trabajo para producir desgajamientos del antiguo campo socialista, pero sería erróneo pensar que tales procesos tanto en Europa del Este, como en la URSS, fueron el resultado de una estrategia que vino de afuera.

Entonces, sería esta vía del aislamiento y de la asimilación acrítica, una buena puerta de entrada, para la constatación de algunos errores cometidos en nombre del Marxismo Leninismo.

Aparte de la tendencia a aislar al marxismo leninismo de la creación intelectual burguesa, se cometieron en los ex países socialistas errores que hicieron un daño irreparable a la capacidad de las Ciencias Sociales y humanísticas, para servir de base científica al desarrollo del marxismo leninismo y por esa vía a la política de los partidos comunistas y obreros en todos los planos de la construcción de la nueva sociedad[207].

Entre otros fenómenos, esta el que los ideólogos muchas veces se consideraron los únicos en posesión de un cuerpo teórico - metodológico, para interpretar científicamente la realidad en todos sus niveles. Lo contrario, incluso, se entendía como una negación del valor del Marxismo Leninismo, como paradigma teórico metodológico para la conducción e investigación científica de la realidad social[208].

---

[207] Existe una cadena histórica - lógica entre el Marxismo Leninismo como ideología científica de la clase obrera y como guía teórico- metodológico para la construcción de la nueva sociedad, junto a las ciencias sociales que se nutren del marxismo como guía de sus investigaciones y al mismo tiempo, lo enriquecen con sus resultados. Con el surgimiento y desarrollo del capitalismo surge la posibilidad de sistematizar el conocimiento social, como resultado del carácter universal del modo de producción. Surgen así las ciencias sociales. Si bien es cierto que por razones de intereses de clase, las ciencias sociales marxistas y las burguesas se separan, tomando vertientes diferentes. Sería absurdo considerar que entre ambas no hay canales comunicantes [Nota del Autor].

[208] A ello se sumaba también la tendencia a estigmatizar a todos aquellos pensadores, incluso marxistas. Antonio Gramsci integró durante mucho tiempo la cohorte de pensadores malditos del marxismo, junto con Lukacs, Korsch, Pannekoek y otros. Ver: María del Pilar Díaz Castaño, Gramsci, el sencillo arte de

Se tendió a negar la asimilación por el marxismo leninismo de gran parte de lo que vale, creado por las ciencias sociales burguesas, o por marxistas en otros países no socialistas, o al menos se produjo un serio retraso en esa dirección, que por su parte la burguesía supo aprovechar. Generándose una confusión entre el marxismo leninismo como ideología de los partidos comunistas y obreros y el papel de este como paradigma teórico - metodológico fundamental, pero no único, del desarrollo de las ciencias sociales y humanísticas.

Produciéndose de hecho, un reduccionismo de las ciencias sociales y humanísticas solo a su función ideológica y generándose un retraso en el fortalecimiento científico de la ideología de la clase obrera, con la consiguiente pérdida de su capacidad para enfrentar la lucha ideológica.

- Durante los procesos de construcción socialista, se tendió a confundir la asimilación de experiencias, con la sustitución de lo nacional por lo internacional, dentro de la realidad de cada país. La cual es muy concreta y no ajustable dogmáticamente a ningún esquema general, y mucho menos a la asimilación acrítica de otras experiencias nacionales, vengan de donde vengan. Lamentablemente, se produjeron las conocidas copias, a veces incluso cuando ya los originales habían agotado su capacidad de funcionamiento.

- Durante mucho tiempo se tendió a negar el papel de la sociología y las aportaciones hechas dentro de las ciencias sociales burguesas en este campo, simplemente porque ciertas corrientes, provenientes fundamentalmente de la URSS, la consideraron como una respuesta al materialismo histórico.

---

pensar, Revista *Debates Americanos*, No.1 enero - junio de 1995, La Habana, p.52 [Nota del Autor].

De modo que se tendió a negar el estudio de caso, como necesidad del desarrollo de las ciencias sociales y como herramienta indispensable en la construcción del socialismo, que necesariamente tiene que ser concreta y ajustada a la comprensión científica de la realidad que se desea transformar[209].

-   El marxismo leninismo fue seccionado (Filosofía, Economía Política y Comunismo Científico), confundiéndose el estudio académico convencional con el de su asimilación como paradigma teórico-metodológico para el conocimiento e investigación de la realidad social. Por lo cual, las investigaciones muchas veces manifestaban esa separación mecánica entre lo económico, lo político y lo ideológico, que no son mas que planos complementarios entre sí del conocimiento de la realidad social. De ahí que la enseñanza del marxismo leninismo padeciera de memorismo, falta de vinculación con la práctica, dogmatismo y desactualización.

A estas situaciones descritas, que han afectado el desarrollo del marxismo leninismo, se sumaron también un conjunto de errores cometidos por los partidos comunistas en su ejercicio del poder dentro de los ex países socialistas. Entre otros errores algunos fundamentales, como los siguientes:

-   Se confundió al Marxismo Leninismo como ciencia con la política y la mayor parte de las veces, las ciencias sociales perdieron su conexión dialéctica con esta, siendo puestas como simples instrumentos para justificarla.

---

[209] La afectación en este campo fue tan considerable, que ahora en la Universidad de La Habana, existiría una Facultad, Escuela o Área de sociología con mas de 25 años de experiencia. El antiguo Departamento, casi Escuela de Sociología, que ya exhibía un nivel importante hacia 1976, fue eliminado y la sociología, más tarde, convertida en una especialidad de Filosofía En este descalabro tuvieron una responsabilidad importante tanto estructuras políticas como administrativas. Como resultado de lo cual, se tomaron decisiones, que sacrificaron el desarrollo de las Ciencias Sociales por no menos de 10 años [Nota del Autor].

Lo que distorsionó el proceso por medio del cual las ciencias sociales enriquecen al marxismo leninismo como ciencia y ambos de conjunto sirven de fundamento científico a la política.

Toda ciencia social en última instancia, responde a intereses de clase y la misión del científico es entender su papel al respecto. Pero ello nunca quiere decir que las ciencias sociales tengan que subordinarse acríticamente a la política, todo lo contrario[210].

Una posición de subordinación de las ciencias sociales a la política, desconoce, que aunque la política y en general la lucha ideológica traza pautas a las ciencias sociales, no debe imponerle límites, para evitar caer en el voluntarismo de encerrar a la realidad en un esquema estático de análisis y de privar a la política misma de contar con todas las alternativas posibles.

De no ser así, se obliga entonces a las ciencias sociales a desenvolverse en unos marcos que las limitan para desempeñar su verdadero papel dentro del proceso de construcción socialista.

- Típico de la política de los Partidos Comunistas en los ex países socialistas fue también tratar de encerrar el trabajo de los científicos sociales en los marcos de la política partidaria, interpretando como "desviación ideológica" de los científicos todo lo que en su trabajo teórico desbordara los límites de esa política.

Tal enfoque de la relación entre política, marxismo leninismo y ciencias sociales (sin dudas, errores de conducción politica aunque también científica) trajo además como consecuencia fenómenos del tipo siguiente:

---

[210] "Ni las ciencias sociales son las ciencias por las ciencias, ni son tampoco un instrumento de la política. Los dos extremos han contribuido bastante a agudizar los problemas que enfrentan las ciencias sociales contemporáneas a nivel mundial y nacional""... la política no necesita que la ciencia social sea un espejo en el que mirarse, necesita que sea un cuerpo de pensamiento independiente que responda a los mismos intereses históricos de la clase que defiende la política..." Ver: Revista *Contra Corriente* Enero- Marzo de 1996. Año 2 No. 3, La Habana, p.123 [Nota del Autor].

- Confundir el compromiso ideológico del científico social, como individuo participante dentro de un proyecto social dado, con su trabajo profesional y compromiso con la verdad científica. Exigiéndole a este en tendencia como una especie de "sacerdocio dogmático" que le impedía cumplir su función realmente científica.

- Que les estuviese dado pensar más allá de la política en ejecución, solo a la cúspide dirigente del Partido o del Gobierno. Con lo cual entonces, ciencia, política, ideología y poder, lejos de complementarse dialécticamente, se confundían o luchaban en un marco de contradicciones, no pocas veces, innecesarias y sin solución.

En medio de esta situación, un "ejercito de burócratas" se encargaba mas bien de bloquear la posible articulación entre el proceso formulador de política y el mundo científico - académico de las ciencias sociales.

Como resultado de todo lo analizado hasta aquí, la política de los ex países socialistas no logró una sistemática y coherente articulación con la actividad científica y por ello se manifestaron fuertes tendencia de hacer política al margen de las ciencias sociales, comprometiéndose el desarrollo de estas últimas, su articulación con el Marxismo leninismo y el propio proyecto de construcción socialista.

Todo este ambiente más bien de voluntarismo, arrastro a una parte de los científicos sociales, mientras que otra se mantuvo fiel a la ética que les inculcaba su conciencia de verdaderos comunistas.

La vida política se hacía paso a paso insostenible, porque la realidad se imponía. Es que ninguna ciencia tiene conexiones tan directas con la política, la ideología y el poder como las ciencias sociales.

Es que en definitiva, toda ciencia verdadera, siempre debe enfrentar la realidad con un espíritu *revolucionador*, de lo contrario, no es realmente ciencia, ni apoya a la política y mucho menos la construcción consciente de ningún modelo de sociedad revolucionaria.

De aquí, que un error básico cometido por los Partidos Comunistas en el poder en los ex países socialistas, fue tratar de imponer a las ciencias sociales los designios del poder, en el sentido de obligarlas a justificar la política o devenir en simples sistemas explicativos de ésta. Por lo cual, el poder comenzó a separarse de la ciencia y ambos se debilitaron. La ciencia dejó de serlo al aceptar tal castración y el poder comenzó a vivir un paulatino apartamiento de los verdaderos intereses de las masas y del proyecto socialista en general.

Los que se plegaron dentro de ese proceso, cayeron en el oportunismo, que es casi mas enemigo de las ciencias sociales que el dogmatismo. Pues este último en fin, es fruto de una ignorancia que podría ser superada, mientras que el oportunismo es hijo de la corrupción, el miedo y de la conveniencia personal. Ello no tuvo solución, haciendo surgir una plaga de burócratas, más bien de "sacerdotes de la ideología", a quienes no les interesaba otra cosa que defender su puesto en la "nomenclatura" y con alta frecuencia sus privilegios personales.

En medio de una situación como la descrita, muchos llamados "científicos" se escudaban tras la relación entre el carácter partidista de la ciencia social y la vocación científica, la cual si es verdadera, no puede tener otro objetivo que la búsqueda de la verdad. Sin la cual las ciencias sociales y humanísticas no pueden cumplir su función partidista y científica al mismo tiempo.

A los científicos sociales marxistas les esta dada la tarea de ayudar a su vanguardia política con la verdad. Para que la política tenga un fundamento y pueda ser ajustada a la realidad sobre la que se desea influir. Por cuanto esa misma política, coyuntural o de largo plazo, no debe sino asentarse siempre sobre la verdad científica y no sobre el voluntarismo, el oportunismo y la cobardía, que siempre están implícitos en una actitud de contemporización con la política, aun cuando esta ya no responda a la realidad.

Yo diría, que esta dinámica de la relación entre política, ciencia, ideología y poder, fue uno de los problemas más graves confrontados dentro del accionar de los sistemas políticos, en particular de gobierno, dentro de los ex países socialistas.

Por ello la tendencia al voluntarismo, al bloqueo de las opiniones que vino desde los niveles no gubernamentales del sistema político, sobre todo de los centros de pensamiento y la tendencia al ordeno y mando. Todo lo cual tendía a reflejarse en las organizaciones de base del Partido, del que supuestamente y de conjunto, debía funcionar como vanguardia política. Cuando en la práctica, solo tenían esa posibilidad real los que ocupaban los más altos cargos en las estructuras políticas y gubernamentales.

Por lo cual, sin canales de comunicación limpios y expeditos entre esos niveles superiores, las masas y sobre todo la militancia comunista de base, se fue produciendo la desarticulación, el inmovilismo y el deterioro de la vida partidista que caracterizó a los últimos años de todos estos regímenes socialistas.

El oportunismo se manifestó también en que muchos auto titulados científicos sociales, tendían a justificar su actitud contemplativa ante la política, "con lo que es mejor para la clase y para el partido", soslayando que una política determinada se defiende realmente, cuando se asume ante ella la actitud de estar siempre en condiciones y disposición de ajustarla continuamente a la realidad cambiante. Lo cual solo se puede hacer desde una perspectiva científica y con valentía revolucionaria.

En la situación de inmovilismo, que caracterizo a estos países, influyo mucho también el excesivo e *incompartido* poder de que disponían los miembros de la más alta dirección del partido, sobre todo los secretarios generales, que en no pocas ocasiones tomaban decisiones trascendentales, sin tener que rendir cuentas a nadie[211].

Por ello es necesario, yo diría vital, que los científicos sociales, junto a su compromiso con un proyecto social determinado, defiendan el papel de la ciencia en su relación dialéctica con la política. Pues solo así, el científico social está en capacidad de jugar el papel que le corresponde y puede producirse la verdadera relación entre ciencia, política, ideología y poder, la cual

---

[211] Una visión bastante clara de este asunto se logra, al estudiar detenidamente el libro "Mi Verdad" de Vitali I. Vorotnikov (Notas y reflexiones del diario de trabajo de un miembro del burro político del PCUS) Casa Editorial *Abril*, 1995, La Habana, Cuba [Nota del Autor].

no es una simple relación de supeditación, como no pocas veces ha sido entendida, sobre todo por los políticos.

Como contexto general de esa relación entre politica y ciencias sociales, que eviten repetir errores, ya cometidos en los ex países socialistas, deben estar presentes dos condiciones básicas: un vínculo orientador de las estructuras de poder acerca de las cuales son los intereses de la política, así como un equilibrio adecuado entre los dos grandes campos de la ciencia, como condiciones que se complementan. Creándose así un ambiente propicio para que el potencial científico existente en ambos campos, participe en esa compleja dialéctica de la construcción de una nueva sociedad, que es la tarea político - ideológica y el tema de investigación más complejo y prioritario.

La integración de las ciencias y su interrelación con el proyecto social como necesidad general.

La integración dinámica entre las ciencias sociales y el resto de las ciencias, se hace particularmente importante. Sobre todo, en un país como Cuba, en que se busca llevar adelante un proyecto de independencia nacional, soberanía y justicia social. Lo contrario, trae dificultades del tipo siguiente:

- Afecta el proceso de búsqueda del modelo propio de desarrollo, en cuanto a la construcción del marco político - ideológico en que se deben desplegar los esfuerzos por las soluciones técnico - materiales.

- Afecta a todas las ciencias, vistas de conjunto, por la vía de que estas entonces carecen de una plataforma técnico - material para su futuro desarrollo.

- Un desequilibrio entre ambos campos de la ciencia, afecta a los científicos de las ciencias naturales y técnicas. Por cuanto limita seriamente el proceso de retroalimentación de estos con el contexto socioeconómico y político en el que necesariamente tienen que desenvolver su esfuerzo y al cual deben tributar. Así como también la comprensión del contexto interno e internacional en que tienen que realizar su actividad.

- Asienta el individualismo y el aislamiento de los científicos de la realidad circundante, creando al mismo tiempo, rivalidad entre ambos campos de la ciencia, dado la falta de integración en el desarrollo, el que no puede ser logrado a partir de un solo campo del conocimiento científico.

- Genera y fortalece la incomprensión de los científicos sociales, dado que estos no ocupan el lugar que les corresponde en el proceso de formulación y ajuste de la política nacional. A los científicos naturales y técnicos, porque provoca en estos una falsa conciencia de cuáles son las verdaderas razones de su prioridad frente a las ciencias sociales y lo que es aún más grave, cual es el verdadero papel de estas últimas ciencias dentro de la vida científica nacional.

Se engendra entonces, como resultado de todo lo anterior, un fenómeno de *tecnocratismo* y de autocomplacencia muy difícil de combatir. Sobre todo si tenemos en cuenta que en lo internacional, la más alta tecnología viene casi exclusivamente de un mundo donde supuestamente la individualidad lo puede todo, y cuando a lo interno el colectivismo no siempre ha sido lo suficientemente respetuoso del lugar que le corresponde a la individualidad.

La prioridad que, en un proceso de desarrollo nacional, deben tener las Ciencias Naturales y Tecnológicas, es algo casi axiomático, visto de manera inmediata, por ser estas ciencias mencionadas las mas directamente entrelazadas con la producción y reproducción de la vida material.

Pero, al decir de Carlos Marx, "... las épocas económicas se distinguen no por lo que se produce, sino por el modo en que se produce..."[212], y ese nuevo modo de producción, a que se aspira, no puede ser creado sin el concurso de las Ciencias Sociales y Humanísticas.

Por cuanto, las ciencias naturales y tecnológicas no se auto aportan el conocimiento del marco social en que ellas se desenvuelven y al que deben tributar, ni la definición de las tareas que en el plano internacional de la lucha ideológica deben enfrentar.

Por ello, la prioridad de las ciencias sociales y humanísticas tiene que venir dada por un proceso que incluye los momentos siguientes:

- Sin el concurso de las ciencias sociales no puede surgir el nuevo modo de producción, que por demás, no es un resultado espontaneo del funcionamiento de las leyes sociales.

- La prioridad de las ciencias sociales, dentro de ese proceso de construcción de la nueva sociedad, tiene que venir esencialmente por la vía de una actitud consciente que reconozca el papel de estas ciencias en el proceso de formulación y ajuste de la política nacional. Por medio además de un vínculo orgánico con el proyecto social, que es tarea de los científicos sociales buscar, pero que las estructuras políticas, administrativas y la política científica nacional, tienen que reconocer e impulsar.

De no lograrse ese reconocimiento antes expresado, de manera consciente, las ciencias sociales tienen ya un camino conocido dentro de la sociedad para participar en el proceso de formulación y ajuste de política: apoyar la política gubernamental o someterla a critica en función de otros intereses.

Lo primero es insuficiente y como ya expresamos, limita a las

---

[212] Marx, K. (1966). *El capital*, tomo I, p. 132 (4°ed). *Fondo de Cultura Económica*, México [N. del E.]

ciencias sociales ante la que consideramos es su verdadera función social. Lo segundo, no es razón de ser de estas ciencias, en una sociedad de nuevo tipo como a la que aspiramos.

El equilibrio de que venimos hablando, es además de un problema en el ámbito de las relaciones entre ambos campos de la ciencia, dentro de cada campo científico en particular.

Por ello la relación entre la investigación que nutre a más largo plazo el conocimiento científico básico, debe desenvolverse en una dinámica adecuada, dentro de la política científica, con la investigación que busca de manera inmediata una aplicación a la solución de problemas concretos. Asunto este valido para ambos campos de la ciencia[213].

En el caso específico de las ciencias sociales y humanísticas, estas deben estar preparadas más que ninguna a defender sus investigaciones básicas o de largo plazo, de la tendencia a exigirle más bien soluciones coyunturales o en el corto plazo. Así como también de la cierta tendencia a desvalorizar el papel de las investigaciones teóricas, olvidando con frecuencia que V. I. Lenin dijo que "... no había mejor práctica que una buena teoría...".

Es que las ciencias sociales son más complejas y exigentes, por cuanto su vínculo inmediato con la política abarca también la adecuada correlación entre el trabajo científico que la fundamenta y el que la ajusta y perfecciona en su dinámica.

Tarea esta última que las ciencias sociales no pueden sino cumplir dentro de un ambiente de exigencia a su trabajo, pero también de confianza. Donde a nivel práctico (político) esté resuelto el problema de las relaciones entre ciencia, política, ideología y poder.

Y digo a nivel práctico - político, porque en el ámbito teórico conceptual esas relaciones hace mucho tiempo están resueltas. Siendo aquí precisamente donde se halla el desafío que hasta ahora nadie ha logrado solucionar integralmente.

---

[213] En realidad, toda ciencia lo es verdaderamente solo si resuelve algún problema concreto, incluido aquí nuevos conocimientos básicos que sirvan de manera inmediata solo para enriquecer las propias potencialidades de la ciencia y para su ulterior utilización en la investigación de un campo de la realidad social o natural. Lo contrario no es ciencia buena o mala, útil o no útil, sino puro diletantismo [Nota del Autor].

BIOGRAFÍA DEL AUTOR

-Nacido en 1942.

-Maestro Primario.

-Licenciado en Economía.

-Dr. En Ciencias Económicas.

- Dr. En Ciencias (máximo grado científico en Cuba).

-Profesor e Investigador Titular- Consultante, del CESEU (Centro de Estudios Sobre Estados Unidos).Ahora Centro de Estudios Hemisféricos y de Estados Unidos. CEHSEU. (1980-Septiembre 2010).

-Miembro de la Academia de Ciencias de Cuba. (Ratificado hasta el 2012)

-Miembro de la UNEAC (Unión Nacional de Escritores y Artistas de Cuba).

Cargos Académicos Desempeñados.

- Director del Dpto. de Información y Publicaciones. Instituto de Economía UH.

-Subdirector del Dpto. de Economía Política de la Facultad de Economía. UH

-Director del Dpto. de Economía Política de la Facultad de Economía. UH

-Director de la Escuela de Ciencias Políticas de la Universidad de la Habana.

-Decano de la Facultad de Humanidades de la Universidad de La Habana.

-Fundador y Director del CEHSEU por 18 años. Universidad de La Habana.

-Presidente del Consejo Científico UH. (1998-2005)

-Miembro de la Sección de Ciencias Sociales y Humanísticas. Academia de Ciencias de Cuba.

-Miembro del Consejo Tecnico Asesor para los Proyectos de Ciencias Sociales del CITMA.

-Miembro del Consejo Técnico asesor del Ministerio de Educación Superior (Hasta el 2010).

-Presidente de la Sección de Economía y Ciencias de la Sociedad Económica de Amigos del País. 2004-2007.

-Miembro del Comite Científico Nacional de la Ruta del Esclavo (UNESCO).

-Miembro de la Comisión de la UNEAC de Lucha contra el Racismo y la Discriminación Racial.

-Miembro de la Comisión de la Biblioteca Nacional para el Estudio de la Racialidad en Cuba.

Idiomas: Inglés, Ruso y Español.

Reconocimientos o condecoraciones recibidas

- Orden Nacional Por la Educación Cubana.1983
- Medalla de la Alfabetización.
- Distinción como Maestro Voluntario en zonas rurales.
- Orden Rafael Maria Mendive.
- Orden 50 Años de los Maestros Voluntarios de Minas del Frío. Sierra Maestra.
- Distinción especial del Ministro de Educación Superior. 1994.
- Distinción especial del Ministro de Educación Superior. 1999.
- Distinción Especial del Ministro de Educación Superior. 2001.
- Medalla Pepito Tey. 1995.
- Premio del Forum Científico Nacional de la Academia de Ciencias.1984.
- Premio Relevante de la Academia de Ciencias de Cuba en 1998.
- Premio Relevante de la Academia de Ciencias de Cuba en el 2000.
- Orden nacional de los 40 años del Sindicato Nacional de la Educación.
- Orden Carlos J. Finlay. 1999 (Máxima condecoración científica en Cuba)
- Premios de Investigación en la Universidad de La Habana, 1983, 1995, 1998, 1999, 2000, 2001, 2002, 2004, 2005, 2006 y 2007.
- Premio III del Concurso Internacional Pensar a Contracorriente.2006.
- Premios de Investigación del MES.1998, 1999. 2005.
- Vanguardia nacional o Provincial del Sindicato de la Ciencia por más de 15 años.

- Distinción "Emilio Roig de Leuchsenring" de la Asociación Nacional de Historiadores de Cuba.
- Nominado al Premio Nacional de Economía, 2002, 2004, 2006 y 2008.
- Miembro Honorífico de la Cátedra de Bioética, Instituto de Ciencias Básicas y Preclínicas, "Victoria de Girón", 2005.
- Vanguardia Nacional del Sindicato de la Ciencia, 2004 y 2007.
- Miembro Distinguido de la ANEC.2009
- Medalla Conmemorativa del 280 Aniversario de la Universidad de La Habana.
- Distinción por la Obra Científica de la Vida. Universidad de La Habana., 2010.
- Propuesto por el CEHSEU como Profesor Demerito de La Universidad de La Habana.2009.
- Nominado al Premio Nacional de Ciencias Sociales, en Cuba, 2009.
- Nominado al Premio de los Estudios sobre Cuba. Sección Cuba de LASA, 2010.
-

Participación en eventos jornadas científicas y conferencias.

-Cuba- Estados Unidos en su Perspectiva Global. Ponente. Mexico, Canada, La Habana, 1985- 1995.
-Copresidente del Proyecto Cuba-Estados Unidos de la J.H. University, con Wayne Smith y Ponente sistemático.
-Cuba, Canadá y Méjico. Se celebraron 9 conferencias. Entre 1985, la primera y 1995, la última. Amparadas y Financiadas por la Fundación Ford, bajo el Convenio SAIS- de la J. Hopkin University- CESEU, Universidad de La Habana. Produjo varios artículos, ponencias, libros en coedición y varios grupos de trabajo de investigación.
-Entre 1977 y el año 2007, septiembre, Participo en 19 conferencias de las 24 que se han celebrado del Latín American Studies Association, siempre como ponente. Organización Norteamericana de latinoamericanistas .A estas conferencias siempre ha llevado el Tema Cuba- Estados Unidos. .Miembro del Grupo de Dirección de las Delegaciones Cubanas. Fue Miembro de la Directiva de la Sección Cuba de LASA por 3

años.

-Conferencia "New Paradigm for The International Relations: Africa, Latin América, Middle East in The Era of Globalization", Enero 26-27, IDE, Tokyo, Japan. Ponente (la ponencia como artículo, fue Premio Mejor Articulo-UH).

-Visiting Reserach, Institute of Developing Studies, Tokyo, Japan, 1998.

-Visiting professor, Ritzumeikan University, Kyoto, Japan, 2000.

-Ciclo de Conferencias en varias Universidades de Los Ángeles, California, y Saint Thomas University, Saint Paul- Minneapolis, noviembre a diciembre del 2000.

-Seminario Metodológico para Profesores de Marxismo", febrero de 1988, Instituto Superior de Cultura Física, Comandante Fajardo .Ponente.

-Conferencia Científica por el Centenario de la Muerte de Carlos Marx, Economía UH. Diciembre de 1983.Ponente.

-Evento Científico por los 40 años de los Estudios Economía en la Universidad de la Habana, diciembre del 2002.Ponente.

-Conferencia Científica Estados Unidos después de las Elecciones del 2000: sociedad, política y Relaciones internacionales. Mayo 3-5, 2002, CESEU-UH Ponente.

-Evento Científico Historia de la Revolución Cubana a partir de 1959.Instituto de Historia de Cuba, 19-21 de diciembre de 1994.Ponente.

-Primer Foro sobre Paz, Desarme y Desarrollo, ACNU, mayo, 1988.Ponente.

-Seminario Internacional: Panamericanismo VS Latinoamericanismo, Unión Nacional de Juristas, 12-14, diciembre de 1996. Ponente.

-Conferencia Internacional sobre Bases Militares Extranjeras, 28-30 de noviembre de 1996. Movimiento por la Paz, Cuba. Ponente.

-Participación como Ponente en varios de los Eventos Científicos Anuales de la Escuela Superior del Partido "Ñico López ".

-Participación como ponente en las 6 Conferencias Científicas de Ciencias Sociales .Universidad de La Habana. Premio en la Tercera Conferencia, enero de 1983.

-Participación como Ponente en 8 de las 10 conferencias Anuales entre Filósofos Cubanos y norteamericanos. Facultad de Filosofía e Historia. Universidad de La Habana. -Coordinador de las Mesas Redondas sobre el Tema Cuba-Estados Unidos.

-Participación en el VI Congreso de la Asociación de Economistas de América latina y el Caribe y Décimo Congreso de Profesionales de las Ciencias económicas de Centro América y el Caribe.11-13 de junio de 1997.Conferencia Magistral impartida.

-Taller nacional "El Pensamiento de Lenin y el Imperialismo en la Actualidad", 15-17 de abril de 1998.MES-UH. Ponente.

-II Conferencia Nacional Científico-Metodológica de Economía Política, Universidad de Oriente. Ponente .Segundo Premio. Junio de 1984.

-Ponente al Seminario Regional, "Las Relaciones Interamericanas después del 11 de septiembre del 2001", 4-6 de octubre del 2002.Auspiciado por CRIES-AUNA-CEA-CESEU.

-II Taller "Cuba en la Política Exterior de Estados Unidos", CEA, octubre del 2000 al 2009. Ponente.

-Ponente al V Evento Científico de la Escuela Superior del Partido "Ñico López". Ponente. Primer Lugar.

-II Taller Científico Metodológico "Enseñanza de la Disciplina de Marxismo Leninismo", julio 5-7 de 1999.Facultad de Filosofía e Historia-Ponente.

-Miembro del Comité Organizador del Consejo de Estado para la I Conferencia Internacional" Girón 40 años después", 2001, Palacio de las Convenciones.

-Miembro de la Comisión Organizadora del Consejo de Estado y Ponente de la Conferencia Internacional: "La Crisis de octubre una Visión Política 40 años después". Se desempeñó como Vocero Oficial de la Delegación Cubana .Coautor de libros, artículos y ponencias para el Evento. Reconocimiento del Consejo de Estado.

-He sido Profesor Invitado y ponente o conferencista a las Universidades e Instituciones siguientes: Saint Thomas University-Minn. John Hopkins University, Escuela de Estudios Avanzados Internacionales SAIS, Washington, Escuela del Dpto. de Estado, Dpto. de Ciencia Política de Indiana State University, Dpto. De Historia de la Universidad de Los Ángeles, California, Dpto. de Historia de la Universidad de Indiana. Cátedra de Estudios Latinoamericanos de la Universidad de

Saint Johns Minnesota, Catedra de Estudios Latinoamerica-
nos de la Saint Mary College, Minnesota.
-Mesa Redonda Internacional" Estados Unidos en los 80", Pa-
lacio de Convenciones, La Habana, Cuba, Ponente.
-Profesor visitante, Universidad de Panamá, 1988 y 1989.
-CIDE, Mexico. Profesor Visitante, 1989, 1991,1993.
-Ponente en la Conferencia Internacional, "Cuba 30 años de
Revolución ", Halifax, Canadá, noviembre 2-5 de 1989.
-   Invitado por la Fundación McArthur, a la Conferencia y
grupo de Trabajo, Paz Sustentable en Centroamérica, Méjico y
Caribe, noviembre 16-19, Miami, 1995.
-   Ponente ante la Comisión de Relaciones exteriores de la
Asamblea nacional, del Poder Popular en Cuba, octubre de
1994.
-   Ponente del Seminario Post-LASA en la Universidad de
Pittsburg, USA, octubre 1-3 de 1995.
-   Profesor Invitado en la Universidad de Saint Cloud, Es-
tados Unidos, Minnesota, octubre 1995.
-   Profesor en el Curso de maestría del CISEUA-UNAM
(Centro de Investigaciones sobre Estados Unidos de América),
UNAM, Mexico, 1994.
-   Ponente en el Curso de Master del CENUAH (centro de
Estudios Sobre Estados Unidos), Alcalá de Henares, España,
1997.
-   Ponente al Taller Científico en el Kellogg Institute de la
Universidad de Notre Dame, Chicago, Estados Unidos, no-
viembre de 1998.
-   Profesor invitado de la Cátedra de Economía de la Univer-
sidad de West Virginia, marzo del 2000 y 2001,2003.
-   Profesor invitado del IDE-Jetro, Tokio, Japón, enero- fe-
brero de 1999.
-   Profesor Invitado en el centro de estudios Internacionales,
Risumeikan University, Kioto, Japón, marzo-junio del 2000.
-   Profesor Invitado de la Cátedra de educación de la Univer-
sidad de la Universidad de Wisconsin, Estados Unidos, sep-
tiembre 10 al 15 del 2001.
-   Profesor invitado del Macallester College, Min., Estados
Unidos, octubre del 2000 y del 2001.

- Profesor Invitado de St. Olaf College, Min. Estados U nidos, octubre 8-noviembre, del 2001.
- Profesor Invitado de McGill University, Canada, CDAS, octubre-noviembre de 1996.
- Profesor Invitado del Departamento de Black Studies, Universidad del Estado de California, noviembre del 2000.
- Profesor Invitado del Departamento de Ciencias políticas de la Universidad de Minnesota, Estados Unidos, 1995.1996,1997,1998,1999,2000,2001.siempre octubre-noviembre. Aquí ha sido Miembro de tribunal para la categorización de Profesores del Dpto. de Ciencias Políticas de Minneapolis University.
- Profesor invitado por 7 años consecutivos y Miembro de la Junta de Gobierno de la Nueva Escuela de Leyes de la Saint Thomas University, Minnesota, Estados Unidos. Cotutor de 6 trabajos de Maestría sobre Cuba y 1 Tesis de Doctorado.
- Profesor Invitado y cotutor de tesis en la Maestría de Estados Unidos, Universidad de las Americas, Cholula, Puebla, Méjico, 1989, 1990,1991.
- Profesor Invitado Universidad de Colima, Facultad de Contabilidad y Administración y Facultad de Ciencias Políticas., Colima, Méjico, 1996.
- Participación en los Seminarios de la Sociedad económica de Amigos del país. Miembro de la Sociedad.
- Participación como invitado en los Seminarios Anuales del INIE, Ministerio de Economía y Planificación de Cuba.
- Profesor Invitado de la Escuela de Estudios Avanzados Internacionales (SAIS) de la Jhon Hopkins University Washington DC, 1981, 1983, 1994, 1995.
- Profesor Invitado del Dpto. de Ciencias Políticas, Edimburgo State University, Pensilvania, Estados Unidos, 1989, 1990, 1991, 1995, 1996, 2000, 2001, 2003.
- Ponente del Evento Internacional CLACSO, Mexico, 2003.
- Ponente de la Mesa Redonda Economía USA, Globalización 2004.
- Miembro del Tribunal Nacional de Doctorado de Ciencias Políticas.
- Miembro del Tribunal Nacional de Doctorado de Economía Política y Relaciones Económicas Internacionales.

- Miembro del tribunal para los Doctorados de Antropología, 2010.
- Miembro y copresidente, de la Comisión Universitaria para el Intercambio Académico con Estados Unidos y Canada, Universidad de La Habana, 1986-1998
-Miembro del Consejo de la Revista Debates Americanos, Casa de Altos Estudios Fernando Ortiz
-Miembro del Consejo asesor de la Revista Catauro, Fundación Fernando Ortiz, La Habana.
- Colabora sistemáticamente con la Radio y la Televisión Nacional. .Sistemáticamente invitado a Mesas Redondas de la televisión Nacional, entrevistas para los Noticieros de Televisión. Colaboración sistemática con el Centro Internacional de Prensa en la atención a Periodistas y Agencias Extranjeras.
- Profesor Invitado, Universidad Autónoma de la Ciudad de México, noviembre 23 al 8 de diciembre del 2006.
- Conferencia del LASA 2007. Ponente en 3 paneles. Montreal, Canadá.
- Mesa de Reflexión "Elecciones Norteamericanas en el 2008 ".Instituto de Altos Estudios Diplomáticos, MINREX, Venezuela. Junio-agosto- octubre del 2008.
- Ciclo de Conferencias "Metodología de la Investigación Política". Instituto de Altos Estudios Diplomáticos. Minrex, Venezuela. Junio 2008.
- Curso: Imperialismo y Economía Norteamericana. Postgrado a investigadores. CESEU, 2008.
- Asesoría al Instituto de Altos estudios Diplomáticos "Pedro Gual", para la construcción de un Grupo de Investigaciones Sobre Estados Unidos. Marzo- agosto del 2008. MINREX, Venezuela.
- Ponente al XX Congreso de LASA. Toronto, octubre 6-10, 2010.
- Ponente A la XX Conferencia de LASA, Toronto, septiembre 2010.
- Ponente de la Conferencia Questions of Ratial Identity, Racism and Anti-racist Policies in Cuba Today. Center for International Policy, Junio 2, 2011, Washington DC, USA.
- Visiting Professor. Saint Thomas University, Saint Paul,

Minn. USA, April-June, 2011.
- Miembro del Jurado casa de las Americas 2012.

Publicaciones

-Libro, Seminario Especial de Imperialismo, Editora MES, 1982.Autor.
-Selección de Lecturas de Imperialismo, 1971, MES, Autor.
-Libro, Teoría Leninista del Imperialismo, editora MES, 1983, Autor.
-Libro, Los Retos de América Latina en el umbral de los años 90., Editado CESEU, Coautor.
-Libro, El Conflicto Estados Unidos Cuba, Editorial Félix Varela, MES, 1990, Autor Principal. (Premio Defensa en la UH y el MES).
-Libro, Subject To Solution: problems in US- Cuban Relations, coautor Principal junto a Wayne Smith, Publicado por Lyner Ryner, Estados Unidos, 1989. (Seleccionado como uno de los mejores libros académicos en Estados Unidos, "Choice". Premio Circunstancial en la Universidad de La Habana, 1989.)
-Libro, La Política Exterior Norteamericana Hacia América Central: reflexiones y Perspectivas. Publicado por FLACSO, México, noviembre de 1991, México DF. Coautor.
-The United States and Cuba s Reinsertion in the International economy: Triangular Analysis, Libro. Programa conjunto de Investigación, Series No. 126, IDE-JETRO, Tokio, Japón, 1999. (Premio a Mejor Libro en la Universidad de La Habana, Premio Relevante de la Academia de Ciencias en el 2001).Autor principal y jefe del proyecto de Investigación.
-Libro, Coautor, Los Países Subdesarrollados en la Década del setenta, Editorial Ciencias sociales, La Habana, Cuba, 1982.
-Libro, coautor, Rosa Luxemburgo: una rosa roja para el siglo XXI, Centro Marinello, La Habana, 2001.
-Libro, Cuba en Periodo Especial, Editora, Pittsburg University, 1995, Coautor.
-Libro, Teoría Sociopolítica, Editorial Félix Varela, La Habana, 2000, (Premio de Mayor Aporte a la Educación Superior en la UH, y Premio del MES). Coautor.
-Libro, Topics for Reflections, Editado por Global Reflexion, Foundation for International Cooperation, Bélgica, 2000.

Coautor.

-Libro, Panamá 1989: dependencia VS soberanía. Editorial Universitaria, Panamá 1998. Premio del Concurso auspiciado por la Fundación Omar Torrijos. Coautor.

-Libro Desafíos de la problemática Racial en Cuba, Editorial Fernando Ortiz, 2007.Autor.

- Libro coautor, Cuba Socialism in a New Century, University Press of Florida, USA 2000,

- United States- Cuban Relations, a Critical History, de Esteban Morales and Gary Prevost. Lexington Books, USA, 2008.

- Coautor del libro "America Latina, y el Caribe. Una región en conflicto. Coordinadores Nayar Lopez y Lucio Oliver. Mexico, 2009.

- La crisis capitalista actual. Paradojas de un liderazgo. Libro pequeño formato. Editora Politica, 2009.

-Heterogeneidad Social en la Cuba Actual. Coautor.CE-BSH,UH. Compliladores Omar Everleny y Luisa Iñiguez. La Habana, 2004.

La Economía Politica Marxista. Reflexiones para un Debate. Editorial Felix Varela, La Habana, 2004. (Coautor).

-Tratado de Economía Aplicada. Análisis Crítico de la Mundialización Capitalista. Autores: Lucciano Vasapollo, Joaquin Arriola, Esteban Morales, Hugo Pons y Efrain Echevarria. Jaca Book, Milan, Italia, 2006. (488 paginas).

-Los Estados Unidos a la luz del Siglo XXI. Coautor. Coordinador Jorge Hernandez. Editora Ciencias Sociales, La Habana, 2008. (Coautor).

-Sociología Politica. Selección de Lecturas. Compilador Carlos Cabrera. Editorial felix Varela, 2004. (Coautor).

-Cultura, Fe y Solidaridad. Compiladores Gabriel Coderch y Armando Chaguaceda. Editorial Félix Varela, La Habana, 2005 (coautor).

Coautor del Libro con Gary Prevost y Carlos Oliva Cuban: Latin American Relations. In the contex of a changing hemisphere. Cambria Press, New York, 2011.

Libro: La problemática racial en Cuba; algunos de sus desafíos. Editorial José Martí, febrero del 2011, La Habana Cuba.

Artículos

-Algunos Retos Políticos para Cuba en los años 90.Boletín Visión USA, CESEU, 1991.
-Cuba- Estados Unidos Dinámica del Estancamiento. Boletín Visión USA, CESEU, 1992.
-Cuba- Estados Unidos, no hay lugar para Ilusiones, Boletín Visión USA, CESEU, 1991.
-Bloqueo, Si, Embargo No, Boletín Visión USA, CESEU, 1993.
-El conflicto Cuba- Estados Unidos y la Administración Clinton. Boletín Visión USA, CESEU, 1993.
-Economía Política Marxista: resto de un tercer milenio. Revista Economía y Desarrollo, No. 2, junio-diciembre del 2001.
-Algunas Reflexiones Sobre el Impacto del caso de Elián González en la Política Hacia Cuba, Revista Contracorriente, 2001(digital).
-La Economía y las Elecciones Presidenciales, todos publicados en el Boletín Visión USA, CESEU, 1984, 1988, 1992, 1996, 2000 (este último publicación interna).
-Perspectiva Latinoamericana de las Transformaciones en Estados Unidos, Libro, Coautor, Publicado por Latino Research, New York, Estados Unidos, 1994.
-El cambio de Foco de la Política de Estados Unidos hacia Cuba, Boletín PCC, Panorama Mundial, 1996.
-Bloqueo a lo J. Hells o Una Segunda Torricelli, Boletín Visión USA, 1995.
-Cuba- Estados Unidos: el reto más importante de la sociedad Cubana actual. Revista .Cuadernos de Trabajo CESEU, 1996. (Premio Relevante de la Academia de Ciencias en 1995).Publicación CESEU, 1997.
-Cuba- Estados Unidos: un modelo para el análisis de la confrontación hacia finales de siglo. Revista Temas, No. 18-19, julio-septiembre de 1999.
-Cuba ante los Retos de la Globalización, Revista Cátedra, Año 2, enero del 2001, Colima, Méjico.
-Estados Unidos: recuperación de la Hegemonía y peligro de una Tercera Guerra Mundial, Revista OCLAE, 1984.
-La crisis de un liderazgo y el liderazgo de la crisis. Volumen I Temas económicos, CEA. La Habana, 1981.

-Estados Unidos: Paz y Transnacionalización Militar, Revista Paz y Soberanía, No. 58, La Habana.

-La Agenda Bilateral Cuba-Estados Unidos y las Relaciones entre Cuba y la URSS, Coautor, SAIS- Paper, No. 28, Septiembre de 1988, Washington DC, USA.

-Comentarios Sobre la Teoría de la Ganancia de Carlos Marx, Cuadernos de Trabajo, CESEU, La Habana, 1988.

-La Comunidad Cubana y las relaciones Cuba- Estados Unidos, Temas de Estudio No. 7 CESEU, La Habana, 1989.

-Notas para un Análisis Socioeconómico de la llamada Minoría Negra en los Estados Unidos, Cuadernos CESEU, 1988.

-El Conflicto Cuba- Estados Unidos, Revista Contracorriente (Entrevista).No.6- 1996.

-Estados Unidos: Militarismo Transnacional y Países Subdesarrollados, Revista Cuba Socialista, No. 11. 1984.

-La Política de Estados Unidos Contra Cuba y la Crisis de octubre, Revista Cuba Socialista, No. 25, La Habana, Cuba, 2002.

-Cuba frente a la Ley Helms- Burton en el Contexto de la Llamada Globalización .Revista Debates Americanos, No. 7-8, La Habana, Cuba, 2000.

-La Llamada Crisis del Marxismo y las ciencias Sociales. Revista "Marx Ahora", No. 13, La Habana, Cuba, 2002.

-Marx, Engels, y la Teoría del Imperialismo. Revista Economía y Desarrollo, No. 69, julio-agosto de 1982.

-Notas sobre la Crisis General del capitalismo. Revista Economía y Desarrollo No. 68, mayo –junio de 1982.

-¿Embargo o Bloqueo? ¿Compensación?: aspectos económicos del conflicto bilateral Cuba- Estados Unidos, I, II, III, Revista Economía y Desarrollo, Nos. 86, 87,88, 1987, 1988, La Habana, Cuba.

-Sobre las consecuencias de una Crisis Económica. Revista Economía y Desarrollo No. 58, julio-agosto de 1980.

-El complejo Militar Industrial y Algunas consecuencias generales de su acción .Revista Economía y Desarrollo No. 74, mayo-junio de 1983.

-El Carácter Transnacional de la Economía Militarista de Estados Unidos. Revista Economía y Desarrollo No. 79, marzo-abril de 1984. Premio de Economía Internacional del año en la Revista Economía y Desarrollo 1983.

-Notas para una crítica a la Economía Política Burguesa Contemporánea.

Revista Economía y Desarrollo No. 56, marzo-abril de 1980.

-Economía y política del Conflicto Cuba Estados Unidos en los noventa. Revista Economía y Desarrollo No. 3- 4, 1996.

-Economía y política económica Federal en el contexto de las Elecciones Presidenciales. Revista Cuadernos de Trabajo, No. 5, CESEU, Universidad de la Habana. Director de la Publicación hasta que desapareció.

-La Llamada Crisis del Marxismo Leninismo, Cuadernos Academia, Publicación del Colegio de Ciencia Sociales, Universidad de La Habana, No. 1 , 2003. Publicado en Revista" Marx Ahora", No.13, 2003.

-Retos para una Estrategia de la Economía Cubana en el umbral de los años noventa. Temas de Estudio No. 12, CESEU, Universidad de la Habana.

-Variables Fundamentales del Conflicto Cuba- Estados Unidos en los umbrales del siglo XXI, Revista Cátedra No. 1, Colima, Méjico, 2000.

-Cuba- Estados Unidos: un modelo para el análisis de la confrontación hacia finales de siglo .Revista Temas 18-19, julio-diciembre, de 1999, La Habana, Cuba.

-Economía y Elecciones Presidenciales en el 2004 en Estados Unidos. Periódico "El economista", ANEC, mayo del 2004, La Habana Cuba

-Un Modelo para el Análisis de la Problemática racial Cubana contemporánea. Revista Catauro No. 6, Fundación Fernando Ortiz, La Habana, Cuba, 2003.

-Crisis de los Mísiles o Crisis de Octubre. Revista Contracorriente No.20-2004.

-Cuba- Estados Unidos: Las esencias de una confrontación histórica. Revista Cuadernos de Nuestra América-CEA, No.33, enero-julio, 2004.

-Entrevista, Revista Alma Mater. No. 351, octubre, 1999.

-Entrevista, Revista Alma Mater, No.416, septiembre del 2004.

-Un Modelo para el Análisis del Conflicto Cuba-Estados Unidos en los Umbrales del 2000. Revista Política Internacional,

MINREX; primer semestre, 2006.

-Cuba: Color de la Piel: Nación, Identidad y Cultura. Portal Cubarte. Ministerio de Cultura.

-Portal Cubarte. La Incertidumbre de los Demócratas. La Habana, 2008.

-Portal Cubarte. Incertidumbres de la Recesión", La Habana, 2008.

-Cuba: Color de la Piel, Nación, Identidad y Cultura (IV Parte).Revista Areito, Miami, verano del 2008.Libro 3 Contracorriente.

-El Tema Racial y la Subversión AntiCubana. Revista Areito, verano del 2008.

-Cuba: Raza y Republica. Revista Cuba Socialista No. 25, 2008.

-Portal Cubarte. El error estratégico de G. Bush. La Habana, 2008.

-La Economía Política Marxista: algunos desafíos de su continuidad histórica. Revista Marx Ahora No. 19, 2005.

-Revista Economía y Desarrollo. No. 2 del 2006. Imperialismo y Economía Militar Norteamericana. La Habana, 2006.

-Revista Iberoamérica. Una Alternativa de Modelación del Conflicto Cuba- Estados Unidos en los Umbrales del Siglo XXI. Moscú, 2006.

-Revista Cubarte- Internet. 6 artículos., Mayo-Octubre.2007

-Revista Cubanow-Internet. 6 artículos. 2007.

-La Jiribilla. 2007. 2 Artículos.

-Periodico El economista. 1 articulo, 2007.

-Revista Caminos. Entrevista. "Desafíos de la Problemática Racial en Cuba", No. 47, 2008.

-Un Modelo para la Investigación del Conflicto Cuba-Estados Unidos. Publicado en Roma, Italia, 2007.

-Modelando el Conflicto Cuba-Estados Unidos, en los Umbrales del 2000,
Revista La Jiribilla.

.-La crisis Capitalista Actual., paradojas de un salvamento, Cubanow, octubre 2008

- El triángulo Cuba--Estados Unidos-UE, diciembre 2008.Jiribilla.

- Obama y la Politica hacia Cuba, diciembre, 2008.Jiribilla.

- Introducción a las Políticas de Obama, diciembre, 2008.Jiribilla.

-Perspectiva Histórica del Conflicto Cuba-Estados Unidos, diciembre, 2008.Cubanow-Quien gana o Pierde con Barack Obama, Cubanow, 2009.

-Cuba: estadísticas y Color de la piel, enero, 2009, .Jiribilla.

-Estado Unidos-Cuba. Las variables de la confrontación en la actualidad. Boletin de Coyuntura No. 2, CEA, 2009.

-Incertidumbres de la Recesión, septiembre de 2008.Portal Cubarte.

-Contradicciones del Ciclo Económico. Revista Economía y Desarrollo, 2009.

-Cuba: Ciencia, Universidad y racialidad 50 años después. Revista Temas, No. 58, 2009.

-Una Perspectiva del Conflicto Cuba-Estados Unidos, desde los Umbrales del Siglo XXI, Revista Politica Internacional, MINREX julio-agosto, 2009.

- Malcom X, un Líder Inclaudicable (inglés y Español) Cubanow. 2007.

-La Economía de Guerra y el CMI, Revista Proteo No. 3-6 y 1-7 Roma, Italia. Septiembre-diciembre del 2006.

-La Crítica de la Economía Politica y su Continuidad Histórica, Revista Proteo, septiembre-diciembre del 2005, Roma. Italia.

-El inevitable epilogo del bloqueo. Revista Nuestra America, No. 2-3, 2006, Roma, Italia.

- Desafíos de la Problemática racial en Cuba. Revista Temas No.56, La Habana.

-Desafíos del Color. Libro Pensar a Contracorriente II, Editorial Ciencias Sociales, La Habana, 2006, p.65.

-Un Modelo para el Analisis de la Problemática Racial Cubana Contemporanea, Revista Catauro No.6, Fundacion Fernando Ortiz, La Habana, 2002, p.52.

-La Economía Politica Marxista. Retos de un Tercer Milenio. Revista Economía y Desarrollo, No.2 del 2001. La Habana, 2001.p.164.

-Cuba: color de la piel, Nacion, identidad y cultura. Un desafió contemporáneo. Libro Pensar a Contracorriente V, Editorial Ciencias Sociales, La Habana, 2008.a Secretaria Mentirosa. Pedrona.2009.

-Hillary Clinton: la secretaria tonta. Pedrorna 2009.

- La British Petroleoum. Capitalismo a Pulso. Cubanews.2009.

- Mesa Redonda. Bohemia. Junio 5 del 2010.

- Obama: la encrucijada de su política económica. Pedrona, 2009.

-Obama es solo el presidente. Pedrona, junio 2010.

-Mención Articulo Contracorriente 2010.

-Ponencia al escenario Económico de Estados Unidos, CEHSEU, julio 2010.

-Ponente Principal en el Escenario Cuba-Estados Unidos, CEHSEU, agosto, 2010

- Ponencia escenario Ideológico CEHSEU, julio, 2010.

Corrupción: ¿la verdadera contrarrevolución?, UNEAC, Kaosenlared, abril 9,2010.

El Misterio de la Santísima Trinidad: corrupción, burocratismo, contrarrevolución, KAOSENLARED, julio 10,2º10.

Obama, Guerra y Ejecutoria Presidencial, Observatorio Critico, julio 2010.

- Acción Afirmativa: ideas para un debate, agosto, 2010.

- Notas sobre la educación para ser blancos.

- Entrega del Segundo Libro: Desafíos de la Problemática racial en Cuba Tomo II.

-El Conflicto Cuba-EE.UU...Revista Tareas No. 132, mayo-agosto del 2006, Panamá.

Cuba: color de la piel, Nacion, identidad y cultura. Libro Contracorriente No. V, 2007.

-Mesa Redonda de Temas: la cuestión racial, prejuicios, discriminación, estereotipos, Libro IV de Ultimo Jueves, p.179.

-Revista Espacio Laical. La estrategia de Obama hacia Cuba. 2010.

-Cuba ante los dos José en el tema de la racialidad. WEB UNEAC. 2010.

-Acción Afirmativa: ideas para un debate. WEB UNEAC 2010.

-Obama: la encrucijada de su política económica. WEB UNEC, 2010.

-Obama es solo el presidente. WEB UNEAC, 2010.

-Obama e solo el presidente: ¿Y la política hacia Cuba? WEB UNEAC, 2010.

- Para Comprender la Problemática Racial Cubana. WEB UNEAC, 2010.

- Algunas consideraciones sobre el escenario ideológico de la política de Estados Unidos. WEB UNEAC, 2010.

-Artículos publicados en las Webs: Rebelión, Cuba debates, Revista Jiribilla, IPS International, Observatorio Critico, Cubarte, La Ceiba, Blog Personal., UNEAC, Kaosenlared,

-Notas sobre El Proceso Electoral en estados Unidos, UNEAC, marzo 2011.

-Frente a los Retos del Color, en Medio del Debate por el Socialismo, Rebelión, abril 2011.

Junio del 2011.

Editorial Letra Viva ©

2014

215 Valencia Avenue #0253
Coral Gables, FL 33114